SAMMLUNG GÖSCHEN BAND 223

WARENKUNDE

II

ORGANISCHE WAREN

von

DR. KARL HASSAK †

und

PROF. DR.-ING. ERNST BEUTEL †

Achte Auflage

vollständig neubearbeitet von

DR.-ING. HABIL. ARTUR KUTZELNIGG

Mit 32 Figuren

WALTER DE GRUYTER & CO.

vormals G. J. Göschen'sche Verlagshandlung · J. Guttentag, Verlagsbuchhandlung · Georg Reimer · Karl J. Trübner · Veit & Comp.

BERLIN 1959

Inhaltsverzeichnis

Seite

Schrifttum 6

Abkürzungen 7

I. Nahrungsmittel 8

A. Pflanzliche Nahrungsmittel. 1. Getreide: Weizen. — Roggen. — Gerste. — Hafer. — Mais. — Reis. — Hirse. — Buchweizen .... 8—16

2. Hülsenfrüchte: Erbsen. — Linsen. — Bohnen. — Sojabohnen .... 16—17

3. Kartoffeln .... 17—18

4. Müllereierzeugnisse: Weizenmehl. — Roggenmehl. — Gersten-, Hafer-, Mais- Buchweizen- und Kartoffelwalzmehl .... 18—21

5. Brot- und Teigwaren .... 21—22

6. Stärke: Kartoffelstärke. — Weizenstärke. — Reisstärke. — Maisstärke. — Arrowroot. — Sago. — Dextrin .... 22—25

7. Zuckerarten: Traubenzucker. — Stärkesyrup. — Kunsthonig. — Rohrzucker. — Zuckerwaren .... 25—30

8. Obst und Südfrüchte: Obstdauerwaren. — Johannisbrot. — Oliven. — Zitronen. — Apfelsinen. — Rosinen und Korinthen. — Datteln. — Bananen. — Ananas. — Kakifrüchte. — Feigen. — Kastanien. — Mandeln. — Paranüsse. — Pistazien, Pignoli. — Erdnüsse .... 30—35

B. Tierische Nahrungsmittel. 1. Fleisch- und Fleischwaren, Würste: Fleisch. — Fleischdauerwaren. — Würste. — Fleischextrakte .... 35—37

2. Fische und Fischdauerwaren: Schellfische. — Hering. — Sprotten. — Sardinen. — Sardellen. — Rotbarsch. — Austern .... 37—40

3. Molkereierzeugnisse: Milch. — Butter. — Käse .... 40—43

4. Eier: Hühnereier .... 43—44

5. Honig 44

II. Genußmittel 45

A. Gewürze. Ingwer. — Ceylonzimt. — Zimtkassie. — Kapern. — Gewürznelken. — Safran. — Schwarzer und weißer Pfeffer. — Langer und Stielpfeffer. — Piment. — Paprika. — Curry. — Vanille. — Kümmel, Fenchel, Anis und Koriander. — Muskatgewürze. — Senf. — Anhang: Hopfen .... 45—51

B. Alkaloidhaltige Genußmittel. Tee. — Mate. — Kokablätter. — Tabak und Tabakerzeugnisse. — Kaffee und Kaffeemittel. — Kolanüsse. — Kakao und Schokolade ... 51—60

C. Alkoholische Getränke. Wein. — Bier. — Branntwein und Spiritus. — (Preßhefe). — Anhang: Essig .... 60—69

Seite

III. Öle, Fette und Wachse 69

A. Pflanzliche Öle. Olivenöl. — Sesamöl. — Baumwollsamen-, Erdnuß-, Mandel- und Rizinusöl. — Rüböl. — Leinöl. — Chinesisches Holzöl. — Perillaöl. — Hanf-, Mohn-, Nuß- und Sonnenblumenöl. — Tallöl .... 70—73

B. Feste Pflanzenfette. Kokosöl. — Palmöl. — Japanwachs. — Karnauba-, Palm- und Ouricurywachs .... 74—75

C. Tierische Fette. Tran. — Lebertran. — Talg. — Schweineschmalz. — Knochen- und Wollfett. — Anhang: Bienenwachs. — Walrat .... 75—77

D. Margarine .... 77—78

E. Erzeugnisse aus Fetten. Stearin und Kerzen. — Seifen. — Waschmittel. — Glyzerin, Nitroglyzerin und Dynamit 78—81

IV. Ätherische Öle, Harze, Gummi, Kautschuk.. 81

A. Ätherische Öle. Rosenöl. — Anis-, Fenchel-, Kümmel-, Bittermandel-, Nelkenöl und andere. — Terpentinöl. — Kampfer .... 81—83

B. Harze. Gemeines Harz. — Kopalharze. — Mastix, Sandarak, Dammarharz. — Schellack. — Benzoe. — Gummiharze .. 84—86

C. Gummi. Arabisches Gummi. — Tragant .... 86—87

D. Kautschukgruppe. Natur-, Synthesekautschuk. — Guttapercha. — Balata .... 87—90

V. Drogen 90

A. Pflanzliche Drogen. Brechwurzel. — Veilchenwurzel. — Süßholz. — Derriswurzel. — Meerzwiebel. — Chinarinde. — Bitterholz. — Wermut. — Sennesblätter. — Opium. — Insektenpulver. — Krähenaugen. — Bärlappmehl. — Feuerschwamm .... 90—93

B. Tierische Drogen. Moschus. — Zibet. — Ambra 93

VI. Organische Farb- und Gerbstoffe 93

A. Pflanzenfarben. Indigo. — Blauholz und anderes ..... 93—94

B. Tierische Farbstoffe. Coschenille. — Sepiabraun 94

C. Künstliche organische Farbstoffe .... 95—96

D. Gerbemittel. Gerberinden. — Quebrachoholz. — Sumach. — Myrobalanen. — Dividivi. — Valonea. — Knoppern und Galläpfel. — Gerbeextrakte. — Künstliche Gerbstoffe .... 96—99

VII. Holz 99

Bau des Holzes. — Nadelhölzer. — Einheimische Laubhölzer. — Tropische Nutzhölzer. — Palmholz. — Anhang: Kork .... 99—105

VIII. Faserstoffe und Erzeugnisse daraus 105

A. Pflanzenfasern. Baumwolle. — Kapok. — Flachs. — Hanf. — Jute. — Kenaf und Sunnhanf. — Ramie. — Manilahanf. — Neuseeländischer Flachs. — Kokosfaser. — Piassave. — Crin végétal, Seegras, Esparto .... 106—112

Seite

B. Tierische Fasern. Schafwolle. — Angorawolle. — Kamel-, Lama- und Pakowolle. — Hasenhaare. — Seide. — Tussahseide .... 113—118

C. Chemiefasern .... 118—121

1. Reyon .... 118—119
2. Zellwolle .... 119—120
3. Kaseinwolle 120
4. Synthetische Fasern .... 120—121

D. Garne. Baumwoll- und Zellwollgarne. — Flachs- oder Leinengarne. — Hanf- und Jutegarne. — Zellstoffgarne. — Schafwollgarne. — Kunstwollgarne. — Seidengarne .... 121—125

E. Gewebe. Baumwollstoffe. — Leinenstoffe. — Wollstoffe. — Seidenstoffe .... 125—129

F. Strick- und Wirkwaren 129

G. Papier. Papierrohstoffe: Holzschliff. — Zellstoff. — Erzeugung und Sorten des Papiers .... 130—134

IX. Erzeugnisse aus tierischer Haut 134

A. Leder. Rotgares Leder. — Chromgares Leder. — Sämischleder. — Alaungares und Glacé-Leder. — Kunstleder. — Anhang: Leim und Hausenblase. — Agar-Agar .... 134—137

B. Pelz- oder Rauchwaren. Raubtierpelze. — Nagetierpelze. — Wiederkäuerpelze. — Beuteltierpelze. — Vogelpelze .... 138—140

X. Organische Drechslerrohstoffe 140

Steinnüsse. — Tierisches Elfenbein. — Knochen. — Horn. — Schildpatt. — Perlmutter. — Korallen. — Anhang: Fischbein. — *Os sepiae.* — Badeschwämme .... 140—142

XI. Kunststoffe 143

A. Kunststoffe aus Zelluloseverbindungen. — Zellulosenitrat. — Zelluloseazetat. — Zelluloseäther .... 143—144

B. Kunststoffe aus Eiweißstoffen. Galalith 144

C. Vollsynthetische Kunststoffe .... 144—149

1. Kunststoffe durch Kondensation. Phenoplaste — Aminoplaste — Polyester. — Polyurethane. — Epoxyharze .... 144—147
2. Kunststoffe durch Polymerisation. Polyvinylchlorid. — Polystyrol. — Polyäthylen. — Silikone. — Ungesättigte Polyester .... 147—149

Sachverzeichnis 150

Inhalt des ersten Bandes; Anorganische Waren sowie Kohle und Erdöl

Metalle und Metallwaren — Edelsteine und Schmucksteine — Bildhauersteine — Baustoffe — Schleif- und Glättemittel, Mühlsteine — Tonwaren — Glaswaren — Mineralfarben und Schreibmittel — Rohstoffe der chemischen Industrie — Chemische Erzeugnisse — Kohlen — Erdöl.

Schrifttum

Beutel, Grundriß der Warenkunde, Berlin 1933.
— Die Werkstoffe des Kunst- und Dekorationsmalers, 2. A., Wien u. Leipzig 1931.
Beythien, Einführung in die Lebensmittelchemie, 3. A., Dresden 1950.
Blücher-Winckelmann, Auskunftsbuch für die chemische Industrie, 18. A., Berlin 1954.
Bömer-Juckenack-Tillmans, Handbuch der Lebensmittelchemie, Berlin 1936—1942.
Buchheister-Ottersbach, Handbuch der Drogistenpraxis, Berlin.
Erdmann-König-Remenovsky, Grundriß der allgemeinen Warenkunde, 19. A., Leipzig 1925.
Grafe, Handbuch der organischen Warenkunde, Stuttgart 1929.
Grasser, Chemie u. chem. Technologie tierischer Stoffe, Stuttgart 1931.
Grünsteidl, Praktikum der Warenkunde, Wien 1931.
Grünsteidl-Stockert, Warenkunde mit Einschluß der Technologie, 3. A., Wien 1956.
Heermann-Herzog, Mikroskopische und mechanisch-technische Textiluntersuchungen, Berlin 1931.
Henglein, Grundriß der chemischen Technik, 8. A., 1954.
Herzog, Technologie der Textilfasern, Berlin 1926—1938.
Holthöfer-Juckenack, Das Lebensmittelgesetz, 2 Bände, 1955—1957.
Hoyer, Papiersortenlexikon.
Jablonski, Das Leder, Berlin 1930.
Kahrs-Leifer, Warenkunde des Lebensmittelhandels, 14. A., Oldenburg 1950.
Mercks Warenlexikon, Leipzig 1922.
Neumann-Pelshenke, Brotgetreide und Brot, 5. A., Berlin u. Hamburg 1954.
Oelkers, Welcher Kunststoff ist das? Stuttgart 1958.
Ost-Rassow, Lehrbuch der chemischen Technologie, 25. A., Leipzig 1956.
Oetker, Warenkunde, 5. A., Bielefeld 1952.
Das Österreichische Lebensmittelbuch, 3. A., Wien 1954.
Pax-Arndt, Rohstoffe des Tierreiches, Stuttgart 1938.
Pöschl, Warenkunde, 2. A., Stuttgart 1924.
Reinhardt, Kulturgeschichte der Nutzpflanzen, München 1911.
Römpp, Chemielexikon, 4. A., Stuttgart 1958.
Schmidt-Fischbeck, Die industrielle Chemie in ihrer Bedeutung im Weltbild, 2. A., 1944.
Spitschka, Textilatlas, Stuttgart 1931.
Sprecher von Bernegg, Tropische u. subtropische Weltwirtschaftspflanzen, Stuttgart 1929.
Statistisches Jahrbuch für die Bundesrepublik Deutschland, Stuttgart 1957
Ullmann, Enzyklopädie d. techn. Chemie, 3. A., München-Berlin ab 1951..
Wiesner, Die Rohstoffe des Pflanzenreiches, 3. A., Leipzig 1921.
Ziegelmeyer, Unsere Lebensmittel u. ihre Veränderungen, Dresden 1930.
Zipser, Die textilen Rohmaterialien u. ihre Verarbeitung zu Gespinsten, 4. A., Wien u. Leipzig 1925—1926.

Das große Lebensmittel-Lexikon, Frankfurt u. St. Johann i. T. 1956.

Abkürzungen

Bundesrepublik Deutschland	= BR
Bushel, (Trockenhohlmaß = 36,35 l in England = 35,24 l in USA)[1]	= bsh
Cent (Cents) (0,01 $)	= ct (cts)
Deutsche Demokrat. Republik	= DDR
Deutsche Mark	= DM
Dichte	= d
Dollar (100 cts)	= $
Engl. Pfund (1 Pfund Sterling = 20 shilling (s). 1 s = 12 pence (d)	= £
Hektoliter (100 l)	= hl
Kilogramm (1000 g)	= kg
Gramm (0,001 kg)	= g
Kilokalorie (1000 cal)	= kcal
Kilotonne (1000 t)	= kt
Kubikmeter	= m^3
Liter (1000 ml)	= l
Meter	= m
Dezimeter (0,1 m)	= dm
Zentimeter (0,01 m)	= cm
Millimeter (0,001 m)	= mm
Quadratmeter	= m^2
Quadratdezimeter	= dm^2
Quadratmillimeter	= mm^2
Meterzentner (100 kg)	= dz
Mikron (0,001 mm)	= μ
Milliarde (1 000 000 000)	= Mia
Million (1 000 000)	= Mio
Pfund, engl. ℔ = amerikan. ℔ (453,6 g)	= lb (lbs)
Tonne (1000 kg = 10 dz)	= t
Union der sozialistischen Sowjetrepubliken	= UdSSR
Vereinigte Staaten von Nordamerika	= USA
Verordnung	= VO
Warenzeichen, registriertes	= ®
Yard (0,9144 m = 3 Fuß = 36 Zoll)	= yd
Zoll, engl. (2,54 cm)	= inch

[1]) Gewichtsmäßig bei Weizen 60 lbs, Mais, Roggen 56 lbs, Gerste 48 lbs, Hafer 32 lbs.

I. Nahrungsmittel

Nahrungsmittel sind Erzeugnisse des Pflanzen- und des Tierreiches, mit denen sich die Menschen ernähren. Sie enthalten eine Reihe verdaulicher Nährstoffe, die durch die Verdauungsvorgänge löslich werden und ins Blut übertreten. Hauptsächlich sind sie organischer Natur, wie Eiweißarten, Fette, Kohlehydrate und Vitamine. Aber auch Luft, Wasser und anorganische Salze, besonders das Kochsalz, sind zur Erhaltung der Lebensvorgänge unentbehrlich. Der tägliche Durchschnittsbedarf eines erwachsenen Menschen an Nährstoffen beträgt 2100—3000 Kalorien. Von dem Gehalte der Nahrungsmittel an Nährstoffen hängt ihr Nährwert ab, wobei auch ihre Verdaulichkeit eine Rolle spielt. — Nach ihrer Herkunft unterscheidet man die Nahrungsmittel in pflanzliche (vegetabilische) und tierische (animalische) Nahrungsmittel

A. Pflanzliche Nahrungsmittel

1. **Getreide** (Halmfrüchte, Zerealien) sind die Schalfrüchte mehrerer Gräser (Gramineen) und die Früchte des Buchweizens. Die Getreidefrüchte gehören zu den hervorragendsten Waren der Welt.

Im Jahre 1955 betrug die Welternte (ohne UdSSR) der 6 wichtigsten Getreidefrüchte 659 Mio t. Davon entfielen auf: a) Reis 200 Mio t, b) Weizen 163 Mio t, c) Mais 158 Mio t, d) Gerste 69 Mio t, e) Hafer 54 Mio t, f) Roggen 20 Mio t. — Die Gesamtgetreideernte der BR betrug 1956 12 Mio t.

Das reife Getreide wird gemäht, zu Garben gebunden und auf den Feldern getrocknet. Schlechtes Erntewetter verursacht fleckige Körner, die mitunter auf den Ähren keimen, auswachsen und zum Brotbacken untauglich sind. Der Mähdrescher ist eine kombinierte Mäh- und

Dreschmaschine. Sie hat infolge des Mangels an landwirtschaftlichen Arbeitskräften in der BR weite Verbreitung gefunden. Voraussetzungen für seine Anwendung sind große Anbauflächen und trockenes Erntewetter. Durch das Dreschen wird das Getreide von den Fruchtständen gelöst. Es wird dann von Staub, Sand und Unkrautsamen gereinigt und gewöhnlich in luftigen, trockenen Speichern (Kornböden), in denen die Haufen öfters umgeschaufelt werden, aufbewahrt.

Fig. 1. Getreidewaage.

In großen Städten stehen Kornlagerhäuser (Elevatoren, Silospeicher), die zahlreiche, bis 40 m hohe Kasten (Silos) mit durchschnittlich 4000 m^3 Fassungsraum enthalten, die sich gut durchlüften lassen. Die wichtigsten Handelsplätze für Getreide sind: Agram, Antwerpen, Berlin, Budapest, Hamburg, New York, Paris, Rotterdam, Wien und Winnipeg. Für die Preisangaben und die Bewertung gelten gewisse Bestimmungen (Usancen, Gebräuche).

Die weitgehende Hochzüchtung der Getreidesorten in bezug auf Ertragssteigerung hat eine erhöhte Anfälligkeit gegen Krankheiten mit sich gebracht, von denen der Weizensteinbrand, der Schneeschimmel des Weizens und

Roggens, der Gersten- und Haferflugbrand besonders gefürchtet sind. Man bekämpft sie durch Beizen des Saatgutes. Das Trockenbeizen besteht in der Untermischung geringer Mengen hochwirksamer organischer Quecksilberverbindungen (Upsulun, Upsalun, Germisan, Ceresan).

Das Getreide wird im Handel nach der äußeren Beschaffenheit, nach der Schwere und Reinheit beurteilt. Die Schwere wird durch das Qualitäts- oder Hektolitergewicht ausgedrückt, das angibt, wieviel Kilogramm 1 hl des Getreides wiegt. Zu seiner Ermittlung dient die Getreidewaage (Fig. 1), an deren Waagebalken ein Gefäß mit ¼—1 l Inhalt hängt, das durch eine Einschüttröhre gefüllt und dann gewogen wird. Das ermittelte Gewicht wird nach besonderen Tafeln auf das Hektolitergewicht (hlG) umgerechnet. Unter Reinheit versteht man das Verhältnis zwischen der Zahl der guten Körner und der Zahl der Bruchkörner samt den Unkrautsamen, (Raden, Wicken, Taumellolch, Hederich u. a.) „Besatz".

Vom chemischen Standpunkte enthalten die Getreidefrüchte a) Kohlehydrate 59—78 %, b) Eiweißstoffe 8—12 %, c) geringe Fettmengen, d) Zellstoff (Rohfaser) 0,5—11,5%, e) Wasser 12—13 % und f) anorganische Salze (Asche) 0,5—3 %.

Die Kohlehydrate sind Verbindungen des Kohlenstoffes (C) mit Wasserstoff (H) und Sauerstoff (O). Hierher gehören die Stärke, der wesentlichste Bestandteil des Getreides, der Zucker, der leicht aus ihr entsteht, sowie der Zellstoff.

Die Eiweißstoffe enthalten außerdem noch Stickstoff (N). Zu ihnen, die auch Proteine genannt werden, gehören der in Wasser unlösliche Kleber und andere, wasserlösliche Stoffe.

Der Zellstoff bildet die Schalen und das Zellgerüst des Getreidekornes, besitzt keinen Nährwert und wird vom Müller zum größten Teile als Kleie entfernt.

Weizen ist die Frucht verschiedener Arten der Weizenpflanze *(Triticum)*. Ihre Halme tragen schmale, ganzrandige Blätter und an der Spitze eine Ähre. Die Früchte sind von strohigen Spelzen umschlossen. In Mitteleuropa wird meistens der gemeine Weizen *(Triticum vulgare)* gebaut. Spielarten: Grannenweizen mit langen Fortsätzen (Grannen) an den Spelzen und Kolbenweizen (grannenlos). Letzterer herrscht in Mitteleuropa vor. Nach der Anbauzeit unterscheidet man Sommer- und Winterweizen. Der Bauchweizen *(Triticum Turgidum)* dient zur Griesmüllerei und wird besonders in Italien gebaut.

In der Umgebung des Schwarzen Meeres gedeiht der auch in Canada und den USA angebaute Hart- oder Glasweizen *(T. durum)*. Bei diesen Arten fallen die Körner beim Dreschen aus den Spelzen. Hingegen bleiben sie von den Spelzen dauernd umschlossen beim Spelz oder Dinkel *(T. Spelt)*, der in einigen Teilen Süddeutschlands und der Schweiz angebaut wird. Aus den entspelzten Körnern wird die Suppeneinlage „Grünkerne" bereitet.

Das Weizenkorn ist ungefähr 7 mm lang, gelblich bis rötlich, eiförmig und hat auf der Bauchseite eine tiefe Längsfurche (Fig. 2, 1—3). Am oberen Ende trägt es feine Härchen, das Bärtchen, am unteren Ende liegt der Keimling (Embryo). Die dünne Haut heißt Fruchtsamenschale. Die Hauptmasse des Kornes bildet der stärkereiche Mehlkörper, dessen äußerste, der Schale anliegende Zellschicht nur Kleber und Fett enthält und Kleberschicht genannt wird. Beim weichen, milden Weizen ist der Mehlkörper weiß und leicht zerreiblich, beim harten Weizen hornig durchscheinend, kleberreicher und zur Herstellung feiner, weißer Mehle und Grieße besonders geeignet.— Guter Weizen hat gleichartige, volle Körner und nicht über 2 % Besatz. Sein Geruch ist frisch. Erstklassiger hat im Durchschnitt 80—81 kg, mittlerer 76 kg. Im handels-

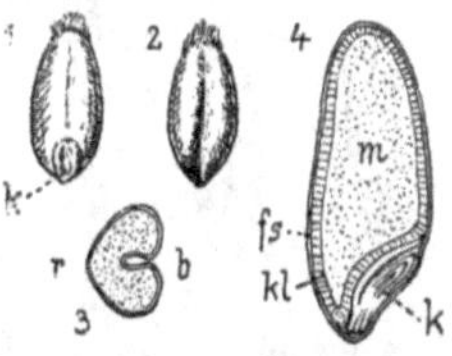

Fig. 2. Weizenkörner: 1 die Rücken-, 2 die Bauchseite, 3 quer durchschnitten, 4 im Längsschnitt (2fach vergr.); k Keimling, kl Kleberschicht, fs Fruchtsamenschale, m Mehlkörper.

rechtlichen Lieferungsgeschäft sind Normalgewichte, im Prompthandel Naturalgewichte festgesetzt.

Die Handelssorten werden nach der Herkunft bezeichnet, z. B. Banater-, Donau-, russischer Weizen und überseeischer Weizen (Kanada, USA, Argentinien, Australien und Uruguay). Amerikanische Sorten: Hard Winter, Red Winter, Soft White. Nach abnehmender Backfähigkeit teilt man die Weizensorten in die Gruppen A, B und C. In Deutschland gedeiht Weizen nur in den mittleren und südlichen Teilen. Er ist die wichtigste Brotfrucht der Angelsachsen und Romanen, aus seinem Mehle werden Weißbrot, Teigwaren und Mehlspeisen hergestellt.

Die Erntefläche der BR betrug 1956 1,15 Mio ha, der Ernteertrag 3,9 Mio t. Welternte 1955 etwa 158 Mio t.

Das internationale Weizenabkommen vom 22. 3. 1949 bezweckt die internationale Lenkung der Weizeneinfuhr und -ausfuhr, um Knappheit und Überschüsse zu verhindern.

Roggen oder **Korn**, die Schalfrucht der Roggenpflanze *(Secale cereale)*, wird überwiegend als Winterroggen gebaut, der höhere Erträge an Korn und Stroh ergibt als der Sommerroggen. Die Frucht ist schmäler als das Weizenkorn (Fig. 3, 1), nach unten zugespitzt, graubraun bis grünlich und oft silberglänzend. Gute Ware ist dünnschalig. Bester Roggen hat 74—78 kg Qualitätsgewicht, geringe Sorten haben 65—70 kg. Die wichtigste Sorte ist „von Lochows Petkuser Roggen". („Kurzstroh"). Das Normalgewicht für Lieferungsware (Durchschnittsgüte) in Berlin ist 71—72 kg. Außer den gewöhnlichen Unkrautsamen kommt im Roggen häufig das giftige Mutterkorn, ein 2 cm langes, dunkelbraunes Pilzgebilde vor. Roggen wird hauptsächlich in

Fig. 3. 1 Roggen, 2 Gerste, 3 Hafer, 4 Buchweizen.

Deutschland, in den Ostseeländern und in Polen gebaut und ist die Hauptbrotfrucht der Germanen und Slawen. Die Erntefläche der BR betrug 1956 rund 1,5 Mio ha, der Ernteertrag 3,7 Mio t. Er wird hauptsächlich zu Schwarzbrotmehl vermahlen.

Gerste wird in mehreren Arten der Gattung „*Hordeum*" gepflanzt: zweizeilige in Bayern, in der Tschecho-Slowakei und in Ungarn, sechszeilige in der BR, dessen Erntefläche 1956 0,85 Mio ha betrug (Ernteertrag 2,3 Mio t).

Die Körner sind mit den Spelzen verwachsen, rund 10 mm lang, bauchig, zweieckig und strohgelb (Fig. 3, 2). Nur die Spielart Nacktgerste (Himalajagerste) läßt die Körner aus den Spelzen fallen. Qualitätsgewicht 60—76 kg.

Nach der Verwendung unterscheidet man: a) Brauergerste. Mindestens 65 kg Qualitätsgewicht, große, helle, vorwiegend mehlige Körner, rein. Beim Einweichen in Wasser sollen 96 % der Körner keimen. Mindere Sorten sind b) Brennergerste für die Branntweinbrennerei und c) Futtergerste. Aus Gerste werden in nördlichen Gegenden oder im Notfalle Mehle gemahlen, sonst werden daraus Rollgerste, Graupen und Kaffeemittel erzeugt.

Hafer, die Frucht des Rispenhafers *(Avena sativa)* ist von glatten, lichtgelben Spelzen lose umschlossen, langgestreckt und spindelförmig (Fig. 3, 3). Einige Spielarten, z. B. Moorhafer, haben braune Spelzen. Das geschälte Korn ist fein behaart. Das Qualitätsgewicht der besten Sorten, die Ausstichhafer heißen, beträgt 48—50 kg, geringerer Sorten (Mittelhafer) 38—45 kg. Guter Hafer kommt aus Ungarn und Schweden. Er ist das beste Pferdefutter, dient weit weniger als menschliches Nahrungsmittel und wird nur in nördlichen Ländern zu Brot verbacken.

Die Haferanbaufläche der BR betrug 1956 1 Mio ha, der Ernteertrag 2,5 Mio t.

Mais (türkischer Weizen, Welschkorn, Kukuruz) sind die trockenen Früchte der Maispflanze *(Zea Mais)*. Die

Körner entwickeln sich an dicken Kolben, die von Deckblättern (Lieschen) umgeben sind. Nach der Ernte hängt man die Kolben zum Trocknen auf und löst die Körner von den schwammigen Kolbenspindeln ab.

Man unterscheidet a) europäischen oder gemeinen Mais mit den Sorten: großkörniger, ungarischer, Tiroler und kleinkörniger, Cinquantino und Pignoletto, b) amerikanischen Mais mit den Unterarten Pferdezahn-, Spitzkorn-, Hühnermais u. a. Die Körner des gewöhnlichen Maises sind rundlich, etwas platt gedrückt, gelb bis rötlich, die kleinen Sorten sind stark zusammengedrückt, mehrflächig, gelbrot und sehr hart. Qualitätsgewicht 70—87 kg. Nur abgelagerter, trockener Mais ist wertvoll, künstlich getrockneter, gedarrter, ist minderwertig, frischer verdirbt leicht.

Das wichtigste Anbauland ist Nordamerika mit New York als Hauptmarkt. Die Maiserntefläche der USA betrug 1956 30,7 Mio ha, das Ernteergebnis 87,7 Mio t. (Preisangabe in Cts für 1 bsh von 56 lbs.) Die BR führte 1956 688 kt ein.

Das aus Mais hergestellte gelbe, grobe, nahrhafte Polentamehl ist in Südeuropa ein beliebtes Nahrungsmittel. Aus Mais erzeugt man in einigen Ländern Branntwein und Stärke, in Amerika dient er auch als Pferdefutter.

Reis sind die entspelzten, geschälten Früchte der Reispflanze *(Oryza sativa)*, die nur in warmen Gegenden gedeiht. Die etwa 1 m hohe, Rispen tragende Pflanze muß bis zur Blütezeit im Wasser stehen. („Sumpfreis", der auch auf trockenem Boden gedeihende „Bergreis" kommt für den Welthandel nicht in Betracht.) Beim Dreschen fallen die von rauhen Spelzen umhüllten Körner aus. Dieser Roh- oder Paddyreis wird zum Teil in den Anbauländern, zum Teil in europäischen Reisschälereien (Hamburg, Bremen usw.) geschält. Die entspelzten Körner werden geschliffen, meist mit etwas Talkum geglänzt und manchmal auch mit blauer Farbe geschönt. Das geschliffene Reiskorn ist etwas flachgedrückt, länglich, weiß oder gelblich, durchscheinend und zeigt einige Längsfurchen. Die Stelle des ausgebrochenen Keimlings ist als kleine Einbuchtung ersichtlich.

Im Handel werden die Reissorten vorwiegend nach ihrer Herkunft bezeichnet. Nach der Form unterscheidet man langkörnigen Reis (Korn 3 mal so lang wie dick), mittelkörnigen (2⅓ mal so lang) und kurzkörnigen Reis (weniger als 2 mal so lang wie dick). Reis wird nur nach Mustern und Sorten verkauft. Er eignet sich nicht zur Mehl- und Brotbereitung, sondern wird gekocht. Er ist sehr nahrhaft, leicht verdaulich und das unentbehrliche Nahrungsmittel der Süd- und Ostasiaten. 1956 betrug die Reiserntefläche Indiens allein 31 Mio ha, das Ernteerträgnis rund 39 Mio t. China erntete 1954 46 Mio t. Welternte 1955: 200 Mio t.

In Europa sind die harten und glasigen Sorten beliebt, die beim Kochen ihre Form behalten, während die mehligen oder „kalkigen" stark verquellen. Auch kleinkörnige und gelbliche Sorten sind weniger geschätzt.

Ein großer Teil der europäischen Reiseinfuhr stammt aus Birma. Nach den Ausfuhrhäfen unterscheidet man Rangun- (wohlfeile Massenware), Bassein- (glasig, mittelkörnig, besserer Tafelreis), Moulmein- (mehliger), Arakanreis (kurzförmig, minderste Sorte). — Der vorderindische Patnareis ist langkörnig, ebenso der Bangkokreis (aus Thailand). Der italienische Reis hat dicke weiße Körner, die sich rasch weichkochen. Auch in Spanien wird Reis gebaut. Sehr geschätzt ist der nordamerikanische Karolinareis.

Die BR führt Reis hauptsächlich aus Italien, Ägypten, Birma und Thailand ein.

Hirse (Fennich) nennt man die kleinen, von Spelzen lose umhüllten Früchte mehrerer Gräser, die in Süddeutschland, in den Alpenländern, in Ungarn, Afrika und Vorderasien gebaut werden. Rispenhirse *(Panicum miliaceum)* mit kleinen, rundlichen, grauen, gelben oder roten Körnern ist die bekannteste. Geschälte Ware hat gelbliche, durchscheinende Körner und heißt Brein. Die Kolbenhirse, in Ungarn „Mohar“ genannt, hat längliche Körner. Die Früchte der Mohrenhirse (Dari, Sorgho) sind das wichtigste Nahrungsmittel der Afrikaner. Sie sind 7 mm groß, braun bis weiß. Das oft 4 m hohe Gras wird auch in Italien und Ungarn als Futterpflanze angebaut. Aus den kräftigen Rispenästen macht man „Reisbesen“ oder „Reisbürsten“. Die amerikanische Sorghumhirse *(Milokorn)* dient zur Stärkegewinnung und geröstet als Kaffee-Ersatz.

Buchweizen (Heidekorn, Heiden) sind die dreikantigen, braunen Früchte der niedrigen Buchweizenpflanze *(Fagopyrum esculentum)*, die zu den Knöterichgewächsen gehört und kleine rosarote Blüten hat. Drei Monate nach der Aussaat sind die Früchte (Fig. 3, 4) reif. Sie sind mehlreich, derbschalig und enthalten etwa 59 % Stärke und etwa 11 % Eiweiß. Buchweizen-(Heiden-)mehl ist schwerer verdaulich als Getreidemehl. Buchweizen wird z. B. in den Heidegegenden Deutschlands, in den Alpen- und Sudetenländern und in Rußland gepflanzt.

2. **Hülsenfrüchte** (Leguminosen) heißen die Samen mehrerer Pflanzen der Familie der Schmetterlingsblütler. Sie sind in einer zur Reifezeit aufspringenden Hülse eingeschlossen und besitzen hohen Nährwert. Für den Großhandel haben vor allem die weißen Bohnen Bedeutung.

Erbsen sind die Samen der Gartenerbse *(Pisum sativum)*. Fahlgelbe, glatte Kugeln von 5—10 mm ⌀, die eine zähe, besonders nach kurzem Wässern leicht ablösbare Samenschale haben. Der Kern wird von dem großen Keimling gebildet und zerfällt in die beiden halbkugelförmigen Keimblätter, die nur durch das kleine Würzelchen verbunden sind. Der Nährwert der Erbse liegt, wie der aller Hülsenfrüchte, in dem hohen Gehalte an Stärke und Eiweißstoffen. Die letzteren bestehen hauptsächlich aus Legumin; Kleber fehlt. Die zuckerreiche Spielart „Zuckererbse“ wird im unreifen, grünen Zustande gegessen. Erbsen werden viel in der BR, in Böhmen und in Ungarn gebaut. Im Handel unterscheidet man Kochware und Futterware. Geschälte Erbsen bestehen aus den halbkugeligen Keimlappen. Grüne, unreife Erbsen werden in Blechbüchsen eingemacht oder getrocknet.

Linsen sind die trockenen Samen der Saatlinse *(Ervum Lens)*. Sie sind scheibenförmig, rotbraun bis braungrün, mit 4—8 mm ⌀ und werden besonders in den Sudetenländern und der UdSSR viel angebaut.

Bohnen (Fisolen) heißen die 6—15 mm langen, nierenförmigen Samen der Saatbohne (Arten der Gattung „*Phaseolus*", weiß, braun, rot bis schwarz). Sie werden am meisten in Frankreich und Nordafrika gebaut. Die unreifen, noch grünen Hülsen samt den Samen bilden ein beliebtes Gemüse. Die Samen der Buff- oder Saubohne *(Vicia Faba)* sind eiförmig, 15—20 mm lang und dienen nur unreif zur menschlichen Nahrung, sonst als Viehfutter.

Die Sojabohne von der in Ostasien heimischen *Soja hispida* ist klein, rundlich oder länglich, meist dunkel gefärbt. Sie ist durch hohen Eiweißgehalt (30—50%) und Fettgehalt (18%) ausgezeichnet und reich an Lecithin. Das Sojaöl dient als Speiseöl und für technische Zwecke, der Preßkuchen als Viehfutter. Die Sojabohne wird auf Sojamehl, Sojamilch, Sojakäse verarbeitet. Miso ist eine in Japan durch Vergärung gesalzener Sojabohnen hergestellte Speisewürze. Auch die Worcestersauce wird aus Soja bereitet.

Ernteertrag 1955: USA 10, China 9 Mio t. Die BR führte 1957 626 kt ein.

3. Die **Kartoffel** (Erdäpfel, *Solanum tuberosum*), heute eine unserer wichtigsten Kulturpflanzen, vermochte sich erst in den mageren Jahren nach dem Siebenjährigen Kriege in Deutschland durchzusetzen. Ihre Heimat ist Südamerika (Hochland von Peru), von wo sie durch die Spanier nach Europa gebracht wurde.

Die Kartoffel ist in bezug auf Boden und Klima anspruchslos und gibt hohe Erträge. Sie gehört mit den verschiedenen Rübenarten zu den Hackfrüchten, d. h. sie muß während der Entwicklungszeit behackt werden. Die Kartoffelknollen sind botanisch als unterirdische Stengelgebilde anzusehen. Der Anbau erfolgt durch Setzen von Knollen, aus deren „Augen“ die Triebe hervorgehen. Frühkartoffeln werden im Juli, Spätkartoffeln im Oktober geerntet. Die Erntefläche der BR betrug 1956 1,14 Mio ha, der Ertrag 26,8 Mio t.

Man kennt zahlreiche, nach Form, Farbe und Geschmack verschiedene Sorten.

Die Kartoffel verdankt ihren Nährwert dem hohen Stärkegehalt (15—20 %). Eiweiß enthält sie zwar nur 2 %, jedoch in biologisch hochwertiger Form. Die Kartoffeln sind außerdem unsere wichtigste Vitamin-C-Quelle. Der Wassergehalt ist hoch (75 %) und beeinträchtigt die Haltbarkeit. Vor dem Austrocknen ist die Kartoffel durch ihre aus Korksubstanz bestehende Haut geschützt. Beim Lagern nimmt der Stärkegehalt infolge der Atmung der Knollen ab. — Erfrorene Kartoffeln schmecken süßlich und sind ungenießbar.

Der Verwendung nach unterscheidet man Speisekartoffeln, mit mittlerem Stärkegehalt, gelbfleischig, gut kochbar und gut schmeckend, Wirtschaftskartoffeln mit hohem Stärkegehalt, die als Futter und Fabrikkartoffeln dienen, und Speise- und Wirtschaftskartoffeln, die je nach Bedarf in der einen oder anderen Weise verwendet werden können.

Die Kartoffelkultur wird bedroht durch den Kartoffelkäfer, die durch den Pilz *Phytophtora infestans* verursachte Krautfäule und besonders durch den Abbau, worunter man einen Ertragsabfall bei mehrjährigem Nachbau versteht. Der Abbau wird durch Virusbefall verursacht. Viren sind nur im Elektronenmikroskop sichtbare Krankheitserreger, Eiweißstoffe, denen im gewissen Sinne eine Lebenstätigkeit eigen ist. Zur Vermeidung des Abbaus, der sich übrigens in Westdeutschland stärker bemerkbar macht als im Osten, setzt man jährlich mindestens ein Drittel der Gesamtmenge anerkannte Pflanzkartoffeln. (Hochzuchtpflanzgut, Nachbau A, Nachbau B).

4. **Müllereierzeugnisse** (Mahlprodukte) mahlt man aus Getreide, aber auch aus Hülsenfrüchten. Weizen und Roggen sind das hauptsächlichste Mahlgut. Grob zerkleinertes und ungesiebtes Gut heißt Schrot. Aus

ihm werden durch Sieben (Sichten) gröbere und feinere Bruchstückchen des Mehlkörpers (Grieß und Dunst), ein feines Pulver, das Mehl, und endlich die zerrissenen Schalenteile (die Kleien) gewonnen. Die Müllerei vermahlt das Mahlgut in verschiedener Weise.

Zunächst befreit man das Getreide mit Maschinen von Staub, Unkrautsamen, zerbrochenen und kleinen Körnern, schält es teilweise und entfernt im „Spitzgang" den Keimling. In vielen Mühlen wäscht man das Mahlgut vor dem Schälen in besonderen Vorrichtungen und trocknet es durch Schleudertrommeln und in Trockenröhren. Diese Vorarbeiten nennt man Kopperei. Zum eigentlichen Vermahlen dienen Mahlgänge, in denen das Getreide zwischen zwei waagrecht gelagerten Mühlsteinen, von denen der untere festliegt, der obere läuft, zerrieben wird. Heute arbeiten meistens Walzenstühle, Maschinen mit 1—2 Paaren waagrecht liegender Walzen, die sich gegeneinander drehen. Die erhaltenen Teilchen verschiedener Feinheit werden durch mannigfach eingerichtete Sichtmaschinen getrennt.

Nach der Art und Weise, wie man mahlt und sichtet, unterscheidet man die Flachmüllerei und Hochmüllerei. Bei jener vermahlt man das Getreide sofort möglichst fein. Sie ist für Roggen und Weichweizen üblich. Bei der Hochmüllerei, dem Wiener Mahlverfahren, erhält man durch stufenweises Zerkleinern des Getreides viele Grieße (Grießmüllerei). Aus den Grießen werden durch weiteres Vermahlen schöne, weiße Mehle erzeugt. Das Verfahren eignet sich nur für große Betriebe (Kunstmühlen). Viel Mühe wurde darauf verwandt, durch chemische Bleiche, z. B. mit Ozon, Stickoxyden, Benzoylsuperoxyd, Natriumbromat, rein weißes Mehl zu erhalten. Seit 1956 sind in der BR alle Bleichmittel verboten.

Weizenmehl ist ein weißes bis gelbliches Pulver, das sich mitunter wie Staub anfühlt (Flachmehl). „Griffiges" Mehl, das für feine Brötchen sehr geeignet ist, enthält feinste Grieße und ist rauh. Je mehr Schalenteilchen das Mehl enthält, desto dunkler und wohlfeiler ist es. Zur Bezeichnung des Mehltyps dient in der BR der Aschengehalt, der in Tausendstel Prozent angegeben wird.

Z. B. hat der Weizenmehltyp 812 0,812 % Asche, bezogen auf die Trockenmasse. Die zulässigen Abweichungen sind besonders festgelegt.

Gebräuchliche Weizenmehltypen: 405, 550, 630, 1050, 1200, 1600, 1700.

Die Farbe zweier Mehlsorten vergleicht man, indem man die trockenen Proben glattstreicht. Die Wasserprobe (das Pekarisieren) nimmt man vor, indem man aus den Typen auf einem schwarzlackierten Brettchen flache Häufchen formt und kurze Zeit in Wasser taucht, wonach feine Farbunterschiede deutlich hervortreten. Auch die Teig-, die Kleber- und die Backprobe dienen zur Beurteilung der Mehle. Der Farinograph zeichnet den von dem Teig beim Kneten geleisteten Widerstand als Farinogramm auf, das für ein bestimmtes Mehl kennzeichnend ist.

Auch der Hafergrütze und den Haferflocken ähnliche Erzeugnisse (s. d.) stellt man aus Weizen her (Weizengrütze, Weizenflocken). Die Kleien dienen als Futtermittel.

Roggenmehl ist graustichiger als Weizenmehl und gibt Schwarzbrot.

Roggenmehltypen: 815, 997, 1150, 1370, 1550 (Roggengemengemehl), 1740, 1800 (Roggenbackschrott).

Steinmetzmehl wird aus Roggen gewonnen, der nach einem besonderen Verfahren geschält wurde.

Gerstenmehl, als Nebenprodukt der Graupenmüllerei gewonnen, wird wenig verwendet. Zerbricht man Gerste und schleift die Bruchstücke in Drehtrommeln rund, so erhält man die Rollgerste, Graupen. Die größeren (von 4—5 mm Durchmesser) heißen große Graupen, die kleineren (1—2 mm) Perlgraupen, Ulmergerste oder Schiffsgraupen.

Hafermehl und **Hafergrütze** werden durch Sichtung von geschältem und gebrochenem Hafer erhalten, **Haferflocken** durch Quetschen *(Quacker Oats)*. Sie dienen als Nährmittel. Der Hafer wird zuvor durch Kochen und Rösten vorbereitet.

Maismehl ist gelb. Vor der Vermahlung muß der fettreiche Keim abgetrennt werden. Er liefert das

Maisöl. Im Handel unterscheidet man: Geschrotteten Mais (Zea), Polentagrieß, Polentamehl, Kukuruzschrott und Maismehl.

Buchweizenmehl ist grob, fast weiß und wird in den Heide- und Alpengegenden Deutschlands zu Brot verbacken und zu Grütze verkocht.

Erbswurst ist eine in Wurstform gepreßte kochfertige Mischung aus Erbsmehl, Fett, Gewürzen und Salz.

Kartoffelwalzmehl dient in Notzeiten zur Streckung des Brotgetreides. Kartoffelflocken dienen zur Schweinemast.

Alle Mahlprodukte sind an trockenen, luftigen Orten aufzubewahren, damit sie nicht dumpfig werden. In ungelüfteten Lagern entwickeln sich lästige Mottengespinste. Der Feuchtigkeitsgehalt der Mehle darf nicht über 14 % betragen. Weizen- und Roggenmehl sollen gut backfähig sein, das heißt mit Wasser vermengt einen zähen Teig geben, der beim Backen ein lockeres Brot liefert. Mehle werden durch Vermischen wertvoller mit billigen verfälscht, was sich mikroskopisch nachweisen läßt. Zertrümmerte Unkrautsamen und Mutterkornteilchen lassen sich ebenso auffinden.

5. **Brot** erhält man, wenn man Mehlteig lockert und bäckt. Es wird von Bäckern und in Großbetrieben zumeist mit Maschinen erzeugt. Großbetriebe liefern gleichmäßige Ware und lassen sich leicht behördlich überwachen. In verschiedenen Teilen Deutschlands gelten besondere Überwachungsbestimmungen.

Man rührt das Mehl mit Wasser zu einem Teig an, fügt Salz, Kümmel und andere Gewürze hinzu und rührt als Gärungsmittel Hefe (bei Weizenbrot) oder Sauerteig (Teigreste einer früheren Gärung; bei Schwarzbrot) ein. Bei Flachgebäck wird Backpulver zur Lockerung verwendet (Natriumbikarbonat und Weinstein oder auch Adipinsäure oder Phosphate mit Stärkemehl als Trennmittel). Den Teig läßt man in einem warmen Raume einige Zeit ruhen (gehen). Durch die Wirkung der Hefe tritt eine alkoholische Gärung ein, das entstehende

Kohlendioxyd lockert den Teig. Dann formt man die Brote und bäckt sie im Backofen bei etwa 250° gar. Dabei verquillt die Stärke des Brotmehles und wird leichter verdaulich. Die braune Rinde entsteht durch teilweise Umwandlung der Stärke in Dextrin, Zucker und Karamel durch die Hitze.

Weißbrot wird aus Weizenmehl, Schwarzbrot oder Hausbrot aus Roggenmehl, dem mitunter Weizenmehl zugesetzt wird (Mischbrot), gebacken. Pumpernickel, Vollkornbrot (Graham-, Kneipp-, Steinmetz-, Simonsbrot), schwedisches Knäkebrot u. a. sind Brote aus kleiehaltigen Mehlen (Roggenschrot). Semmeln, Brötchen und andere Backwaren werden nur aus Weizenmehl erzeugt.

Zwieback wird bereitet, indem man Brot in Scheiben schneidet und bei starker Hitze röstet. Er ist im Gegensatz zu gewöhnlichem Brot, das nach kurzer Zeit altbacken wird, sehr haltbar.

Feinbackwaren werden unter Zusatz von Zucker, Fett, Eiern, Früchten usw. erzeugt. Hierher gehören: Biskuits, Keks, Lebkuchen, Früchtebrot, Kuchen und Torten.

Teigwaren, wie Nudeln, Makkaroni und Suppeneinlagen sind kochfertige Erzeugnisse, die aus Weizengrieß oder Mehl ohne Hefezusatz und ohne Backvorgang durch Formen und Trocknen bei mäßiger Wärme hergestellt werden. Sie sollen an luftigen und sehr trockenen Orten aufbewahrt werden. Man unterscheidet Wasserware und Eierteigware.

6. **Stärke** wird aus Getreidefrüchten und Kartoffeln gewonnen. Sie ist aus einem Kohlenhydrat der Formel $(C_6H_{10}O_5)_n$ aufgebaut und bildet Körnchen, die je nach ihrer Herkunft verschieden groß und verschieden geformt und mikroskopisch gut unterscheidbar sind. Mit Wasser auf 50—70° erwärmt, quellen die Stärkekörner auf und vereinigen sich zu einem gallertartigen, klebrigen Brei, Kleister. Stärke und Kleister werden durch Jodlösung tiefblau gefärbt. Kocht man Stärke mit ver-

dünnten Säuren oder mit Malzauszug, so verwandelt sie sich in Dextrine und später in Traubenzucker. Verwendung findet die Stärke als Nährmittel, zur Herstellung von Klebstoffen, zum Steifen und Glänzendmachen von Geweben (Appretur) und zum Füllen von Papier.

Kartoffelstärke wird gewonnen, indem man die Kartoffeln mit Maschinen zu einem Brei zerreißt, den man siebt und mit Wasser kräftig bespritzt, wodurch die Stärkekörner aus den geöffneten Zellen herausgespült werden. Die abfließende Stärkemilch läßt man in Bottichen stehen, wäscht die abgesetzte Stärke mehrmals mit Wasser und schleudert dieses in einer Schleudertrommel ab. Das Erzeugnis heißt grüne Stärke und dient zur Trauben- zucker- und Dextrinbereitung. Trocknet man sie bei gelinder Wärme, so erhält man die gewöhnliche Handelsware. Sie bildet ein mattweißes Pulver oder Brocken (Schäfchen) aus Körnern von 60—100 μ Länge, die feine Schichtungen um einen außerhalb der Mitte gelegenen Kern (Fig. 4 A, k) zeigen. Gute Kartoffelstärke hat nicht mehr als 18% Feuchtigkeit und sehr wenig Asche. Sie wird in großen Mengen in Norddeutschland erzeugt.

Fig. 4. A Kartoffelstärke, k Kern; B Weizenstärke, g Großkörner, kl Kleinkörner (130fach vergrößert).

Weizenstärke wird durch Auswaschen eines Mehlteiges auf Sieben oder in Schleudertrommeln gewonnen und durch wiederholtes Schlämmen gereinigt. Als Nebenerzeugnis gewinnt man den wertvollen Kleber. Die Weizenstärke bildet gewöhnlich kantige Stückchen, die beim Trocknen der in Würfel gepreßten reinen Weizenstärke entstehen, Strahlenstärke, oder ein gelbliches Pulver und Brocken. Sie besteht aus linsenförmigen Körnern von 25—40 μ Durchmesser (Fig. 4 B, g) neben zahlreichen sehr kleinen Körnchen von etwa 6 μ (kl).

Reisstärke wird aus dem Bruchreis der Reisschälereien im großen hergestellt. Sie ist die feinste Stärke des Handels und bildet gewöhnlich scharfkantige Stängelchen (Kristallstärke) oder wird zu Täfelchen gepreßt. Fein gesiebtes Stärkepulver heißt Reismehl. Mikroskopisch ist sie leicht an den scharfeckigen Körnchen von 3—10 μ Durchmesser zu erkennen (Fig. 5B).

Maisstärke, besonders in Nordamerika hergestellt, ist ein weißes Pulver aus scharfkantig polyedrischen Körnern von etwa 20 μ Durchmesser, mit einer mehrstrahligen Kernspalte (Fig. 5A). Als Nahrungsmittel wird sie unter den Namen Maizena und Mondamin verkauft.

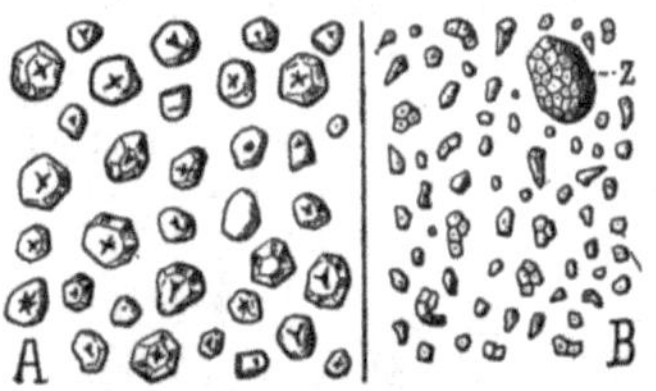

Fig. 5. A Maisstärke; B Reisstärke, z zusammengesetztes Korn (130fach vergrößert).

Arrowroot sind Stärkesorten verschiedener tropischer Pflanzen. Die handelswichtigsten sind: a) das westindische Arrowroot aus dem Wurzelstocke der Pfeilwurz (*Maranta*-Arten) und b) das brasilianische Arrowroot aus den Knollen der Kassawepflanze (Maniok, *Manihot utilissima)*. Aus letzterem erzeugt man Tapioka, indem man die befeuchtete Stärke durch Siebe preßt und die entstandenen Körner scharf erhitzt. Sie bildet glasartig durchscheinende eckige Körner, die in heißem Wasser schleimig aufquellen, und ist eine leichtverdauliche Suppeneinlage sowie auch ein Kindernährmittel. Runde Körner heißen auch Sago.

Sago stammt von der Sagopalme *(Metroxylon Rumphii)* Hinterindiens und des Malaiischen Archipels und von anderen Palmarten. Die Stämme, die bis 400 kg Stärke enthalten, werden gefällt und aufgeschnitten. Aus dem lockeren Innengewebe wird das Sagomehl ausgewaschen. Die nassen Klümpchen erhitzt man auf flachen Pfannen und erhält dadurch Sago. Durch Schütteln in Säcken oder in rollenden Trommeln entstehen runde, durchscheinende Körner, Perlsago. Ähnlich, aber wirtschaftlicher, wird in Deutschland der Inländer- oder deutsche Sago aus Kartoffelstärke erzeugt. Sago quillt in heißen Flüssigkeiten zu durchsichtigen, schleimigen Kügelchen und dient als schmackhafte, leichtverdauliche Suppeneinlage und zu süßen Speisen.

Dextrin (Stärkegummi) ist ein aus Stärke erzeugter, in Wasser löslicher Klebestoff, den man durch Rösten von Kartoffelstärke in Rührtrommeln bei etwa 200° herstellt und als braune, krümelige Masse (Röstgummi) in den Handel bringt. Bessere Sorten werden durch Erhitzen von Stärke mit etwas Salpetersäure oder Salzsäure als weißes oder lichtbraunes Pulver gewonnen (Säuredextrin oder Dextringummi). Dextrin verwendet man als Klebestoff, zum Verdicken von Farben und im Zeugdruck. Helles, in die Form von glasartigen Brocken gebrachtes Dextrin wird als Kristallgummi verkauft. Dextrin hat gegenüber dem arabischen Gummi den Nachteil, daß es aus der Luft Wasser anzieht, wodurch die Klebeflächen feucht werden.

7. **Zuckerarten.** Zucker nennt man eine Anzahl süß schmeckender Kohlehydrate. Ihre wässerigen Lösungen drehen die Ebene des polarisierten Lichtes; viele von ihnen vergären durch Hefe und andere Pilze zu Alkohol und Kohlendioxyd. Sie finden sich hauptsächlich im Pflanzenkörper. Einige Zuckerarten sind für die Ernährung der Menschen von großer Bedeutung. Besonders der Rohrzucker spielt im Welthandel eine hervorragende Rolle.

Chemisch unterscheidet man 2 Gruppen: a) Monosaccharide $C_6H_{12}O_6$, zu denen Traubenzucker und Fruchtzucker gehören, und b) Bisaccharide $C_{12}H_{22}O_{11}$, zu denen Rohrzucker, Milchzucker und Malzzucker (Maltose) zählen. Die Zuckerarten sind Aldehyd- oder Ketonalkohole und mit den Polysacchariden (Stärke, Dextrin und Zellulose) verwandt.

Traubenzucker (Glukose, Dextrose) findet sich mit Fruchtzucker (Lävulose) in allen süßen Früchten und im Honig. Im Handel heißt er Stärkezucker und wird im großen aus frischer Kartoffelstärke durch Kochen mit verdünnter Schwefelsäure („Hydrolyse") und Eindampfen erzeugt. Den entstehenden Zuckerbrei läßt man in Kisten erstarren (Kistenzucker). Er wird ebenso wie Stärkesyrup bei der Herstellung von Zuckerwaren und Bonbons verwendet. Stärkezucker ist $2\frac{1}{2}$ mal weniger süß als gewöhnlicher Zucker.

Stärkesyrup wird durch Eindampfen unvollständig hydrolysierter Produkte auf 43° Bé (Capillärsyrup) oder 45° Bé (Bonbonsyrup) erhalten und bildet eine wasserhelle zähe Flüssigkeit, die neben Glukose etwa 50% Dextrin enthält.

Durch Erhitzen von Stärkezucker erhält man braune Zuckerfarbe (-couleur), die zum Färben von Essig, Wein, Rum usw. benutzt wird. Reiner Traubenzucker ist als Dextropur im Handel und dient, da er rasch in die Blutbahn übergeht, als Roburans oder Kräftigungsmittel. Durch Verzuckern von Holz mit hochkonzentrierter Salzsäure nach dem Bergiusverfahren gewonnener Traubenzucker dient als Viehfutter.

Kunsthonig enthält als Hauptbestandteil Invertzucker, d. h. gleiche Mengen Trauben- und Fruchtzucker und wird durch Invertieren von Rohrzucker mit Säure erhalten. Zusatz von 20% Stärkesyrup ist gestattet. Kunsthonig wird meist honigähnlich gefärbt und aromatisiert und ist fest oder dickflüssig. Bei längerem Stehen kristallisiert er häufig.

Rohrzucker (Saccharose) ist unser gewöhnlicher Zucker. Er findet sich im Safte des Zuckerrohres und der Zuckerrübe und wird daraus im großen gewonnen. Obzwar Rohrzucker und Rübenzucker chemisch vollkommen gleich sind, werden sie doch im Handel streng unterschieden. 1955 betrug die Welternte aus Zuckerrüben 16 Mio t, aus Zuckerrohr 22,6 Mio t. Die Zuckererzeugung der BR betrug 1,3 Mio t. Sitz der Deutschen Zuckerterminbörse ist Hamburg.

Reiner Zucker bildet eine weiße, kristallinische Masse. In kaltem Wasser löst sich die zweifache, in heißem die fünffache Menge. d = 1,6. Zucker schmeckt rein süß, ist sehr leicht verdaulich und daher ein vorzügliches Nahrungsmittel. Die wässerige Lösung dreht die Ebene des polarisierten Lichtes um so mehr nach rechts, je größer ihr Gehalt ist. Hierauf beruht das optische Verfahren der Zuckerbestimmung mit Hilfe des Saccharimeters (Polarimeter). Zucker schmilzt bei 160° und erstarrt zu glasigem Gerstenzucker, der beim Liegen wieder kristallinisch wird. Auf 200° erhitzt, gibt Zucker eine braune, wasserlösliche Masse (Karamel). Durch Kochen einer verdünnten, etwas angesäuerten Lösung wird Rohrzucker in ein Gemenge von Traubenzucker und Fruchtzucker zerlegt, invertiert (Invertzucker).

Rohzucker ist das aus dem Safte des Rohres oder der Rübe gewonnene unreine Erzeugnis. Der Zucker aus Rohr wird Kolonialzucker genannt. Das Zuckerrohr (*Saccharum officinarum*, Familie „Gräser"), das besonders in Kuba, Brasilien, Indien, den Philippinen, Australien und Westindien gebaut wird, hat bis 4 m hohe Halme, deren Mark einen Saft gibt, der bis 20% Zucker enthält. Aus dem ausgepreßten und gereinigten Saft läßt man den Zucker auskristallisieren. Die zurückbleibende Mutterlauge heißt Zuckerrohrmelasse und dient als Viehfutter und zur Erzeugung von reinem Alkohol und von Jamaikarum. In vielen Ländern bestehen wohleingerichtete, den Rübenzuckerfabriken ähnliche Anlagen. Kolonialzucker ist ein gelber bis brauner, feuchter Kristallbrei, der in Säcken oder in Kisten versandt wird. Man unterscheidet im Handel „Rohzucker I. Produkt", Zentrifugenzucker und die unreinen „Nachprodukte", Muscovados.

Rübenrohzucker wird aus einer durch sorgfältige Zucht veredelten Spielart der Runkelrübe (*Beta vulgaris*) im großen hergestellt.

Die Rüben werden im Herbste aus der Erde gezogen, von den Blättern getrennt und in die Zuckerfabrik geschwemmt. Ihr Saft enthält bis 18% Zucker neben verschiedenen „Nichtzuckerstoffen". Die gewaschenen Rüben werden, in dünne Streifen (Schnitzel) geschnitten, in den Diffusionsapparaten mit warmem Wasser ausgelaugt. Die entzuckerten und ausgepreßten Schnitzel dienen als Viehfutter. Der gewonnene Rohsaft wird erwärmt, mit Kalkmilch versetzt (Scheidung) und von Kohlendioxyd durchströmt (Saturation). Der entstehende „Scheideschlamm" enthält einen Teil der ausgefällten Nichtzuckerstoffe und wird mit Filterpressen vom Safte getrennt. Der erhaltene Dünnsaft wird in Verdampfapparaten auf Dicksaft verdickt, der etwa 60% Zucker enthält. Diesen kocht man im Vakuumkessel auf Korn und läßt ihn in großen Behältern kristallisieren. Die erhaltene „Füllmasse" ist ein Gemenge von Zuckerkriställchen (etwa 50%) und Mutterlauge (Sirup); letzterer wird abgeschleudert. Der gewonnene Zucker heißt Rohzucker I. Produkt (Kornzucker). Aus dem Sirup werden durch wiederholtes Eindampfen und Kristallisieren meist noch zwei unreine Nachprodukte, das II. und III. Produkt, gewonnen. Der letzte, sehr unreine Sirup heißt Melasse und kann auf Melassezucker verarbeitet werden, dient aber meist zur Spirituserzeugung und als Viehfutter.

Rohzucker bildet ein gelbes bis braunes Haufwerk loser Kriställchen. Sein Wert richtet sich nach der Menge weißen Konsumzuckers, die sich aus ihm gewinnen läßt. Die Zahl, welche dies ausdrückt, heißt Rendement (Ausbeutegrad). Zur Bestimmung des Rendements R wird der Gehalt eines Rohzuckers an Rohrzucker, die Polarisation P, mit dem Saccharimeter und der Aschegehalt A bestimmt. Daraus berechnet man R nach der Formel $R = P - 5A$. Preisgrundlage für Rohzucker-Ersterzeugnis sind 88° R, für Nacherzeugnis 75. Jeder Grad darüber oder darunter verändert den Preis in bestimmter Weise. Erstzuckerlieferungen unter 86° R kann der Käufer zurückweisen. Die BR sowie auch andere Länder besteuern den Zucker beträchtlich.

Konsumzucker ist die aus Rohzucker durch Reinigung (Raffination) im großen erzeugte weiße Ware (Gehalt meist über 99,9% Saccharose). Er soll sich klar im Wasser auflösen. Die einfachste Reinigung geschieht durch Waschen (Decken) des Rohzuckers mit einer reinen Zuckerlösung in einer Schleudertrommel. Dabei erhält man entweder den aus losen, weißen Kristallkörnern bestehenden Kristallzucker (englisch *Granulated*), der bei leichtem Vermahlen den Sandzucker ergibt, oder, wenn die Masse in der Schleudertrommel fest zusammenbäckt und zu Stücken zerschlagen wird, den Stück- oder Pilézucker von kleinkörnigem Gefüge mit Gelbstich.

Zur eigentlichen Raffination wird der durch Einmaischen und Zentrifugieren vorgereinigte Rohzucker in möglichst wenig Wasser gelöst und durch Filtration über Knochenkohle oder mit Aktivkohle, die nach Zusatz von Kieselgur abfiltriert wird, entfärbt. Die fast wasserhellen „Klären" werden bis zum Kristallisieren eingedampft. Man erhält so die „Kristallraffinade", die in verschiedenen Siebungen (grob, mittel, fein) oder nach leichter Vermahlung als „gemahlene Raffinade" auf den Markt kommt. In geringerem Umfang wird aus Raffinadefüllmassen Zucker in Form von Hüten und Broten hergestellt. Durch feinste Vermahlung erhält man Puderzucker.

Zur Herstellung von Würfelzucker läßt man entweder Füllmasse zu Platten erstarren, die zersägt werden (Adantwürfel), oder feinkörniger Zucker wird feucht zu Stangen gepreßt, die in Knippmaschinen zu Preßwürfeln zerschnitten werden. Die Abfälle werden zu Puderzucker verarbeitet.

Die weniger reinen, bei der Raffination abfallenden weißen Zucker nennt man Meliszucker.

Kandiszucker erhält man durch langsame Kristallisation von reinsten Zuckerlösungen, in die man Fäden oder Strohhalme einhängt. Brauner Kandis ist durch Zusatz von Zuckercouleur gefärbt. Die gelblichen bis braunen Mittelprodukte der Raffination und der Kandisherstellung kommen als Farin- oder Bastardzucker in den Handel.

Invertzuckersirup ist eine wasserhelle, honigähnlich schmeckende Flüssigkeit, die zum Einkochen von Obst, in der Zuckerbäckerei und als Honigersatz benutzt wird.

Man gewinnt sie durch Kochen einer Rohrzuckerlösung (Invertieren) mit schwachen Säuren.

Künstliche Süßstoffe sind sehr süße chemische Produkte ohne Nährwert. Am bekanntesten ist das Saccharin ® (Benzoesäuresulfinid), ein aus Toluol bereitetes weißes Pulver. Saccharintabletten enthalten im Verhältnis 1 : 4 Natriumbikarbonat und sind 110mal süßer als Zucker. Ein anderer in der BR zugelassener Süßstoff ist Dulcin ®, rund 250 mal süßer als Zucker. Andere Süßstoffe wie Suosan ®, Süßhilfe ®, Ultrasüß ®, die eine Süßkraft bis 4000 erreichen, waren vorübergehend zugelassen, sind heute aber wieder verboten.

Sionon ® (Sorbit) wird von Diabetikern vertragen.

Zuckerwaren sind süß schmeckende, meist Geschmacks- und Farbstoffe enthaltende Nahrungs- und Genußmittel, deren Hauptbestandteil Zucker ist. Caramelbonbons (Malzbonbons) werden durch Verkochen, Fondants durch Eindicken von Zuckerlösungen hergestellt. Pfefferminzpastillen preßt man aus Staubzucker. Marzipanmasse erhält man durch Verreiben von Mandeln mit Zucker. Pralinen sind mit Schokoladenmasse, Dragées mit Zucker überzogen.

8. **Obst und Südfrüchte.** Die Früchte und Samen vieler Bäume und Sträucher sind vorzügliche Nahrungsmittel. Äpfel, Birnen, Kirschen, Pflaumen, Aprikosen, Pfirsiche, Weintrauben und Walnüsse sind allbekannt. Die Früchte sind durch ihren Gehalt an Zuckerarten und Vitaminen, die Samen durch ihren Fettreichtum ausgezeichnet. Frisches Obst ist eine wichtige Handels- und Ausfuhrware vieler Länder.

Da frisches Obst leicht verdirbt, stellt man Obstdauerwaren (Konserven) her. Sie werden teils durch Einkochen mit Zuckerlösung (Dunstobst, Marmelade, Gelee), teils durch Trocknen (Dörrobst) gewonnen. Letzteres wird besonders in Kalifornien, Bosnien, Persien und Süddeutschland hergestellt. Auch durch Tiefkühlung wird Obst konserviert. Aus Pflaumen bereitetes Pflaumenmus (Powidl, Lequar) wird aus der Tschechoslowakei und aus Jugoslawien ausgeführt.

Beim Einkochen von Früchten in Weckgläsern wird die Luft durch Wasserdampf verdrängt, der sich bei der Abkühlung kondensiert. Das dadurch erzeugte Vakuum saugt den mit Gummiring versehenen Deckel an und bewirkt den luftdichten Abschluß. — Als Gelierungsmittel werden Pektinpräparate angewandt, die meist aus Apfelschalen gewonnen werden (Opekta ®).

Südfrüchte sind aus warmen Ländern frisch oder getrocknet in den Handel gebrachte Früchte und Samen. Sie müssen trocken und luftig aufbewahrt werden. Die BR führt Südfrüchte, besonders aus Spanien, Italien und den Äquatorgebieten Amerikas ein.

Die wichtigsten Südfrüchte sind:

Johannisbrot (Karoben), bis 15 cm lange, flache, fleischige Hülsen des Johannisbrotbaumes *(Ceratonia siliqua)*.

Oliven, in Öl oder Salz eingelegte Steinfrüchte des Ölbaumes (Fig. 6 AB), sind dunkelbraun bis schmutziggrün, 2—3 cm lang und haben im fettreichen Fruchtfleisch einen harten Steinkern. Sie kommen aus Griechenland und Spanien, wo sie in den Wintermonaten reifen.

Zitronen (Limonen) sind die Früchte des Zitronenbaumes *(Citrus Limonum)*, die 3 bis 4 mal im Jahr geerntet werden. Sie sind eiförmig, mit höckeriger Spitze und hochgelber, warziger Oberfläche. Ihre derbe Schale enthält zahlreiche Hohlräume, die ein scharfriechendes ätherisches Öl bergen. Das saftige Fruchtfleisch ist in Fächer geteilt und mit einem sauren Fruchtbrei erfüllt, in dem die Samen liegen. Er enthält neben viel Zitronensäure reichlich Vitamin C.

Die meisten Zitronen kommen aus Unteritalien, Sizilien, vom Gardasee, aus Spanien und Portugal auf den Markt. Sie werden einzeln in Papier gewickelt und zu 400—800 in Kisten verpackt. Von einigen großfrüchtigen *Citrus*-Arten, besonders Cedrat, schneidet man die dicken Schalen in Streifen, legt sie in Zucker ein und verkauft sie als Zitronat (Sukkade).

Apfelsinen (Orangen) heißen die orangegelben kugeligen Früchte des Orangenbaumes *(Citrus aurantium)*. Das saftige Fruchtfleisch ist gelb bis blutrot, enthält bis 8 % Zucker und schmeckt säuerlich-süß, erquickend. Überzuckerte Orangenschalen heißen Arancini.

Pomeranzen schmecken säuerlich bitter.

Die **Grape Fruit** ist etwa doppelt so groß wie die Apfelsine und schmeckt süßherb. Sie wird im Westen der USA angebaut.

Die kleinen, dünnschaligen Mandarinen mit kräftigem Geschmacke stammen von *Citrus nobilis*

Von Oktober bis zum Frühjahr wird geerntet.

Orangen werden wie Zitronen verpackt und kommen besonders aus Sizilien über Messina, aus Genua und Nizza, von den Azoren, in neuerer Zeit auch aus Spanien und Kalifornien zu uns. Orangen, Zitronen und andere Citrusfrüchte werden im Handel häufig als Agrumen (vom ital. *agro* = sauer) oder Zitrusfrüchte bezeichnet.

Rosinen und **Korinthen** sind die getrockneten Beeren einiger Spielarten des Weinstockes (Gattung *Vitis*). Die 1—2 cm großen Rosinen sind flachgedrückt, runzelig und sehr süß. Am besten sind die „Sultaninen" oder Smyrnarosinen aus Kleinasien. Sie sind hellbraun und werden in Kisten verpackt. Die braunen, oft unreinen Zibeben werden in Säcke oder Fässer zu 100 kg gefüllt. Die Ware kann durch Waschen verbessert werden. Die spanischen, sehr großen, samt den Stielen getrockneten Rosinen der Muskatellertrauben heißen Malagatrauben. — Korinthen, Weinbeeren, sind die kleinen, blauschwarzen, kernlosen Beeren von *Vitis apyrena*, die in Griechenland gezogen wird. Sie kommen, in Säcken zu 50 kg verpackt, besonders aus Zante, in geringen Sorten aus Dalmatien, auf den Markt. Gute Ware soll wenig Stiele enthalten und nicht faulig schmecken.

Datteln sind die reifen Beerenfrücht der Dattelpalme *(Phoenix dactylifera)*. In dem zähen, sehr süßen Fruchtfleisch der walzenförmigen Beere liegt ein langgestreckter harter Same (Fig. 6, C,s). Sie werden an der Sonne etwas getrocknet und gewöhnlich, fest zusammengepreßt, in Kistchen verpackt. Die feinen, lichten Königsdatteln aus Tunis werden in Schachteln gelegt. Die gewöhnlichen braunen, nordafrikanischen Datteln heißen Alexandriner Datteln.

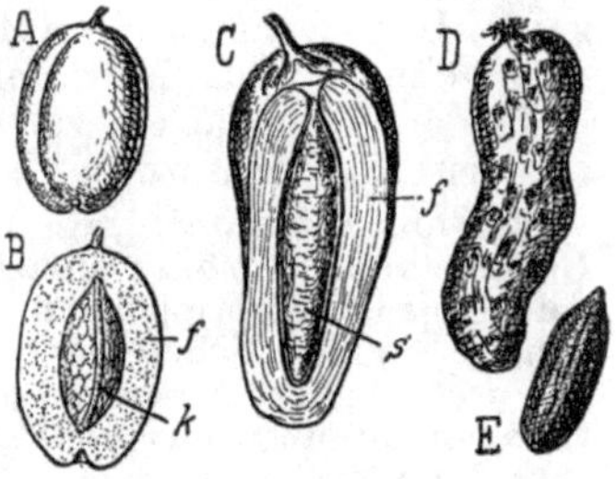

Fig. 6. A ganze, B aufgeschnittene Olive, f Fruchtfleisch, k Kern; C Dattel geöffnet, f Fruchtfleisch, s Same, D Erdnuß; E Same daraus (½ nat. Größe).

Bananen sind die gelben, gurkenförmigen Beerenfrüchte tropischer einjähriger Pflanzen der Gattung *Musa* (wichtigste Art: *Musa paradisiaca*). Sie stehen zu Fruchttrauben beisammen. Die Banane ist durch ihren hohen Kohlehydratgehalt ein wichtiges Nahrungsmittel und eine wichtige Welthandelsware. Sie wird besonders aus Westindien und den Kanarischen Inseln ausgeführt. Die Früchte werden unreif verladen und in den Einfuhrländern künstlich gereift.

Ananas (Pineapple) heißt die 1—4 kg schwere Scheinfrucht der Ananasstaude (Ananas Sativa), die in allen tropischen Ländern gedeiht. Das saftige Fleisch schmeckt süßsäuerlich und wird als Kompott und zu Süßspeisen verwendet. Ananas kommt auch scheibenförmig in Dosen in den Handel.

Kakifrüchte sind die safrangelben, süßen Früchte von *Diospyros kaki.*

Feigen sind die birnförmigen Scheinfrüchte des in Südeuropa und Afrika viel gepflanzten Feigenbaumes *(Ficus Carica)*. Im frischen Zustande sind die Feigen dunkelgrün bis blauschwarz mit süßem roten Fruchtfleisch, in dem die harten kleinen Früchte, fälschlich „Samen" genannt, liegen. Man trocknet die Feigen künstlich oder an der Sonne, wobei sie braun werden und sich mit weißem Traubenzucker überziehen, von dem sie bis 50 % enthalten. Die feinsten Sorten aus Smyrna werden als Tafelfeigen in Schachteln verkauft. In Griechenland reiht man sie zu 100 an Halmen oder Schnüren auf (Kranzfeigen). Billige Feigen werden in Fässern oder Säcken verpackt. Aus ihnen stellt man zumeist Kaffeezusatz her.

Kastanien (Maronen), die einsamigen Schließfrüchte der Edelkastanie *(Castanea vesca)*, wachsen zu dreien in einem stacheligen, aufspringenden Becher und sind von einer zähen, braunen Schale umgeben. Sie werden im Herbst geerntet, abgebrüht und in heißem Sande getrocknet. Gute Maronen kommen aus der Provence und aus Italien.

Mandeln sind die Samen des südeuropäischen Mandelbaumes *(Prunus Amygdalus)*. Seine Steinfrüchte sind grün und samtig behaart. Ihr herbes Fruchtfleisch umschließt einen Steinkern, aus dem man die Mandeln auslöst. Diese sind spitzeiförmig, flachgedrückt und haben eine braune, rauhe Samenschale. Aus dem weißen Nährgewebe gewinnt man Mandelöl. Die Ware kommt aus Italien (Bari), auch aus Frankreich und Spanien.

Krachmandeln sind die Steinkerne einer Spielart des Mandelbaumes, mit papierdünner, leicht zerbrechlicher Schale. Bittere Mandeln, von einer anderen Spielart, sehen wie gewöhnliche Mandeln aus, enthalten aber neben Mandelöl einen Bitterstoff, das Amygdalin, das bei Gegenwart von Wasser etwas Blausäure und Bittermandelöl liefert. Man kann sie entbittern.

Ähnlich wie Mandeln werden einige andere Samen geschätzt: **Paranüsse** vom brasilianischen Juniabaum sind bis 8 cm lang, scharf dreikantig, auf einer Seite gewölbt, haben eine derbe, warzige, dunkelbraune Schale und einen mandelartigen Kern. **Pistazien**, 2 cm lange, braunrote bis grünliche Samen eines kaukasischen Strauches. **Pignoli**, walzenförmige, weiße Samen der südeuropäischen Pinie.

Erdnüsse (Aschantinüsse) sind die kokonförmigen, netzrunzeligen, strohgelben Früchte der afrikanischen

Erdnußpflanze *(Arachis hypogaea)* aus der Familie „Hülsenfrüchtler". Die Blüten senken sich nach der Befruchtung in die Erde, die Früchte reifen unter der Erde. Sie enthalten mandelartig schmeckende Samen (Fig. 6, D, E), mit 50 % Öl. Hauptausfuhrländer sind Algerien und franz. Westafrika.

B. Tierische Nahrungsmittel

1. Fleisch und Fleischwaren, Würste. Fleisch sind „Teile von warmblütigen Tieren, sofern sie sich zum Genuß für Menschen eignen" (Gesetz über Schlachtvieh und Fleischbeschau vom 20. 10. 1940). Gewöhnlich werden die großen Muskelmassen des Tierkörpers „Fleisch" genannt. Sie sind aus feinen Muskelfasern zusammengesetzt und mehr oder weniger vom Fettgewebe durchwachsen und umgeben (Fig. 7). Die chemische Zusammensetzung des Fleisches hängt von der Art, dem Alter und dem Ernährungszustande des Tieres ab, schwankt daher sehr. Mittelfettes Rindfleisch enthält im Durchschnitt 76% Wasser, 16-20% Eiweißstoffe, eigentümliche, geschmackbildende „Fleischbasen", 5,5 % Fett und etwa 1 % anorganische Salze. Fettes Schweinefleisch kann bis zu 40 % Fett enthalten.

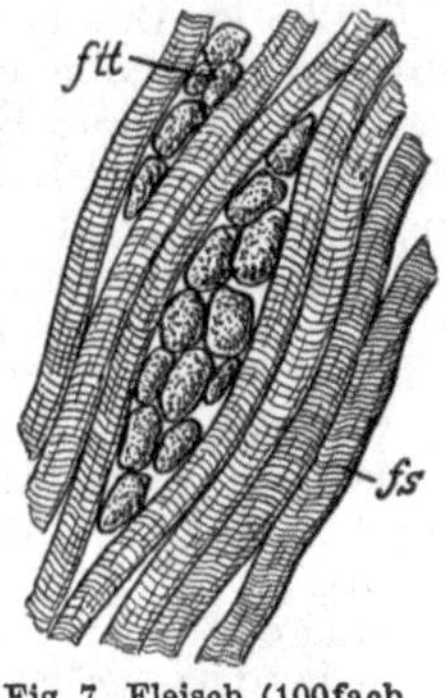

Fig. 7. Fleisch (100fach vergr.), fs Muskelfasern, ftt Fettgewebe.

Zum menschlichen Genuß geeignetes Fleisch muß von gesunden Tieren stammen und darf keine Schmarotzer (Bandwurmfinnen, Trichinen usw.) enthalten. Nach dem obenerwähnten Gesetze ist eine strenge Fleischbeschau eingeführt, die nur tadelloses Fleisch auf den Markt läßt. — Fauliges Fleisch enthält gefährliche „Fleischgifte“ (Ptomaine), Kälte bewahrt Fleisch lange Zeit vor Fäulnis. Gefrorenes Fleisch wird in eigens eingerichteten Schiffen in großen Mengen aus Argentinien und Australien nach Europa gebracht. Alle großen Schlachthöfe haben Kühlhallen mit Temperaturen von —2 bis —4°, in denen sich das Fleisch lange Zeit hält.

Fleischdauerwaren (Konserven). Aus Fleisch stellt man durch verschiedene Verfahren Dauerware her. Dazu gehören: a) Getrocknetes Fleisch, durch Trocknen von Fleischstreifen an der Sonne und Einsalzen hergestellt, z. B. die südamerikanische Charque und das als Carne pura verkaufte Fleischmehl; b) Büchsenfleisch (z. B. *Corned beef*). Die entsprechend zubereiteten Fleischstücke werden in Büchsen von 0,5—2,5 kg Inhalt eingelegt, luftdicht verschlossen und mehrere Stunden in kochendem Wasser erhitzt. Dann sticht man in die Büchse eine kleine Öffnung, die nach Entströmen der Luft wieder verlötet wird, worauf man nochmals erhitzt. Büchsenfleisch wird in besonderen Fabriken erzeugt. Die größten befinden sich in Chikago; c) Pökelfleisch ist durch Einsalzen dauerhaft gemachtes Fleisch, besonders Schweinefleisch[1]). Das dänische ***Bacon*** ist mild gesalzenes Schweinefleisch für Frühstückspeck. In Amerika und Australien wird im großen auch Rindfleisch eingepökelt und als „Salzfleisch“ verkauft.

Rauchfleisch, Selchfleisch, wird durch mehrtägiges Räuchern von Fleisch mit dem Rauche eines Holzfeuers erzeugt, wobei der Wassergehalt um 10—40% abnimmt. Die Temperatur des Fleisches darf nicht über 25° steigen. Die im Holzrauche enthaltenen Verbindungen bewahren das Selchfleisch vor Fäulnis. In großem Maßstabe werden besonders Schweinefleisch (Schinken in Prag und Westfalen), Ochsenzunge, Speck (Irland), Gänsebrüste geräuchert.

Würste sind gewürzte Gemenge aus zerkleinertem Fleisch, die in Schlachttier- oder Kunstdärme gefüllt

---

1) Pökelsalz darf nach dem Nitritgesetz (1934) höchstens 0,6% Nitrit enthalten.

werden. Sie sind fast völlig verdaulich und bequem im Gebrauch. Man unterscheidet: a) Rohwürste: Sie werden aus rohem, entsehntem Muskelfleisch und tierischem Fett ohne Zusatz von Innereien hergestellt und geräuchert (Zervelat-, Plock-, Mettwurst, Salami); b) Brühwürste: Sehr fein zerkleinertes Fleisch wird mit höchstens 20% Schüttwasser verarbeitet, „gekuttert" (Mortadella, Brühwürstchen, „Frankfurter", Bockwurst, Bratwürste); c) Kochwürste: Diese, aus Fleisch und Innereien oder Blut hergestellt, müssen nach dem Einfüllen in Därme bis zum Garwerden gekocht werden. Manchmal werden sie leicht geräuchert (Leberwurst mit 15—30% frischer Leber, Blut-, Preß-, Weißwurst, Leberkäse).

Fleischextrakt ist eine eingedickte Fleischbrühe von salbenartiger Beschaffenheit und brauner Farbe. Er wird besonders in Südamerika (Fray-Pentos), in Chikago und Australien erzeugt. Das ausgelesene und zerkleinerte Fleisch von Ochsen oder Schafen wird nach dem von Liebig und Pettenkofer angegebenen Verfahren unter Hochdruckdampf gekocht. Das Fett wird abgeschieden. Nachdem sich die Brühe in geräumigen Kesseln geklärt hat, wird sie unter starker Luftverdünnung eingedampft und in Tiegel abgefüllt. Fleischextrakt enthält die sog. Extraktivstoffe des Fleisches, aber kaum Eiweiß und ist daher eher den Genußmitteln als den Nahrungsmitteln zuzuzählen.

2. **Fische und Fischdauerwaren.** Das Fleisch der Fische ist meist weiß, leicht verdaulich und nahrhaft. Es enthält etwa 14—21 % Eiweißstoffe, meist wenig Fett und viel Wasser (75—83 %), fault daher leicht. Zahlreiche Flußfische und große Mengen Seefische kommen durch die Seefischerei aus der Nord- und Ostsee, den Haffen und durch die Binnenschifferei aus dem Bodensee frisch auf den Markt, so daß sie zu einer Volksnahrung geworden sind. Im Jahre 1956 lieferte die deutsche Seefischerei 95 kt Fische. Außerdem wurde

viel aus Norwegen, den Niederlanden, Dänemark und England eingeführt.

Mehrere Seefische werden konserviert und bilden wichtige Handelswaren.

Schellfische. Der Familie Schellfisch gehören an: der gemeine Schellfisch *(Gadus aeglifinus)*, der Kabeljau *(Gadus morrhua)* und dessen kleinere Ostseeform Dorsch. Der Fang der zu den Laichzeiten in ungeheuren Zügen die Küsten des Nordatlantik aufsuchenden Schellfische findet besonders auf den Lofoten und in Neufundland statt. Der Kabeljau wird bis 1,25 m lang und 50 kg schwer. Nur an der Luft getrocknet nennt man ihn Stockfisch, gesalzen und getrocknet Klippfisch, nur eingesalzen Laberdan.

Der Köhler *(Gadus virens)*, so benannt, weil sein Maul innen schwarz ist, kommt als Seelachs in den Handel. Er wird frisch oder geräuchert verzehrt.

Hering *(Clupea harengus)* ist ein Fisch, dessen langgestreckter, seitlich zusammengedrückter Körper bis 36 cm lang wird. Er ist oberseits blaugrün, unten silberweiß, lebt in ungeheuren Scharen in den Tiefen des Atlantischen Ozeans und kommt zur Laichzeit (Juni bis Oktober) in die Nähe der Küsten der Nord- und Ostsee, wo er in großen Mengen mit besonderen Heringsnetzen gefangen und meist schon auf den Schiffen eingepökelt wird[1]). Er ist der am meisten verzehrte Speisefisch.

Die übliche Landpackung der Pökel- oder Salzheringe enthält 600—1200 Fische je Faß (mindestens 106 kg netto). Holländische Ware ist die beste. Matjesheringe (Maikens, Fettheringe) sind die im Juni gefangenen zarten und fettreichen Tiere. Vollheringe nennt man die mit Laich gefüllten, Ihlenheringe abgelaichte und noch nicht wieder gefüllte Fische. Ostseeheringe sind klein und wohlschmeckend. Geräucherte Heringe (Bücklinge) kommen in flachen Kistchen aus

[1]) Eine Tonne Seepackung = 1 Kantje enthält 600—800 Stück.

Mecklenburg, Holland und Schweden in den Handel. Die bedeutendste Ausfuhr an Heringen haben Norwegen und die Niederlande.

Sprotten *(Clupea Sprattus)* sind den Heringen ähnlich, bis 15 cm lang, werden besonders in der Ostsee gefangen und in der Umgebung von Kiel geräuchert (Kieler Sprotten). Für Erzeugnisse aus Sprotten wird der Name „Anchovis" gebraucht (Anchovis-Paste).

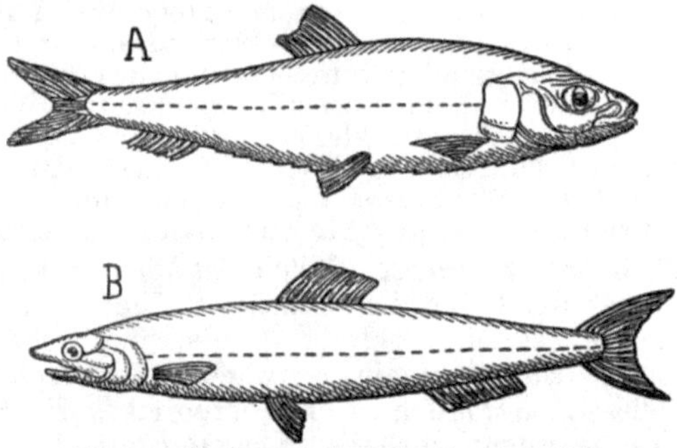

Fig. 8. A Sardine, B Sardelle (½ nat. Größe).

Sardinen (Pilchard, *Clupea pilchardus*) werden etwa 20cm lang, sind etwas dicker als die Sardellen, oben dunkelbraun, unten weiß (Fig. 8, A). Man fängt sie in großen Mengen an der französischen Küste und in der Adria. Die geköpften Tierchen werden in Öl gekocht, in Blechbüchsen mit Öl und Lorbeerblättern eingelegt *(Sardines à l'huile)* und nach dem Verlöten zwei Stunden im Wasserbade erhitzt. Gute Ware kommt aus Nantes, Grado, Isola bei Triest und aus Portugal. In ähnlicher Weise zubereitet, kommen auch Seeforellen (Maquerau), Thunfische und Aale zum Verkauf.

Kronsardinen sind marinierte kleine Heringe ohne Kopf.

Sardellen (echte Anchovis; *Engraulis enchrasicholos*) sind kleine, schlanke Fischchen (Fig. 8, B), die im Mittelmeere, aber auch an der belgischen und französischen Küste gefangen, ausgeweidet und in kleine Fäßchen in Salz eingelegt werden. Sie schmecken würzig und werden auch auf Sardellenpaste verarbeitet.

Der **Rotbarsch** *(Sebastes Norvegicus)* ist 50—60 cm lang, lebhaft rot und stark mit Stacheln versehen. Er ist preiswert und schmackhaft. Die rote Farbe verblaßt an der Luft.

Austern *(Ostrea edulis)* sind Muscheltiere mit zwei unregelmäßigen, außen sehr rauhen, innen glatten, weißen Schalen. Ihr Körper ist wohlschmeckend und nahrhaft. Sie leben an den Küsten von Westeuropa und Nordamerika, werden besonders vom September an eingesammelt und kommen lebend, in Körben verpackt, zum Verkauf. Die Schalen dürfen nicht klaffen, denn dann ist das Tier verendet. In Frankreich und England züchtet man Austern künstlich. Die bekannteste Ware kommt aus England. Man unterscheidet Imperiales und 1. und 2. Sorte.

3. **Molkereierzeugnisse. Milch** ist das Sekret der Milchdrüsen der Kühe. Unveränderte Milch heißt Vollmilch. Sie ist eine gelblich-weiße, undurchsichtige Flüssigkeit, die angenehm, schwach süßlich schmeckt. d = 1,028—1,034. Milch ist ein vorzügliches, für Kinder und Kranke unentbehrliches Nahrungsmittel, das alle notwendigen Nährstoffe[1]) in leicht verdaulicher Form enthält: 3,4 % Eiweißstoffe, besonders Käsestoff (Kasein), 4,5 % Milchzucker und im Durchschnitt 3,7 % Butterfett in feinsten Tröpfchen, neben etwa 87 % Wasser und 0,7 % anorganischen Salzen. Beim ruhigen Stehen der Milch scheidet sich an der Oberfläche das Fett (Rahm, Sahne, Obers) ab. Wird es mit Schleudertrommeln (Separatoren) abgeschieden, so erhält man entrahmte oder Magermilch. In der Wärme gerinnt die Milch nach kurzer Zeit und wird sauer infolge einer durch Bakterien bewirkten Gärung, wobei der Milchzucker in Milchsäure übergeht und der Käsestoff in dicken Flocken als Quark, Topfen, abgeschieden wird. Milch muß daher in kalten Räumen gehalten werden.

[1]) Mit Ausnahme des Eisens.

In der Molkerei wird die Milch gereinigt, auf einen bestimmten Fettgehalt eingestellt, der in der BR länderweise festgesetzt ist, durch Erhitzen (kurz auf mindestens 85° oder länger auf 62°) keimfrei gemacht (pasteurisiert), homogenisiert und auf etwa 5° gekühlt. Flaschenmilch ist hygienisch am einwandfreiesten.

Kondensmilch wird durch Eindampfen von vorgekochter Milch im Vakuum hergestellt. Gezuckerte Kondensmilch (mit Zusatz von etwa 16% Zucker) ist dickflüssig. Wird sie soweit eingedickt, daß sie schneidbar wird, so erhält man „Blockmilch" (für Schokolade). Ungezuckerte Kondensmilch oder evaporierte Milch, die wie gezuckerte in verzinnte Dosen abgefüllt und sterilisiert wird, wird heute in weit größerem Umfange verbraucht als diese. Sie wird sowohl aus Voll- als auch aus Magermilch gewonnen.

Trockenmilch wird auf Walzentrocknern oder durch Zerstäubung hergestellt.

Yoghurt, in Bulgarien besonders geschätzt, wird durch Gärung mit Milchsäurebakterien geimpfter Milch bei 40—45° als gallertige Masse von angenehmen Aroma erhalten. **Kefir** ist ein aus Milch gewonnenes, schäumendes, säuerlich schmeckendes Erzeugnis.

Butter, das wichtigste Speisefett der gemäßigten Zone, wird aus Milch oder Sahne (Rahm) durch Schlagen (Buttern) gewonnen. Nach der VO vom 2.6.1951 darf Butter mit weniger als 80% Fett nicht in den Verkehr gebracht werden. Streckung mit Margarine, Mehl usw. ist verboten, Färben mit Carotin erlaubt. Man unterscheidet Sauerrahm- und Süßrahmbutter. Jene überwiegt mengenmäßig. Bei ihrer Bereitung wird die Sahne durch Zusatz von Milchsäurebakterien gesäuert. Die Butterfertiger sind große zylindrische Gefäße mit Schlagleisten, die um die Längsachse gedreht werden. Die nach dem Ablassen der Buttermilch erhaltene Rohbutter wird gewaschen und geknetet. Süßrahmbutter kann in stetiger Arbeitsweise gewonnen werden (Fritz-Verfahren und Alfa-Butter).

Je nach den von Sachverständigen geschätzten Wertmalen für Geruch, Geschmack usw. unterscheidet man nach abnehmender Güte Deutsche Markenbutter (Kennzeichnung der Packungen durch teils roten, teils blauen Druck), Deutsche Molkereibutter (blauer Druck), Deutsche Landbutter (schwarzer Druck). Die Maße der Packungen sind genau vorgeschrieben.

Das durch Ausschmelzen der Butter erhaltene Butterschmalz ist ausgiebiger und haltbarer als Butter.

Käse ist ein durch Abtrennen das Kaseins der Milch von der Hauptmenge des Milchserums (Molke) erzeugtes wertvolles Nahrungsmittel. Wird das Kasein durch Säuern abgeschieden, so erhält man Sauermilchkäse (z.B. Harzerkäse, Quargeln). Wurde die Abscheidung durch Zusatz von Lab (aus Kälbermagen) bewirkt, so spricht man von Lab- oder Süßmilchkäse, der um so härter ausfällt, je höher die Milch erwärmt wurde (bis etwa 40°). Entrahmte Milch gibt Magerkäse, Vollmilch Fettkäse, mit Sahne versetzte Milch überfetteten oder Rahmkäse. Die Bezeichnung der Käsesorten nach dem Fettgehalt ist wie folgt festgesetzt, a) Doppelrahm- (60% Fett), b) Rahm- (50), c) Vollfett- (45), d) Fett- (40), e) Dreiviertelfett- (30), f) Halbfett- (20), g) Viertelfett- (10), h) Magerkäse (unter 10%) (VO vom 2.6.1951). Die Angaben beziehen sich auf die Trockensubstanz. Der wirkliche Fettgehalt ist infolge des hohen Wassergehaltes des Käses nur etwa halb so hoch. Bei der Käseerzeugung wird der Quark (Topfen, Bruch) ausgepreßt, gesalzen, mit Pflanzenfarbstoffen gefärbt, geformt und solange kühl gelagert, bis er reif ist. Durch die Tätigkeit von Bakterien wird u. a. Buttersäure gebildet und das Kasein zu teilweise löslichen Eiweißverbindungen (Peptonen) abgebaut, wodurch der käsige Geruch und Geschmack zustande kommt. Gleichzeitig entstehende Gase bilden bei Hartkäse Hohlräume (Löcher). Schmelzkäse wird durch Schmelzen von Käse unter Zusatz von organischen Säuren oder von Phosphaten hergestellt. Er wird meist in runden Schachteln verpackt.

Nach den Erzeugungsländern gibt es unter vielen anderen Sorten: 1. Schweizerkäse, besonders den Emmentaler (Hartkäse), bis 120 kg schwere Laibe, und den etwas schärfer schmeckenden Gruyère; 2. Französischen Käse, besonders sortenreich, Roquefort aus Schafsmilch mit grünem Schimmel durchsetzt, Camembert und Fromage de Brie, fettreiche Weichkäse; 3. Holländer Käse, den Edamer, in 2—4 kg schweren, außen rot oder gelb gefärbten Kugeln, Gouda in flachen Laiben; 4. aus Italien den Parmesankäse, den weichen Stracchino und Gorgonzola; 5. in England sind der Cheddar- und Chesterkäse beliebt, Hartkäse in zylindrischer Form; 6. Deutscher Käse: Limburger-, Tilsiter-, Wilstermarsch-, Steinbuscher-, Edelpilz-, Weißlackerkäse. Ferner werden viele der erwähnten ausländischen Sorten auch in Deutschland hergestellt. In der Käse-VO sind die in der BR zugelassenen Käsesorten genau bezeichnet und außer den Fettgehalten auch Formen, Größen und Gewichtsstufen festgelegt.

Aus der Molke lassen sich noch Molkeneiweiß und Milchzucker gewinnen. Ferner wird auch Molkenpulver hergestellt.

4. **Eier, Hühnereier.** Innerhalb der kalkigen Schale befindet sich das flüssige, farblose Eiklar (Eiweiß, hauptsächlich Albumin) und zuinnerst das Eigelb (Dotter), eine Emulsion aus Fett und Eiweißstoffen. Etwa 73% des Eiinhaltes sind Wasser. Frische Eier sollen in einer Kochsalzlösung von 10% Gehalt sofort untersinken. Um sie längere Zeit haltbar zu machen, legt man sie in Kalkwasser oder in Wasserglaslösung (1 Teil + 9 Teile Wasser) ein.

Nach der Eier-VO vom 19.4.1952 unterscheidet man: a. Deutsches Frischei, das bestimmte Gütemerkmale aufweisen muß. Es wird wie folgt eingeteilt:

Gewichtsklasse	g	Durchschnittsgewicht
S	$\geqq 65$	—
A	60—65	62/63
B	55—60	57/58
C	50—55	52/53
D	45—50	47/48

Der Stempel (DEUTSCH und Kennbuchstabe, kreisförmig umrahmt) ist vom 15.3.—31.8. schwarz, in der übrigen Zeit rot, damit nicht im Winter eingelieferte Sommereier als Frischeier verkauft werden können. b. Aussortierte Eier. Sie sind zwar genußtauglich, entsprechen aber nicht den Anforderungen für a. c. Kühlhauseier. Sie sind durch △K gekennzeichnet. d. Konservierte Eier. Sie müssen als solche bezeichnet sein. — Bei ausländischen Eiern wird der Name des Ursprungslandes aufgedruckt.

Durch Trocknen des Eiinhaltes nach dem Versprühverfahren oder auf Walzen erhält man Trockeneiweiß, Trockeneigelb, Trockenei, die in luftdicht verschlossenen Büchsen haltbar sind (Kennzeichenpflicht!). In der Lebensmittelindustrie wird auch gefrorenes oder konserviertes Vollei, Eigelb oder Eiweiß verwendet. Die BR führt Eier u. a. aus Holland, Dänemark und Polen ein.

5. **Honig** ist eine dicke, hellgelbe bis braune, sehr süße Flüssigkeit. d = 1,4—1,43. Er enthält bis zu 22% Wasser, 70—80% eines Gemisches von Trauben- und Fruchtzucker und 5—10% Rohrzucker und entsteht aus dem Zuckersaft, den die Bienen einsammeln. Geschmack und Aussehen des Honigs hängen von der Art der besuchten Blüten ab. Nach der Herkunft unterscheidet man Blütenhonig (z.B. Linden-) und Honigtauhonig (z.B. Fichten-). Die vollen Waben nennt man Scheibenhonig. Honig, der freiwillig austropft, ist der beste und heißt Jungfernhonig. Durch Ausschleudern erhält man den Schleuderhonig. Honig kommt in Glas- oder Steingutgefäßen sowie in Fässern in den Handel. Hauptliefergebiete: Australien, Neuseeland, Chile, Italien. Honig wird u.a. auch in der Lebkuchenbäckerei verwendet. Fälschungen durch Stärke- oder Invertzuckersyrup kommen zuweilen vor. Honigersatzprodukte müssen die Bezeichnung Kunsthonig tragen.

II. Genußmittel

„Genußmittel" sind alle neben den Nahrungsmitteln genossenen natürlichen oder künstlichen Erzeugnisse, die anregend wirken, ohne besonders nahrhaft zu sein.

A. Gewürze

Gewürze sind Pflanzenteile von würzigem Geschmack und Geruch, die entweder im Ganzen, geschnitten oder gemahlen in den Handel kommen. Sie dienen zum Würzen der Speisen und fördern die Verdauung durch ihren Gehalt an ätherischen Ölen und anderen Stoffen. Gepulverte Gewürze werden oft verfälscht, was hauptsächlich mit Hilfe des Mikroskops zu erkennen ist.

Ingwer heißen die gewaschenen Wurzelstöcke der Ingwerpflanze *(Zingiber officinale)*. Der gewöhnliche rohe (naturelle) Ingwer bildet etwa 5 cm lange, braungraue, flachgedrückte, öfters verzweigte Gebilde. Feiner ist der weiße oder geschälte Ingwer, der vor dem Trocknen von der Rinde befreit, in Kalkwasser eingelegt oder mit Schwefeldioxyd gebleicht wurde. Hauptbestandteile sind Stärke und das ätherische Ingweröl.

In Asien werden auch die Wurzelstöcke verwandter Pflanzen, namentlich Gilbwurzel, Zitwerwurzel und Galgant, bei uns wird auch die Kalmuswurzel als Gewürz verwendet.

Ceylonzimt (edler Zimt, Kaneel) ist die Rinde des Zimtlorbeerbaumes *(Cinnamomum ceylanicum)* aus der Familie „Lorbeerartige". Sie wird gewonnen, indem man die Zweige sorgfältig schält und die Außenschichten abschabt. Die Ware bildet oft meterlange, bleistiftdicke, hellbraune Röhren, die sich aus vielen ineinandersteckenden papierdünnen Rindenstücken zusammensetzen. Sie werden zu zylindrischen Ballen (Fardelen) von etwa 45 kg gebunden und in Leinwand genäht. Edler Zimt riecht angenehm würzig, schmeckt süßlich brennend und enthält ätherisches Zimtöl.

Die Abfälle der Zimtbereitung kommen als Chips in den Handel und dienen zur Fälschung von Zimtpulver und zur Gewinnung des Zimtöles.

Zimtkassie (gemeiner oder Holzzimt) stammt vom gemeinen Zimtbaum *(Cinnamomum cassia)* Die abgeschälte Rinde wird nur wenig geschabt, an der Sonne getrocknet, zu Bündeln vereinigt und in Kisten verpackt. Ausgelesene Ware *(selected)* wird gewaschen und gebürstet und besteht aus losen, nicht ineinandergesteckten, einfach oder doppelt gerollten Rindenstücken von 30—60 cm Länge und graubrauner Farbe, die weniger fein als edler Zimt riecht. Sie wird im südöstlichen China (Provinz Kwang-se) gewonnen (Ausfuhrhafen Kanton). — Das Zimtpulver des Handels besteht meist aus gemahlener Zimtkassie und wird mitunter durch fein gemahlene Späne von braunen Hölzern, durch gemahlene Rinden, sowie durch Reis- oder Hirsespelzen und Maismehl verfälscht.

Kapern sind die in Essig oder Salz eingemachten Blütenknospen des Kapernstrauches *(Capparis spinosa)* Sie kommen in Glasgefäßen oder Fäßchen in den Handel. Die etwa erbsengroßen Knospen sind abgerundet-dreikantig, etwas flachgedrückt, olivgrün mit gelben Punkten und schmecken scharf würzig. Gute Ware ist fest und hellfarbig; beste aus Nizza und Toulon, geringere aus Nordafrika und Spanien. Fälschungen durch Knospen der Kapuzinerkresse oder Sumpfdotterblume.

Gewürznelken sind die getrockneten Blütenknospen des Gewürznelkenbaumes *(Caryophyllus aromaticus)* aus der Familie „Myrtengewächse". Die Blütenstände werden vor dem Aufspringen der Knospen abgeschnitten, getrocknet und von den Stielen befreit. „Gewürznelkenstiele" *(Fusti Caryophylli)* werden für sich verkauft und dienen besonders zur Gewinnung des Nelkenöles. Gewürznelken kommen in Säcken (Fardi) in den Handel. Die großen Penang-(Amboina-)nelken sind die feinsten, in weit größeren Mengen kommen aber die billigeren Sanzibarnelken auf den

Markt. Gewürznelken sind 5—15 mm lang, haben einen dunkelbraunen, stielförmigen Unterkelch mit 4 Kelchzipfeln, auf dem ein lichtbraunes Köpfchen sitzt, das aus den zusammengeschlagenen Blumenkronenblättern besteht (Fig. 9, A). Den gewürzhaften Geruch und brennenden Geschmack verursacht das ätherische Nelkenöl, das aus frischer Ware beim Anschneiden herausquillt und Eugenol enthält.

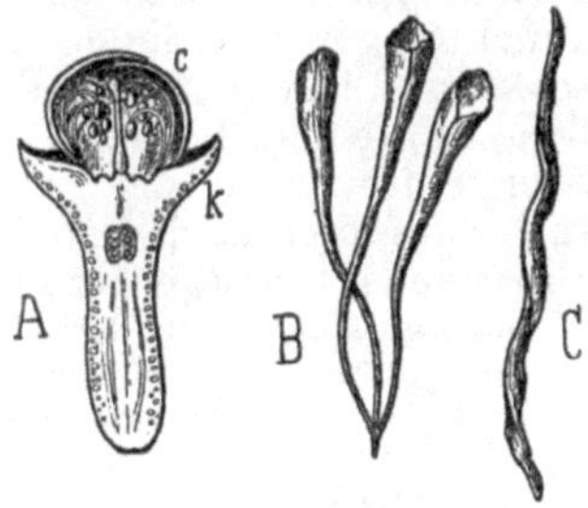

Fig. 9. A Gewürznelke, längsdurchschnitten, k Kelch, c Blumenkronblätter; B Safrannarben; C Ringelblumenblüte zur Safranfälschung hergerichtet (etwas vergrößert).

Safran sind die getrockneten Narben der Safranpflanze (*Crocus sativus*, Familie „Schwertlilien"). Die violetten Blüten haben je 3 Narben. Aus etwa 80000 Blüten gewinnt man 1 kg Safran, was seinen hohen Preis erklärt. Die Ware bildet ein lockeres Haufwerk von einige Zentimeter langen, purpurbraunen Fäden, die sich an einem Ende trichterförmig verbreitern (Fig. 9, B). Safran färbt Wasser stark gelb (Farbstoff Crozin). Gute Sorten kommen besonders aus Spanien.

Schwarzer Pfeffer sind die unreifen, getrockneten Beeren des Pfefferstrauches (*Piper nigrum*) Südostasiens. Der klimmende Strauch wird an Stützbäumen oder an Stangen gezogen und liefert durch etwa 20 Jahre jährlich rund 5 kg Früchte. Die Fruchtähren werden, sobald die Beeren sich röten, gepflückt und getrocknet, worauf die Früchte abgerieben und in Säcke, Ballen gefüllt werden. Schwarzer Pfeffer (Lampong) bildet ungestielte Kügelchen von etwa 5 mm ⌀. Sie sind gerunzelt, dunkelbraungrau bis schwärzlich. Innerhalb der braunen, geschrumpften Fruchthülle liegt ein hohler Same, dessen graugelbes Nährgewebe reich an Stärke ist. Den scharfen brennenden Geschmack bewirkt das Pfefferharz, den gewürzhaften Geruch das ätherische Pfefferöl. Je schwerer und härter die Körner sind, desto besser ist die Ware. Der Pfefferstrauch liefert auch den weißen Pfeffer (Muntok), den man aus den reifen, dunkelroten Früchten gewinnt, indem man sie in Wasser einweicht, schält und trocknet. Die Ware bildet graugelbe bis weißliche, matte Kügelchen. Der Geschmack ist weniger scharf, aber feiner als der des schwarzen Pfeffers. Die Pfeffersorten werden nach den Gewinnungsländern benannt. Unter den Handelsgewürzen nimmt Pfeffer die 1. Stelle ein.

Geringe Bedeutung haben: **langer Pfeffer,** die getrockneten, ganzen Fruchtstände einer javanischen Pfefferart, und **Stiel-** oder **Kubebenpfeffer,** der aus schwarzen runzligen Körnern mit dünnen Stielen besteht.

Piment (Nelkenpfeffer, Neugewürz) sind die getrockneten Beeren des Pimentbaumes *(Pimenta offizinalis)*, der, im Gegensatz zu fast allen anderen Gewürzpflanzen, in der Neuen Welt (insbesondere auf Jamaika) gedeiht.

Paprika (spanischer, türkischer Pfeffer) sind die langen, kegelförmigen, hohlen, ziegelroten Beeren mehrerer Arten der Beißbeere *(Capsicum)* aus der Familie „Nachtschattengewächse" (Fig. 10). Sie enthalten Capsaïzin und schmecken scharf brennend. Die Ware kommt aus Ungarn, Spanien und Italien (Pepperoni). Das ziegelrote Pulver wird durch Mehle u. dgl. verfälscht. Cayennepfeffer heißen die kleinen, länglichen Beeren einer südamerikanischen *Capsicum*-Art.

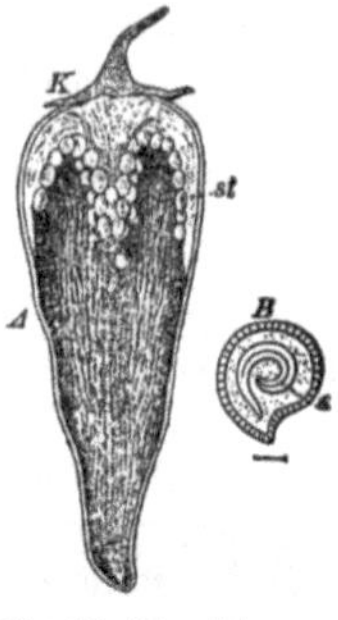

Fig. 10. Frucht vom spanischen Pfeffer im Längsschnitt (½ nat. Größe). K Kelch, st Samenträger; B Same im Längsschnitt, e Keimling.

Weniger benützte Fruchtgewürze sind: **Kardamomen,** die Kapselfrüchte eines in Ceylon heimischen ingwerartigen Gewächses *(Elettaria Cardamonium) und* **Sternanis** (Badian), die zu achtstrahligen Sternen vereinigten Balgfrüchte eines in China gepflanzten Strauches *(Illicium verum)*.

Curry heißt ein scharfes, pikant schmeckendes Mischgewürz aus Kardamomen, Cayennepfeffer u.a.m.

Vanille sind die getrockneten, schotenähnlichen Kapselfrüchte der Vanillepflanze *(Vanilla planifolia)* aus der Familie „Orchideen“, deren Heimat Mexiko ist. Sie ist eines der edelsten und teuersten Gewürze. Die noch unreifen Früchte schlägt man in Tücher, läßt sie einige Wochen an der Sonne „schwitzen“, worauf man sie trocknet. Die fertige Ware wird zu Bündeln (Mazos) vereinigt und in Blechbüchsen verpackt. Vanille bildet bis 25 cm lange, braunschwarze, runzelige Stangen, die im Innern staubfeine, schwarze Samen enthalten. Die Oberfläche guter Ware ist reichlich mit glänzend weißen Vanillin-Kriställchen bedeckt, die den feinwürzigen Wohlgeruch und Geschmack geben. Vanille wird durch das künstliche Vanillin ersetzt.

Kümmel, Fenchel, Anis und **Koriander** sind die Spaltfrüchte der gleichnamigen Doldenpflanzen, die besonders in Thüringen, Holland und in der Tschecho-Slowakei gebaut werden. Kümmel und Fenchel bilden 4—8 mm lange, längsgerippte Früchtchen; Anis besteht aus grauen, birnförmigen, Koriander aus gelbbraunen, kugeligen Doppelschließfrüchten. Jedes dieser Gewürze enthält ein ihm eigentümliches ätherisches Öl.

Muskatgewürze. Die pfirsichähnlichen Früchte des auf den Molukken heimischen Muskatbaumes *(Myristica fragans)* aus der Familie „Magnolien“, enthalten einen großen, von einem roten Samenmantel umschlossenen Kern (Fig. 11). Der getrocknete Samenmantel bildet orange, eigentümlich zerschlitzte, zähe Gebilde, die Muskatblüte *(Macis)* des Handels. Die geschälten Samen heißen Muskatnüsse. Sie werden in Kalkwasser eingelegt und getrocknet. Die gewöhnlichen „holländischen“ Muskatnüsse von den Bandainseln sind länglichrund, bis 25 mm lang, mit netzartigen Vertiefungen, braun und meist mit Kalkstaub bedeckt. Sie lassen sich leicht zerschneiden, ihre gelbliche Schnittfläche

Fig. 11. Muskatfrucht geöffnet (½ nat. Größe); f Fruchtfleisch, a Samenmantel (Arillus).

zeigt braune Aderung. Sie enthalten neben ätherischem Öl, das den feurig gewürzhaften Geschmack bedingt, etwa 34 % Fett (Muskatbutter) und werden nach der Größe gesondert.

Senf heißen die etwa 2 mm großen, kugeligen Samen mehrerer Kreuzblütler. Im Handel unterscheidet man schwarzen Senf von rotbrauner Farbe von *Brassica nigra* und weißen Senf von gelber Farbe von *Sinapis alba*. Beim Zerreiben mit Wasser entwickelt sich ein scharfer Geruch und Geschmack (Senföl). Die Ware kommt in Säcken von 100 kg, besonders aus Holland und der Tschecho-Slowakei, in den Handel. Gepulverte Ware, Senfmehl, wird mit Essig, Salz, Zucker und Gewürz zu Speisesenf oder Mostrich, einem grünlich-braunen, würzigen Brei, verarbeitet (Düsseldorfer und französischer Senf).

Anhang: Hopfen dient nicht als Speisewürze, aber als wichtiger, geschmackgebender Zusatz bei der Bierbereitung. Er besteht aus den getrockneten, zapfenartigen Fruchtkätzchen der weiblichen Hopfenpflanze *(Humulus Lupulus)* aus der Familie „Hanfpflanzen". Die im Spätsommer gepflückten Kätzchen werden sorgfältig getrocknet. Hopfen verdirbt leicht und muß kühl und luftig aufbewahrt werden. Die Ware wird in großen Säcken (rund 150 kg) eingepreßt. Die dünnen, grünlichen Deckblätter, die an ihrem Ursprunge ein unentwickeltes Nüßchen tragen, sind mit feinen, gelblichen „Lupulin"-Körnchen bedeckt, die das würzige Hopfenöl, sowie auch Hopfenbitter- und Gerbstoffe enthalten. Guter Hopfen soll hellgrün und etwas klebrig sein und kennzeichnend riechen. Alte Ware ist braun. Hopfen wird bei Saaz und Auscha in Böhmen, Hallertau und Spalt in Bayern und in Württemberg-Baden (Tettnang) sowie in England und USA gebaut.

Die Welterzeugung bewegt sich um 50—60 kt. Der deutsche Ernteertrag war 1956 14 kt. Die Preise schwanken nach den Ernteverhältnissen und der Güte der Ware außerordentlich. (1 dz kostete 1954 DM 396,

1956 DM 1070!) Wegen der verhältnismäßig geringen Haltbarkeit des Hopfens werden oft Extrakte hergestellt.

B. Alkaloidhaltige Genußmittel

Tee, Kaffee, Kakao und Tabak sind bedeutende Waren des Welthandels. Sie enthalten Alkaloide als Wirkstoffe.

Tee (chinesischer, russischer Tee) besteht aus den zubereiteten jungen Blättern des Teestrauches *(Thea sinensis)* aus der Familie *Theazeen*. In China werden kleinblätterige Spielarten, in Indien der großblätterige Assamteestrauch gepflanzt. Die Sträucher hält man buschförmig. In China sind etwa 4 Frühlings- und Sommerernten, in Indien und Ceylon Ernten während des ganzen Jahres üblich. Nach der Art der Zubereitung unterscheidet man schwarzen und grünen Tee. Sie geschieht in China und Japan meist mit der Hand, in Indien mit Maschinen.

Für schwarzen Tee läßt man die für jede Sorte ausgewählten Blätter welken, rollt sie zu dünnen Spindeln oder Kügelchen, läßt sie gären, bis sie rotbraun werden und trocknet sie scharf, worauf man sie siebt und ausliest. Grobe Blätter werden vor dem Sieben zerkleinert *(broken tea)*. Tee wird in Kisten verpackt, die mit Zinn- oder Bleifolie ausgekleidet sind. In China pflegt man sie mit Papier zu überkleben und bunt zu bemalen. In den Export- und Importhäusern wird der Tee durch besondere „Teekoster" bewertet. Zur Bereitung von grünem Tee läßt man die Blätter nur kurz welken, erhitzt sie in eisernen Pfannen bis zum Schlaffwerden und unterzieht sie nach dem Rollen einer ganz kurzen Gärung, so daß die grünliche Farbe erhalten bleibt. Grüner Tee wird hauptsächlich in Japan erzeugt und oft künstlich durch Indigo oder Berlinerblau und Kurkuma gefärbt. Er geht viel nach Nordamerika.

Handelssorten[1]) von schwarzem Tee sind: a) Pekko, die jüngsten Blätter, die unterseits durch feine Härchen weiß erscheinen. Die feinste Sorte ist „Flowery

[1]) Von jeder Sorte gibt es zahlreiche Gütestufen.

Orange Pekko" (Blattknospen); b) Souchong, aus etwas älteren Blättern bereitet, bildet dunkelbraune, lange, stark gebogene Spindeln und ist durch kräftigen Geruch und Geschmack ausgezeichnet; c) Oolong, aus locker gerollten Blättern von gelbbrauner bis grünlichbrauner Farbe, die durch Wohlgeruch ausgezeichnet sind. Grüne Teesorten: a) Hayson (Hysan), aus jungen Blättern, die zu dicken Spindeln sehr fest gerollt sind. Die feinste Sorte ist „Young-Hayson"; b) Imperial, aus festgerollten Kügelchen; c) feine, körnige Ware aus jungen Blättern Gunpowder-(Schießpulver) -Tee; d) Broken (= gebrochener) Tea wird durch wiederholtes starkes Rollen hergestellt. Er ist sehr beliebt, weil er ein feineres Aroma hat als Blatt-Tee vom gleichen Strauch und ergiebiger ist; e) Ziegeltee wird besonders in Hankau durch hydraulisches Pressen von gedämpftem Tee hergestellt und ging früher nur nach Mittelasien. Heute ist er eine bedeutende Handelsware geworden.

Früher deckte China den Weltbedarf an Tee fast vollständig. Heute sind Indien, Ceylon und Indonesien die wichtigsten Teeländer. 1955 war der Ernteertrag Indiens 300 kt, Ceylons 166 kt, Japans 73 kt und Indonesiens 44 kt. Japan führt seinen Tee meist nach Nordamerika aus. Die wichtigsten Teehandelsplätze sind London und Hamburg.

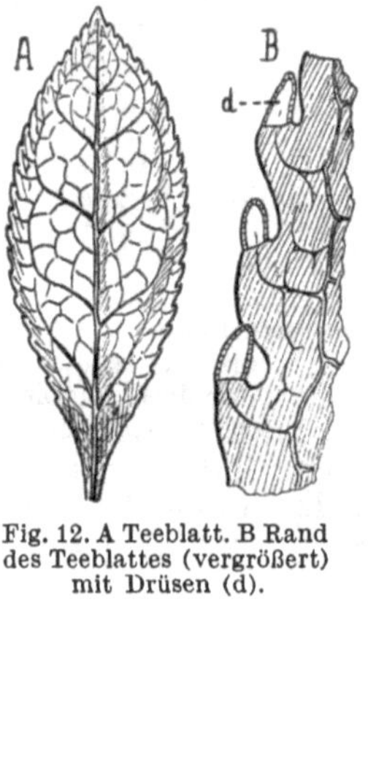

Fig. 12. A Teeblatt. B Rand des Teeblattes (vergrößert) mit Drüsen (d).

Das kurzstielige Teeblatt hat eine lanzettliche Gestalt und ist zu einer Spitze ausgezogen oder stumpf. Vom Hauptnerv gehen 5—7 Seitennerven aus, der Rand ist fein gezähnt. Unter einer Lupe sieht man an jedem Zahn eine stumpfe Drüse (Fig. 12, B). Erkennung fremder Blätter: Man weicht eine Teeprobe in heißem

Wasser auf, rollt Blatt für Blatt auseinander und beobachtet seine Beschaffenheit. Volle Sicherheit gewährt eine mikroskopische Prüfung: die Teeblätter sind durch eigentümlich verzweigte Steinzellen und durch feine, einzellige Haare an der Unterseite gekennzeichnet. Tee enthält 1—3,5 % des Alkaloides Theïn, das anregend wirkt. Den feinen Geruch und den herben Geschmack verursachen ätherische Öle und Gerbstoffe (14—15 %). Guter Tee löst sich zu einem Drittel in heißem Wasser auf.

Teefälschungen: Färbung, Zusatz fremder Blätter und schon gebrauchten, wieder zugerichteten Tees, der wenig Lösliches enthält.

Mate (Paraguaytee) sind die Blätter einer südamerikanischen Stechpalme *(Ilex Paraguayensis)*. Er ist in Brasilien und in den La-Plata-Staaten sehr beliebt.

In Südamerika werden die Kokablätter (von *Erythroxylon Coca)* als anregendes Mittel gerne gekaut. Sie enthalten das Alkaloid Kokain, das empfindungslähmend wirkt und in der Heilkunde verwendet wird. Sein gewohnheitsmäßiger Genuß zerstört die Gesundheit.

Tabak wird aus den Blättern der Tabakstaude (*Nicotiana*, aus der Familie „Nachtschattengewächse“) bereitet. Zahlreiche Spielarten und Kreuzungen werden angebaut. Botanisch unterscheidet man: a) Rot und rosa blühenden Tabak mit breitlanzettlichen, zugespitzten Blättern; er ist für den Welthandel weitaus am wichtigsten; b) Gelbblühenden Tabak *(Nicotiana rustica)*, Bauerntabak, Veilchentabak, Machorka mit eirunden Blättern.

Sobald die Blätter gelblich werden, beginnt man mit dem Pflücken. Man unterscheidet von oben nach unten: Obergut, Hauptgut, Mittelgut und Sandblatt, die geringste Ware. Man trocknet die Blätter, ordnet sie sorgfältig nach der Güte, bündelt mehrere zusammen und schichtet sie zu großen Haufen, in denen sie unter öfterem Umlegen eine mehrwöchige Fermentation durchmachen. Diese hat den Zweck, die unerwünschten Eiweißstoffe abzubauen. Die Verpackung erfolgt in Fässern, Kisten, Ballen (Seronen) oder Körben.

Die Handelssorten bezeichnet man nach Ländern und Gegenden. Europäischen Tabak liefern besonders Griechenland (Ausfuhr 1956 49 kt), Italien, Ungarn, Rumänien und Bulgarien. Die deutsche Ernte stammt zu $^3/_4$ aus der Rheinebene (Pfalz). Asiatische Tabake sind die aus Kleinasien und Syrien stammenden „türkischen Tabake", kleine, gelbbraune, in Leinwandballen genähte Blätter (Ausfuhr 1956 61 kt). Sie sind vorzügliche Zigarettentabake, ähnlich denen aus den Balkanländern (Orienttabake). Gute Zigarrentabake kommen aus Sumatra und Java („Kolonialtabake"). Die amerikanischen Tabake sind die handelswichtigsten (Ausfuhr 1956 231 kt). Aus den USA stammen die Sorten Kentucky, Maryland, Virginia, Burley, in 200—750 kg schweren Fässern („Faßtabake") für Rauchtabake und Zigarren.

Feinste Zigarrentabake kommen aus Kuba, insbesondere aus Vuelta Abajo bei Havanna und aus Mexiko, gute Sorten aus Brasilien.

Hauptmärkte in Europa sind Bremen, Hamburg, Rotterdam und London.

Die Tabakwelternte betrug 1955 (ohne UdSSR) 3 Mio t.

Die Tabakblätter sind 10—50 cm lang, breitlanzettlich, zugespitzt bis rundlich, ganzrandig mit starkem Mittelnerv. Ihr wirksamer Bestandteil ist das Alkaloid Nikotin. Tabak enthält 18—20% Asche. — Als nikotinfrei bezeichneter Zigarettentabak darf nicht mehr als 0,1% Nikotin enthalten.

Tabakerzeugnisse. Der Rohtabak wird durch Befeuchtung aufgeweicht und sorgfältig nach Güte geordnet; aus den zur Zigarrenerzeugung bestimmten Blättern werden die Mittelrippen herausgerissen. Rauchtabak wird mit Maschinen zu Bändchen, Zigarettentabak zu feinsten Streifchen geschnitten und in Papierhülsen gefüllt. Man unterscheidet Orient- und Virginiazigaretten. Die Erzeugung von Zigarren, die besonders in Deutschland hochentwickelt ist, geschieht nur für die feinen Sorten mit der Hand. Jede Zigarre besteht aus der „Einlage", die mittels des „Umblattes“ zu einem „Wickel“, der „Puppe“ geformt, sorgfältig mit einem breiten Streifen des zarten „Deckblattes“ umwickelt und am unteren Ende mit Kleister verklebt wird. Man ordnet die Zigarren nach Farbe: Claro-hellbraun, Colorado-mittelbraun, Maduro-dunkelbraun. Billige Zigarren werden öfters künstlich gefärbt, um ihr Aussehen zu verbessern.

Für Kautabake werden sehr schwere Blätter in Brühen aus Zuckerwasser, Wein, Honig, Gewürzen u. a. gebeizt (gesoßt). Dann spinnt man sie zu Strängen, die in Rollen gelegt werden, oder preßt sie zu Täfelchen.

Schnupftabak, aus dicken (fetten) Blättern, wird ebenfalls stark gebeizt, sechs Monate bis zwei Jahre gären und vermodern gelassen, dann fein gemahlen und gesiebt. Der Verbrauch ist stark zurückgegangen.

Kaffee heißen die zubereiteten Samen des Kaffeebaumes (*Coffea*-Arten aus der Familie „Krappgewächse“). Die arabische Art *(Coffea arabica)*, deren Urheimat Abessinien ist, erreicht bis 7 m Höhe, wird aber in den Pflanzungen buschförmig gehalten. Von ihr stammen 90% des gehandelten Kaffees. Der Rest stammt vorwiegend von *Coffea Robusta*. Der Robustabaum ist weniger anspruchsvoll, liefert aber auch weniger schmackhafte Bohnen. Die zahlreichen, dünnen Äste tragen große, glänzende Blätter und weiße, in den Blattwinkeln zu Büscheln gestellte Blüten. Die Früchte sind kirschenähnliche, zur Reifezeit rote bis violette Steinbeeren. In ihrem süßlichen Fruchtfleische liegen zwei gewölbte, von einer pergamentartigen Hülle, der „Hornschale“, umschlossene Samen (Fig. 13), die Kaffeebohnen. In manchen Früchten ist nur ein abgerundet walzenförmiger Same vorhanden, der, ausgelesen, den „Perlkaffee“ des Handels liefert (Fig. 13, C).

Fig. 13. Kaffeefrucht im Längsschnitt, f Fruchtfleisch, h Hornschale, s Same; B Kaffeebohne von unten; C Perlkaffee.

Die reifen Früchte pflückt man in Brasilien im Dezember, in Indien im Mai bis August, doch wird auch vor- und nachgeerntet. Nach dem alten Verfahren trocknet man die Früchte an der Sonne und löst das eingetrocknete Fruchtfleisch und die Schalen durch Stampfen los. Bei der meist üblichen westindischen Bereitung (W.I.B.) wird das Fruchtfleisch von den frischen Früchten durch Maschinen (Pulpern) entfernt. Die Samen samt ihrer Hornschale läßt man einige Tage im Wasser liegen und trocknet sie an der Sonne.

Kaffee wird meist in Säcken (Ballen) von 60 kg verpackt. Die ausgelesenen schlechten Bohnen heißen Ausschuß.

Die rohen Kaffeebohnen sind elliptisch und 45—20 mm, lang. Auf der flachen, etwas eingedrückten Bauchfläche verläuft eine tiefe Längsfurche, in der sich Reste der zarten Samen- oder Silberhaut finden. Die Farbe ist je nach Sorte und Alter grüngrau bis gelb, alte, gut abgelagerte Ware ist braun und oft von Insektenstichen durchlöchert (ein Merkmal für Menado-Kaffee aus Celebes). Die rohen Bohnen sind sehr zäh, schwer schneidbar, riechen schwach und schmecken herb. Sie enthalten neben Zellstoff Kaffeegerbsäure, Zucker, und als anregend wirkenden Stoff 1—2% Koffein. Die Bohnen röstet man in Trommeln, wodurch sie dunkelbraun werden, stark anschwellen, etwa 20% an Gewicht verlieren und den eigenartigen feinen Geschmack und Geruch erhalten. Gerösteter, gemahlener Kaffee löst sich zu $\frac{1}{4}$ in heißem Wasser.

Wichtige Handelssorten: a) Brasilkaffee ist von mittlerer Güte und wird nach den Ausfuhrhäfen Rio, Santos, Bahia usw. benannt. Die brasilianische Ernte wird gelegentlich durch Frost stark beeinträchtigt. b) Zentralamerikanischer Kaffee, sehr feine, grüngraue Sorten aus Kolumbien, Salvador und Guatemala. c) Westindischer Kaffee aus Domingo, Portoriko (blaugrau) und Kuba. d) Ostafrikanischer Kaffee aus Abessinien und brit. Ostafrika. e) Asiatischer Kaffee aus Java, Sumatra und Celebes. f) Arabischer Kaffee.

Kaffee wird nach dem Aussehen und auf Grund einer Geschmacksprobe beurteilt. Man unterscheidet „weich" und „hart" schmeckende Sorten, die zwar äußerlich kaum verschieden sind, aber nach dem Rösten und Aufbrühen verschiedene Aromen entwickeln. Jene (z.B. Santos) werden teurer bezahlt als diese.

Die Kaffee-Welterzeugung betrug 1955 2,9 Mio t; davon entfielen auf Brasilien 1,37 Mio t.

Sitz der deutschen Kaffee-Terminbörse ist Hamburg.

Roher Kaffee wird in trockenen Lagern, sorgfältig getrennt von starkriechenden Stoffen, aufbewahrt. Gerösteter Kaffee verliert bald an Wohlgeschmack und -geruch und soll in Blechbüchsen verschlossen werden. Rohkaffee wird häufig „geschönt". Waschen und Glänzen ist zulässig, Färben mit Ocker, Berlinerblau, Indigo usw. unzulässig. Gebrannter Kaffee ist mitunter durch Zucker- oder Harzzusatz glasiert. Gemahlener Kaffee, der nur im Kleinhandel vorkommt, wird öfters durch minderwertige braune Pulver verfälscht. Zieht man das Koffein aus den Bohnen aus, so erhält man den „koffeinfreien Kaffee".

Nescafé ®-Pulver und ähnliche Erzeugnisse werden aus Bohnenkaffee-Auszügen bereitet. Zusatz von Kohlehydraten schützt das Aroma. Das Pulver löst sich leicht in heißem Wasser.

Kaffee-Ersatzstoffe werden in Deutschland in sehr bedeutender Menge aus Gerste, Roggen, Hafer, Milokorn, Malz, gerösteten und gemahlenen Zuckerrübenschnitzeln, Zichorie und kandierten Essenzen aus Zuckerstoffen hergestellt. Der in Deutschland jährlich verbrauchte Kaffee-Ersatz-Aufguß wird auf 25 Mia l geschätzt, was weit mehr ist als der Verbrauch an allen anderen Getränken zusammen.

Die Zichorie oder Wegwarte wird u. a. bei Magdeburg, in Württemberg, Böhmen, Holland gepflanzt. In den bis zu 60 cm langen Wurzeln ist das Kohlehydrat Inulin enthalten. Sie werden zerschnitten, geröstet und gemahlen. Das Pulver wird verpackt und einige Wochen in Kellern feuchter Luft ausgesetzt, wodurch es eine dunkle Farbe annimmt und bröckelig wird.

Feigenkaffee wird durch Rösten und Mahlen billiger Feigen im großen erzeugt. Er hat einen brenzlich-süßlichen Geschmack, gibt einen sehr stark färbenden Aufguß und ist durch den Gehalt an kleinen Körnchen kenntlich. Er wird in Österreich dem Bohnenkaffee zugesetzt.

Kolanüsse (Gurunüsse) sind die getrockneten, kastanienähnlich geformten Samen des westafrikanischen Kolabaumes (*Cola vera* und *Cola acuminata*; Gattung „Sterkuliazeen"). Die Handelsware bildet rotbraune, herb schmeckende, 3—4 cm lange Schnitten. Sie enthalten Koffein und wirken daher anregend. Sie werden in Europa zu einem braunen Pulver oder mit Zucker zu krümeligen Massen verarbeitet, die in Form von Pastillen als Kräftigungsmittel empfohlen werden. Auch Coca-Cola ® wird unter Mitverwendung von Kolaauszügen bereitet.

Kakao nennt man die Samen des amerikanischen Kakaobaumes *(Theobroma Cacao)* und das daraus hergestellte braune Pulver. Hauptrassen: Criollo und Forastero. Der Baum erreicht 8 m Höhe, hat große Blätter und trägt an den Stämmen und dicken Ästen kleine, rote Blüten. Aus ihnen entwickeln sich lange (bis 25 cm) gurkenförmige, gelbe Früchte (Fig. 14c). Sind sie reif, so werden die zu 40 bis 60 in einem Fruchtmus eingebetteten Samen entnommen, die man entweder sofort an der Sonne trocknet oder zunächst gären läßt, indem man sie zu Haufen legt oder in die Erde eingräbt. Dieses Verfahren (Rotten) verbessert den Geschmack der Bohnen. Die Ware wird in Säcken oder Fässern zu 60—80 kg und auch lose versandt. Feinste Sorten kommen aus Ekuador („Guajaquil"),

Fig. 14. Ast eines Kakaobaumes (½ natürl. Größe); a Blüten, b unreife und c reife Frucht.

Venezuela (Soconusco), von den Inseln São Thomé und Trinidad, geringere, doch in sehr großen Mengen, von Westafrika (Ghana, Accra) und aus Brasilien (Bahia).

Die Kakaowelterzeugung betrug 1955 830 kt.

Die Kakaobohnen sind mandelförmig, bis 28 mm lang, dunkel- bis hellbraun. Ihre papierdünne, spröde Samenschale umschließt einen schwarzbraunen, fettigglänzenden Kern, der zerklüftet ist und durch einen Fingerdruck in mehrere eckige Stücke zerbricht. Er ist wohlriechend und schmeckt herb fettig. Kakao enthält bis zur Hälfte Kakaobutter; daneben Stärke, Eiweiß (bis 32 %), das geruchgebende und färbende Kakaorot und Theobromin (bis 2 %), ein dem Koffein nahestehendes Alkaloid.

In den Kakaofabriken werden die rohen Bohnen gereinigt und ausgelesen, in Trommeln geröstet und mit Maschinen zerbrochen. Nach Entfernung der Schalenteilchen wird die Masse auf besonderen Mühlen (Walzenstühlen) zu einem weichen, dunkelbraunen Brei, der Kakaomasse, vermahlen, die in Blockform Handelsware ist.

Zur Erzeugung von Puder- oder holländischem Kakao wird die Kakaomasse durch warmes Pressen von der größeren Hälfte der Kakaobutter befreit, die man in Blöcken oder Tafeln erstarren läßt und für sich verkauft. Sie bildet ein gelblichweißes, bei etwa 32° schmelzendes, nach Kakao riechendes Fett. Die ausgepreßte Masse wird fein gemahlen, mitunter mit Pottasche u. dgl. aufgeschlossen und in Pergamentsäckchen oder Blechbüchsen verpackt.

„Stark entölter Kakao" muß mindestens 10 % Kakaobutter enthalten, „schwach entölter" 20 % (Kakao-VO vom 5. 7. 1933).

Puderkakao, einfach „Kakao" genannt, ein hellbraunes Pulver von reinem Kakaogeschmack, ist ein vorzügliches und nahrhaftes Genußmittel. Gemenge von Kakao mit verschiedenen Mehlzusätzen sind Haferkakao, Malzkakao, Maltinkakao usw.

Gewöhnliche **Schokolade** ist eine innige Verreibung von Kakaomasse mit bis zu 65 % Zucker, die etwas gewürzt wird (am häufigsten mit Vanille oder Vanillin). Sie wird auf Kollergängen und durch Walzenstühle feinst gemahlen, warm in Blechformen gedrückt, kräftig gerüttelt und in Kühlkanälen erstarren gelassen. Leicht schmelzbare Überzugs-(Couverture-)Schokolade enthält etwa 35% Kakaobutter.

Milchschokolade, die mindestens 12,5% Milchtrockensubstanz enthält, wird in etwa der gleichen Menge wie reine Schokolade erzeugt. Auch **Nuß-, Mandel-** und **Fruchtschokoladen** und mit Fondant gefüllte Schokoladen werden in bedeutenden Mengen hergestellt. **Bitterschokoladen** enthalten bis zu 60% Kakaobestandteile. Schokolade und Kakao müssen an kühlen Orten aufbewahrt werden. Gute Ware darf keine Schalenteile enthalten.

C. Alkoholische Getränke

Der berauschende Bestandteil der geistigen Getränke (Wein, Bier und Branntwein) ist der Alkohol, **Weingeist** („Äthylalkohol", C_2H_5OH). Der reine Alkohol ist eine klare, farblose, leicht bewegliche und brennbare Flüssigkeit, die eigentümlich riecht und stark brennend schmeckt. d = 0,79, Siedepunkt 78°. Mit Wasser, in jedem Verhältnis mischbar, bildet der Alkohol, ungefähr 96 %ig, als **Extrafeinsprit** bzw. **Feinsprit**, 90 %ig als **Weingeist** Gegenstand des Handels. Für besondere technische Zwecke, z. B. für Kraftstoffmischungen, für Chemie und chemische Technik, wird auch ein praktisch wasserfreier (99,9 % iger) Äthylalkohol erzeugt. Hochgradiger Alkohol (Spiritus) ist giftig und wirkt bakterientötend.

Alkoholische Getränke werden durch die geistige oder **alkoholische Gärung** zuckerhaltiger Flüssigkeiten erzeugt. Gärungserreger sind **Hefepilze** (*Saccharomyces*-Arten) und auch einige Schimmelpilze, die teils aus der Luft in die zuckerhaltige Flüssigkeit gelangen, teils zugesetzt werden. Durch die Lebenstätigkeit der Pilze wird der Traubenzucker in Äthylalkohol und Kohlendioxyd zerlegt: $C_6H_{12}O_6 = 2C_2H_5OH + 2CO_2$.

Wein ist das „durch alkoholische Gärung aus dem Safte der frischen Weintraube hergestellte Getränk" (Weingesetz vom 25. Juli 1930). Der Weinstock *(Vitis vinifera)* gedeiht nur auf gutem Boden; in Europa bis zum 50. ° n. Br. Von seinen zahlreichen Spielarten zieht man für feinen Weißwein u. a. Riesling-, Traminer-, Muskateller-, für Rotwein blaue Burgundertrauben.

Die Trauben werden nach erlangter Vollreife abgeschnitten (Traubenlese oder Herbsten). Hierauf werden sie entweder gerebelt oder mit den Kämmen und Stielen zu Brei gequetscht (Maischen, Mosteln). Läßt man die Maische von roten Trauben etwa 10 Tage gären, so geht der rote Farbstoff der Bälge in Lösung und man erhält Rotwein. Da sich auch Gerbstoffe in größerer Menge lösen, schmeckt er herb.

Die Maische wird in Spindelpressen gekeltert, worauf man den erhaltenen Most vergären läßt. Man kann auch aus roten Trauben Weißwein erzeugen, indem man die Maische möglichst rasch abpreßt, bevor noch Gärung eingetreten ist, weil der sich bildende Alkohol auf den roten Farbstoff der Traubenbälge lösend wirken und man Schiller- oder auch Rotwein erhalten würde. Die Preßrückstände heißen Trestern (Trebern).

Der Most enthält bis 20% Trauben- und Fruchtzucker. (Der Zuckergehalt kann annähernd mit der Mostwaage beurteilt werden.) Apfelsäure, saures weinsaures Kalium (Weinstein), Farbstoffe u. a. sind Nebenbestandteile. In guten Mosten stehen Säure und Zucker im Verhältnis von etwa 1 : 30. Die Gärung des Mostes wird durch Weinhefe *(Saccharomyces ellipsoideus* u. a.) hervorgerufen, die auf den Bälgen sitzt und dadurch in den Most kommt. Heute verwendet man auch Reinzuchthefe. Die Hauptgärung verläuft stürmisch in offenen Fässern, entwickelt Kohlendioxyd (siehe obige Gleichung) und dauert 3—14 Tage, die ruhige Nachgärung einige Monate. Der „Jungwein" wird von der

Hefe in eichene Lagerfässer abgezogen, in welchen er langsam reift, die Bukettstoffe („Blume“) bilden sich, der Weinstein setzt sich ab. Die Fässer müssen von Zeit zu Zeit aufgefüllt werden.

Einige Verbesserungen des Mostes und Weines sind gesetzlich gestattet: das Filtrieren, das Schönen, das Klären mit Hausenblase, Tannin, Gelatine usw., das Verschneiden (Mischen von verschiedenen Weinsorten), das Chaptalisieren (Abstumpfen der überschüssigen Säure durch reinen, gefällten, kohlensauren Kalk und Zusatz von Rohrzucker zum Most) und das Gallisieren (Zusatz von Wasser und Zucker zum Most), bis er den Normalgehalt von 24% Zucker und 0,65% Säure aufweist. Solche Weine dürfen aber nicht als „Naturrein“ verkauft werden. Flaschenwein wird durch Schwefeln in bestimmten Grenzen haltbar gemacht. Zusatz von Glyzerin oder Saccharin ist verboten, ebenso das Gipsen (Klären mit Gips). Das Petiotisieren (Übergießen der ausgepreßten Trestern mit Zuckerlösung und Gärenlassen) liefert Tresterwein, der nur für den Hausgebrauch, aber nicht für den Handel erzeugt werden darf.

Kunstweine sind künstliche Gemische aus Apfel- oder Rosinenwein, Zucker und Weinsäure, Farbstoffen usw. Sie müssen unter ihrem wahren Namen und dürfen nicht als „Wein“ schlechthin verkauft werden. Genaue Bestimmungen über den Verkehr mit Wein enthält das eingangs angegebene Gesetz.

Süß- oder Dessertweine werden aus sehr zuckerreichen Mosten erzeugt. Diese erhält man entweder aus überreifen Trauben (Tokaier) oder aus auf Stroh getrockneten Trauben (Strohwein), sowie auch aus eingedampftem Moste (Malaga).

Schaumwein (Sekt, Champagner) wird aus jungem Wein (Klarett) mit etwas Zucker- und Edelhefezusatz durch Nachgärung in verschlossenen Flaschen hergestellt. Das entstehende Kohlendioxyd löst sich unter Druck im Wein auf und entweicht erst beim Ausgießen unter Aufschäumen. Viel Schaumwein wird in der Champagne, in den Rheingegenden (besonders in Mainz), in Ungarn und in der Steiermark erzeugt.

Leichter Wein enthält bis 10 %, schwerer, besonders südländischer, bis 20 % Alkohol. Stärkere Weine sind gespritet. Der beim Eindampfen von Wein im Wasserbade bleibende Rückstand heißt „Extrakt". Er beträgt bei Rheinweinen 2—3 % und besteht aus unvergorenem Zucker, Weinsäure, Glyzerin, Farbstoff und verschiedenen Salzen. Geschmack und Geruch der Weine werden hauptsächlich durch Bukettstoffe bedingt.

Die zahllosen Weinsorten werden nach den Ländern, Gegenden und Orten benannt. Deutsche Weine sind: 1. Rheinweine (eigentliche Rheingauer: Johannisberger, Rüdesheimer, der rote Aßmannshauser; Rheinhessische: Niersteiner, Liebfrauenmilch, Bodenheimer; Pfälzer: Dürkheimer, Deidesheimer, Förster), 2. Moselweine aus der Gegend von Trier (Brauneberger, Zeltinger, Piesporter), 3. Frankenweine (Würzburger Steinwein). Österreichische Weine aus Niederösterreich: Vöslauer, Gumpoldskirchner, Mailberger u. a. Ungarn baut besonders Rotweine (Ofner, Menescher) und schwere Weißweine (Tokaier). Frankreich liefert Champagner (Epernay, Reims u. a., meist nach Fabriken benannt), Bordeaux, roten Medoc und Burgunder (Sauterne), führt aber selbst viel Wein ein. Schwere und süße Weine kommen aus Italien (Chianti, Lacrimae Christi, Marsala, in neuerer Zeit auch sehr viele billige und leichte Tischweine), Spanien, Portugal (Malaga, Xeres = Sherry, Portwein) und Griechenland (Samos, Chios u. a.).

An der Spitze der Ausfuhrländer steht Algerien.

Obstwein wird durch Gärung süßer Fruchtsäfte erzeugt: Apfelwein (Zider), Beerenweine aus Johannis-, Stachelbeeren u. a.

Alkoholfreie Trauben- und sonstige Fruchtsäfte, **Süßmoste**, werden durch Erhitzen auf 65—75° (Pasteurisieren und ähnliche Verfahren), durch Filtrieren über Seitzsche Entkeimungsfilter oder durch Zusatz von Natriumbenzoat und Kaliummetasulfit haltbar gemacht.

Bier ist ein in Nachgärung befindliches geistiges Getränk, das aus Malz, Hopfen, Wasser und Hefe gebraut wird. (In einzelnen Teilen der BR gelten besondere Brauvorschriften.) Malz ist gekeimte und im Keimen unterbrochene Gerste; doch gibt es auch Weizenmalz usw. Geputzte Gerste läßt man einige Tage weichen und auf Malztennen oder in Kasten oder Trommeln (pneumatische Mälzerei) keimen, bis die auskeimenden Würzelchen etwa 2 cm lang geworden sind. Das „Grünmalz" wird in geheizten Kammern, den Malzdarren, gedarrt, worauf die Wurzelkeime entfernt werden. Das „Darrmalz" enthält ein bei der Keimung entstandenes Enzym[1]), die Diastase, die bei Gegenwart von warmem Wasser Stärke in Malzzucker zu verwandeln vermag. „Farbmalz" wird durch Rösten von befeuchtetem Darrmalz auf 200° erzeugt und gibt dunkle Biere.

Das geschrotete Malz erwärmt man mit Wasser in einem Maischbottich auf 75°. Die Erwärmung geschieht stufenweise, indem man Teile des Maischbottichinhaltes in einer benachbarten Pfanne erhitzt und zurückpumpt. Unter Rühren findet die Umwandlung der Stärke in Malzzucker (Maltose) statt, worauf man die Flüssigkeit durch den Siebboden des Maischbottichs, auf dem die Malzschalen als Treber zurückbleiben, in den Würzkessel abläßt, wo sie unter Hopfenzusatz gekocht wird. Die heiße „Würze" wird vom ausgelaugten Hopfen abgeseiht, in großen, flachen Kühlschiffen und auf Berieselungskühlern abgekühlt und in Bottiche geleitet, die im Gärkeller stehen. Hier wird die Würze bei etwa 6° mit Reinzuchthefe „angestellt", worauf die Hauptgärung beginnt, die 8 bis 12 Tage dauert. Das entstandene Jungbier wird in dem noch kälteren Lagerkeller wochenlang eingelagert und macht die Nachgärung durch. Dabei setzen sich Hefe und andere trübende Teile ab („untergäriges Bier!"), das entstehende Kohlendioxyd löst sich zum Teil im Biere auf. Das Lagerbier wird in sorgfältig gereinigte und ausgepichte

[1]) Enzyme nennt man hochmolekulare, eiweißähnliche organische Katalysatoren, die schon in kleinsten Mengen fähig sind, gewisse organische Stoffe, wie Kohlehydrate, Fette usw. in einfachere Bestandteile zu spalten, abzubauen und löslich zu machen. U. a. sind verdauungsbewirkende Enzyme im Speichel, Magen- und Darmsaft enthalten.

Schankfäßchen abgefüllt. Flaschenbier wird u. U., bei hohen Ansprüchen, in den Flaschen pasteurisiert, d. h. im Wasserbade einige Zeit auf etwa 60° erhitzt.

Bier enthält neben Wasser gewöhnlich 2—5 % Alkohol, 0,35—0,4 % Kohlendioxyd und 5—7 % „Extrakt". Diesen bilden die im Bier gelösten Stoffe, besonders unvergorener Malzzucker, Dextrin, Hopfenstoffe, Glyzerin, Salze usw. Alle Zusätze zu untergärigem Bier, wie Färbemittel (Zuckercouleur), Zucker, Glyzerin, Saccharin, Alaun, Hopfenersatzmittel usw., sind verboten.

Das Deutsche Steuergesetz unterscheidet Vollbiere aus Würzen von 11—14 %, Einfachbiere aus Würzen mit 3—6,5 % und Starkbier mit mehr als 16 % Extrakt. Der Extraktstoffgehalt der Würze wird mit dem Saccharometer von Plato (früher Balling) gemessen.

Schank-, Winter- oder Abzugbier sind leichtere, Lager-(Sommer-)bier stärkere Sorten. Bock- und Salvatorbier werden aus den besten Rohstoffen gebraut. Das Berliner Weißbier ist ein säuerliches, obergäriges, wenig gehopftes Weizenmalzbier. Obergärige Biere werden in 3—7 Tagen bei 15—22° vergoren. Die Hefe steigt nach oben und wird abgeschöpft. Gose, besonders in Leipzig gebraut, ist in Flaschen gegoren. Die Braunschweiger Mumme ist ein sehr dickes, süßes Bier mit hohem Extraktgehalt. Die englischen Biere (Porter: dunkel, Ale: hell) sind alkohol- und extraktreich und sehr haltbar. Die gewöhnlichen Biersorten werden nach den Erzeugungsorten und Brauereien benannt.

Der Bierausstoß der BR betrug 1956 37 Mio hl; davon waren 36,2 Mio hl Vollbier.

Branntwein, Schnaps, nennt man alle aus gegorenen Flüssigkeiten durch Brennen (Destillieren) erzeugten, berauschenden Getränke, die etwa 30—50 % Alkohol enthalten. Spiritus wird durch Destillieren in eigenen Apparaten (Kolonnen) gewonnen und enthält 80—96 % Alkohol. Als Rohstoffe für die Branntwein- und Spiritusbereitung können alkoholische Flüssigkeiten (z. B.

Wein) dienen, gewöhnlich werden jedoch zucker- oder stärkehaltige Rohstoffe benützt. Die deutschen Brennereien brennen etwa $^3/_4$ des jährlich verbrauchten Branntweines und Spiritus aus Kartoffeln.

Die gereinigten Kartoffeln werden in einem geschlossenen, trichterförmigen Kessel, dem Henzedämpfer, gedämpft, dadurch in Brei verwandelt und mit Dampf in den Maischbottich geblasen. Dort fügt man auf je 100 kg Kartoffeln 3 kg Grünmalz (S. 64) hinzu. Nach der (bei etwa 50°) erfolgten Umwandlung der Stärke in Malzzucker wird die Maische gekühlt und in großen Bottichen mit besonders gezüchteter „Stellhefe" versetzt. Die vollständig vergorene Flüssigkeit destilliert man in säulenförmigen Destillationsvorrichtungen (Kolonnenapparaten) und erhält so rohen Kartoffelspiritus. Der Rückstand, Schlempe genannt, dient als Viehfutter[1]).

Der gewonnene Rohspiritus, der etwa 87—90% Alkohol enthält und durch Fuselöl (Amylalkohol usw.) verunreinigt ist, wird in Feinspritapparaten raffiniert. Das Destillat mit 94—96% Alkohol heißt Feinsprit oder raffinierter Sprit (Weinsprit). Der „Nachlauf" enthält die Fuselöle, die chemische Fabriken u. a. zu künstlichen Fruchtäthern verarbeiten. Aus verschiedenen Getreidearten, besonders Roggen und Mais, wird in ähnlicher Weise Kornbranntwein usw. erzeugt und raffiniert (rektifiziert).

Zuckerrüben, Melasse und verschiedene süße Früchte (hauptsächlich Pflaumen) sind wichtige zuckerhaltige Rohstoffe der Spiritusbrennerei. Die Melasse wird mit Wasser verdünnt, die anderen Rohstoffe werden zerquetscht. Die Maischen vergären und werden destilliert. Die Erzeugnisse schmecken je nach den benützten Rohstoffen verschieden.

Rüben- und Melassespiritus wird besonders in Preußen und den Sudetenländern, Pflaumenbranntwein (Zwetschengeist, Slibovitz) in Süddeutschland, Galizien, Ungarn und Serbien, Kirschwasser (Kirschbranntwein) im Schwarzwald und in der Schweiz er-

[1]) Der aus je 100 kg Kartoffeln erhaltene Spiritus enthält ungefähr 13 l reinen Alkohol. Daneben bekommt man 150 l Schlempe mit 8 kg Trockensubstanz.

zeugt. Der holländische „Genever“ ist ein über Wacholder abgezogener Kornbranntwein. Steinhäger wird aus vergorener Wacholderbeermaische hergestellt. Aus Zuckerrohrmelasse wird in Westindien (Jamaika) Rum, aus Palmensaft und Reis auf den Sundainseln Arrak bereitet. Durch Destillation von Wein erhält man den Weinbrand, der sich in Eichenfässern nach Jahren gelb färbt und seinen Geschmack verfeinert. (Er wird besonders in der Nähe von Cognac, in den Rheingegenden und in Ungarn erzeugt. Nur der französische darf Cognac genannt werden.)

Franzbranntwein bereitet man aus verdünntem Spiritus, verschiedenen Essenzen und Tinkturen und etwas Zuckercouleur.

Spiritus kann auch durch Vergärung von Sulfitablauge und synthetisch erzeugt werden. Seine d ist um so niedriger, je höher sein Alkoholgehalt ist. Dieser wird mit besonderen Aräometern (Alkoholometern, Fig. 15) ermittelt und oft in Volumprozenten ausgedrückt. Die Steuerbehörde und die amtliche Gefäßeichung der BR rechnen nach Gewichtsprozenten. (Grade Tralles = Literzahl Alkohol in 100 l Spiritus. Grade Richter = Kilogrammzahl Alkohol in 100 kg Spiritus.) Genaue Bestimmungen erfordern geeichte Alkoholometer, die mit einem Thermometer versehen sind. Die Ablesungen an der Aräometerskala sind bei 20° richtig.

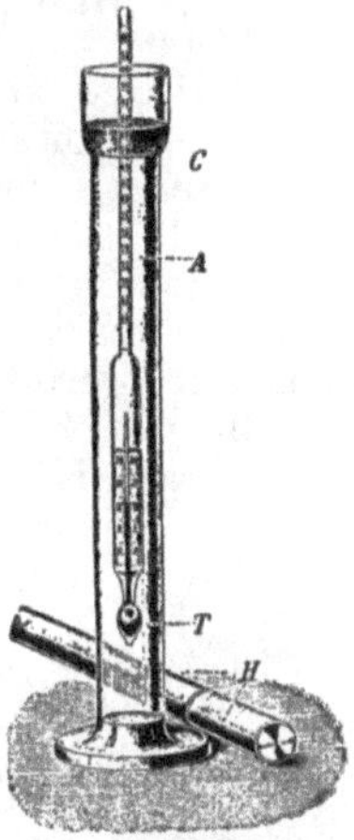

Fig. 15. Alkoholometer (A) mit Thermometer (T); C Senkzylinder; H Hülse f. d. Instrument. ($^1/_8$ nat. Größe.)

Bei der Preiserstellung für reine Alkohol-Wasser-Mischungen (Spiritus) dienen Hektoliter-Grade Alkohol (hl°). 100 l (= 1 hl) reiner, 100%iger Alkohol = 100 hl°. Ist die Menge Spiritus in Litern bei 15° C bekannt, so wird mit dem Alkoholometer die scheinbare Stärke bei einer beliebigen Temperatur ermittelt und mit Hilfe der

Tafeln auf die wahre Stärke bei 15° C reduziert. Die Literzahl bei 15° C mit der wirklichen Stärke multipliziert gibt Liter % Alkohol; durch 100 dividiert erhält man hl° Alkohol. Der Versand von reinem Alkohol geschieht in Holzfässern, welche innen mit Leim überzogen sind, in eisernen Fässern oder in Kesselwagen. Die Verrechnung der Sendung erfolgt nach Nettogewicht und wahrer Stärke bzw. nach hl° Alkohol. In den meisten Staaten wird eine hohe Branntweinsteuer als Verbrauchsabgabe erhoben. Von ihr befreit, bei Feststellung der maßgebenden Jahresmenge, bleiben: Branntwein für die Ausfuhr und für Gewerbezwecke, also für die Essigbereitung, für Koch-, Heiz- und Beleuchtungszwecke und für chemische Verwendungen. Brennspiritus wird unter anderen mit Holzgeist und Pyridin vergällt (denaturiert).

Als „Hartspiritus" dient polymerisierter Azetaldehyd („Meta").

Liköre sind Lösungen von Zucker und wohlschmekkenden Stoffen in verdünntem Spiritus. Im allgemeinen müssen sie mindestens 30 Vol-% Weingeist enthalten. Man läßt entweder den Spiritus einige Zeit über den geschmackgebenden Pflanzenteilen stehen (ziehen) oder man setzt Essenzen und ätherische Oele zu. Die meisten Liköre werden gefärbt (z. B. rot mit Heidelbeersaft, gelb mit Zuckercouleur). Bekannt sind: Chartreuse, Curaçao, Kümmel, Vanille, Maraschino, Benediktiner.

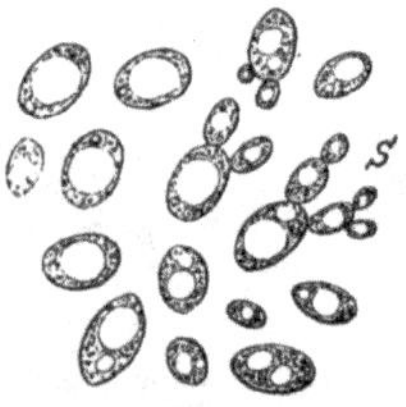

Fig. 16. Hefe (500fach vergr.); s in Sprossung befindliche Zellen.

Preßhefe (Germ) ist eine gelbliche, weiche Masse aus Reinhefezellen (Fig. 16). Sie wird durch Auswaschen, Schlämmen und Abpressen der bei der Gärung z. B. von Melasse gebildeten Hefe gewonnen, ist, selbst wenn man sie kühl aufbewahrt, nur wenige Tage haltbar und wird in der Küche und in den Bäckereien viel verwendet. — Infolge ihres hohen Eiweiß- und Vitamingehaltes wird getrocknete Hefe auch als Viehfutter verwendet und, nach Entbitterung mit Natriumbikarbonat, auf Nährmittel verarbeitet.

Anhang: **Essig** ist eine farblose bis gelbbraune, scharf sauer schmeckende und riechende Flüssigkeit. Sie besteht hauptsächlich aus Wasser und 5—10 % Essigsäure. Man läßt das Essiggut (Wein, Obstwein, Bier) in offenen Fässern sauer werden, wobei der Alkohol des Gutes durch Essigsäurebakterien zu Essigsäure oxydiert wird, welcher Vorgang Essigsäuregärung heißt. Der Weinessig ist sehr beliebt, der gewöhnliche Essig des Handels wird aus stark verdünntem Spiritus durch die „Schnellessigfabrikation“ gewonnen.

Das „Essiggut“ (ein Gemisch von Wasser mit 6—12 % Spiritus, der vorher amtlich mit Essig vergällt wurde, Apfelwein usw.) läßt man durch hohe, mit Buchenholzspänen gefüllte Bottiche träufeln. Durch seitlich angebrachte Öffnungen streicht Luft dem Essiggute entgegen und bewirkt mit den Bakterien die Essigbildung.

Die erhaltene farblose Flüssigkeit färbt man mit Zuckerfarbe gelb. Zusätze von Schwefelsäure oder anderen Mineralsäuren sind verboten. — Holzessig entsteht bei der trockenen Destillation des Holzes; die Rohware ist rotbraun. Durch stufenweises Destillieren wird reiner Holzessig bereitet, der auf Essigsäure (Eisessig) verarbeitet werden kann.

Essigsäurelösungen mit über 14%, meist aber mit 80% Gehalt bezeichnet man als Essigessenz. Sie wird meist etwas gefärbt und durch Zusätze wohlschmeckend gemacht. Abfüllung in Sicherheitsflaschen! Verdünnt man sie mit Wasser, so erhält man Tafelessig.

III. Öle, Fette und Wachse

Fette hinterlassen auf Papier einen Fettfleck, der auch in der Wärme nicht verschwindet. Frische Fette sind meist geruch- und geschmacklos; stehen sie jedoch lange an der Luft, so werden sie ranzig und riechen und schmecken dann unangenehm. Sie schwimmen auf dem Wasser. In Benzin, Schwefelkohlenstoff, Tetrachlorkohlenstoff, Äther u. dgl. lösen sie sich leicht.

Ihrer chemischen Natur nach sind sie Glyzerinester der Fettsäuren, von welchen die Stearin-, Palmitin- und Ölsäure am wichtigsten sind. Die festen und halbfesten Fette, Talge und die Butter enthalten mehr Stearin- und Palmitinsäure und weniger Ölsäure als die flüssigen Fette, die auch fette Öle oder Trane heißen. Viele Fette sind wichtige Nahrungsmittel, die meisten auch Rohstoffe zur Erzeugung von Seifen und Kerzen. Die Wachsarten sind in manchen Eigenschaften den Fetten ähnlich, enthalten jedoch kein Glyzerin.

A. Pflanzliche Öle

Die pflanzlichen Öle werden aus verschiedenen Ölsaaten und Ölfrüchten gepreßt oder extrahiert. Ihre wirtschaftliche Bedeutung geht aus der nachfolgenden Übersicht hervor:

Welterzeugung pflanzlicher Öle 1954 in kt

Sojaöl	1978	Leinsaatöl	1012
Kokosfett	1973	Sonnenblumenöl	803
Erdnußöl	1882	Olivenöl	712
Baumwollsamenöl	1742	Sesamöl	690
Raps- und Rüböl	1497	Rizinusöl	218
Palmfett	1229	Holzöl	93

Der gesamte Fettbedarf der BR betrug 1952 etwa 1,3 Mio t.

Olivenöl (Baumöl) wird aus den rohen Oliven gepreßt. Man erntet sie im Spätherbst, entkernt sie nach leichtem Trocknen und preßt das Fruchtfleisch in Schraubenpressen ab. Die erste Pressung liefert das feinste Speiseöl, Jungfernöl *(huile vierge)* genannt. Durch stärkeres Pressen gewinnt man das Provencer Öl. Baumöl aus den Preßkuchen der Speiseölgewinnung dient zu technischen Zwecken.

Die Preßrückstände füllt man in grobe Säcke und extrahiert sie mit Schwefelkohlenstoff. Aus der Öllösung wird das Lösungsmittel abdestilliert. Das erhaltene „Sulfuröl" dient zur Seifenerzeugung, ranziges Olivenöl (Tournantöl) in der Türkischrot-Färberei.

Die feinsten Speiseöle filtriert man durch Watte und klärt sie, indem man sie in großen Behältern monatelang stehen läßt. Die Versendung geschieht in Fässern („Ölpipen") von 150—250 kg Inhalt. Baumöle werden in Barrels zu etwa 600 kg verkauft.

Das meiste Olivenöl liefern Spanien, Italien und Griechenland.

Reines Olivenöl ist hellgelb bis grünlich und geruchlos. In vollkommen trockene Flaschen gefüllt und luftdicht verschlossen, hält es sich sehr lange, ohne ranzig zu werden. Unter 10° trübt es sich und erstarrt bei niedriger Temperatur. d : 0,914 bis 0,920. Fälschungen mit anderen Ölen, besonders mit Sesam-, Baumwollsamen-, Erdnuß- und Mohnöl sind häufig und können nur durch eine chemische Untersuchung sicher nachgewiesen werden. Im Handel pflegt man die Öle mit besonderen Ölwaagen (Oleometern, ähnlich wie Fig. 15) auf die Dichte zu prüfen. Baumöl für technische Zwecke (Seifenerzeugung, Schmieren) ist steuerfrei, muß jedoch mit Rosmarin- oder Terpentinöl vergällt werden.

Sesamöl wird aus den Samen der Sesampflanze *(Sesamum indicum* und *S. orientale)* gewonnen, die in großen Mengen aus Indien, China und Ägypten eingeführt werden. Sie sind 2—3 mm lang, flachgedrückt bis eiförmig, grau bis braunschwarz und enthalten ca 50 % Öl. Durch Pressen erhält man Speiseöl, durch Ausziehen mit Benzin Fabriksöl. Die abfallenden „Sesampreßkuchen" sind wie alle Ölpreßkuchen ein wertvolles Futtermittel. (Verbrauch der BR an Ölkuchen 1955/56 insgesamt 744 kt.) Sesamöl ist farblos bis hellgelb und schmeckt rein. d = 0,922. Es wird oft fälschlich als Olivenöl verkauft.

Baumwollsamenöl (Cottonöl), aus den Baumwollsamen gepreßt, dient in Nordamerika als Speiseöl, in Europa wird es meist für technische Zwecke und zur Fälschung von Schweinefett verwendet. **Arachis-** oder **Erdnußöl,** aus den Samen der Erdnußpflanze, kann als Speiseöl, zur Margarineerzeugung und als Brennöl benützt werden. Das grün-rote **Kürbiskernöl** ist in der Steiermark als Speiseöl beliebt.

Mandelöl wird durch kaltes Pressen aus süßen und bitteren Mandeln gewonnen und in der Medizin sowie in der Parfümerie benützt. **Rizinusöl,** aus den Samen der Rizinusstaude (*Ricinus communis*), die man in Süd- und Südosteuropa anbaut, ist ein dickflüssiges, farbloses Öl, das als Flugmotorenschmiermittel, in der Türkischrotfärberei, als Weichmacher in der Lackindustrie und medizinisch verwendet wird. d = 0,95.

Rüböl wird durch Pressen oder Ausziehen der Samen verschiedener Brassicaarten wie Sommerraps, Kohlsaat und Rübsen gewonnen. Raps wird viel in Norddeutschland, Ungarn und Böhmen gebaut und auch aus Indien eingeführt. Die Samen sind kugelig, 2 bis 3 mm im Durchmesser, gelblich bis dunkelbraun. Rohes Rüböl ist gelbbraun. Es wird mit Schwefelsäure, warmem Wasser und Kalkmilch gereinigt (raffiniert) und ist dann hellgelb. d = 0,911—0,918. Rüböl dient seltener als Speiseöl, mehr als Schmier- und Brennöl, sowie zur Erzeugung von Faktis. Die Rapskultur wird durch den Rapsglanzkäfer bedroht.

Leinöl gewinnt man aus den Samen der Flachspflanze, der Leinsaat. Die Preßrückstände (Leinkuchen) sind ein wertvolles Futtermittel. Kalt gepreßtes Leinöl ist hellgelb, warm gepreßtes braun. Frisch gepreßtes Leinöl ist als Speiseöl brauchbar. d = 0,935. Im Gegensatz zu den bisher beschriebenen „nichttrocknenden Ölen“ ist das Leinöl ein „trocknendes Öl“: in dünner Schichte auf Holz, Glas usw. aufgestrichen, gibt es nach einiger Zeit einen glänzenden, federnden Film. Wenn man Leinöl bei etwa 300° eindickt, so erhält man das Standöl, das als Buchdruckerfirnis verwendet wird und im Anstrich wetterbeständiger ist als gewöhnliches Leinöl. Rascher als Leinöl trocknen die Firnisse, die durch Erhitzen mit Blei-, Mangan- oder Kobaltverbindungen erhalten werden. Man stellt die Firnisse auch durch Auflösen von Sikkativen oder Trockenstoffen, das sind Linoleate, Resinate oder Naphthenate der genannten Metalle, in Leinöl oder durch Zusetzen von Sikkativlösungen her. Ölfarben sind mit Firnis angeriebene Pigmente, Öllacke enthalten außerdem Harze und geben dadurch einen härteren und widerstandsfähigeren Film. Über die Verwendung von Leinöl bei der Herstellung von Linoleum und Faktis s. d. Eine Mischung von Leinölfirnis und Kreide ist der Glaserkitt.

Chinesisches Holzöl (Tungöl) wird aus den Nüssen des Holzölbaumes, besonders in China, gewonnen und auf schnelltrocknende und gut wasserbeständige Öllacke verarbeitet. Synourinöl ist ein holzölähnliches, aus Rizinusöl durch Wasserabspaltung gewonnenes trocknendes Öl.

Auch das **Oiticica-Öl** in Brasilien aus den Nüssen des Oiticicabaumes gewonnen, ist holzölähnlich.

Perillaöl aus den Samen von *Perilla ocimoides* kommt aus Japan, China und Indien und wird wie Leinöl verwendet.

Sonnenblumenöl und **Hanföl** werden hauptsächlich in der UdSSR gewonnen. Die Sonnenblumenanbaufläche betrug 1937 3 Mio ha. Hanföl wird besonders als Brennöl benutzt.

Trocknende Öle von geringerer Bedeutung sind **Mohnöl** und **Nußöl**, die aus Mohn bzw. Nüssen gepreßt werden.

Gehärtete Öle sind aus Leinöl, Baumwollsamen-, Rapsöl usw. sowie aus Waltran erzeugte, talgartige Fette. In das etwa 100° heiße Öl wird Wasserstoff in Gegenwart kleiner Mengen Nickel eingeblasen. Die Ölsäure wird dadurch in Stearinsäure übergeführt. Die gehärteten Öle dienen zur Seifenerzeugung und gereinigt als Speisefette.

Tallöl wird bei der Zellstoffgewinnung nach dem Sulfatverfahren aus Kiefernholz als Nebenprodukt gewonnen.

B. Feste Pflanzenfette

Kokosöl (Kopraöl) wird aus dem Samennährgewebe der Kokosnüsse (Fig. 17), das bis 70 % Fett enthält, durch Pressen oder Auskochen mit Wasser gewonnen. Die Samen werden auch zu Streifen geschnitten und als Kopra in großen Mengen[1]) aus den Philippinen, Indonesien und Malaya eingeführt. Kokosöl ist weiß, schmalzartig, schmilzt bei 20—28°, ist also in den Tropen flüssig. Es wird leicht ranzig. Sorgfältig gereinigtes Fett wird zur Margarineerzeugung und als Kokosbutter, Pflanzenbutter, Ceresfett usw. in der Küche verwendet. Aus gewöhnlichem Kokosöl erzeugt man stark schäumende Seifen.

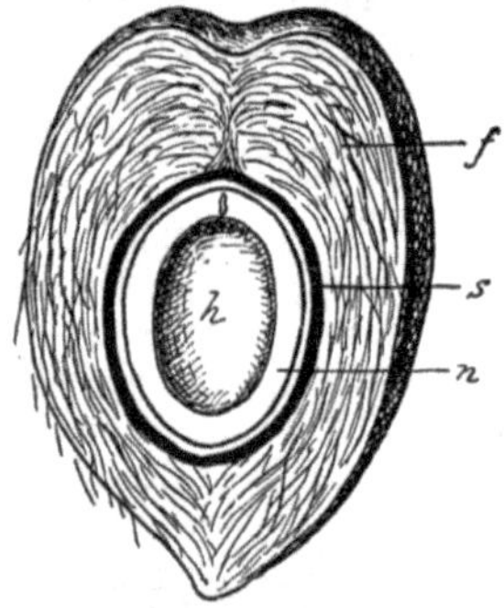

Fig. 17. Kokosnuß im Längsschnitt (¼ natürl. Größe), f Faserschicht, s Steinschale, n Nährgewebe mit Hohlraum (h).

Palmöl gewinnt man in Westafrika (Belgisch Kongo) sowie auch in Indonesien aus den orangegelben, pflaumengroßen Früchten der Ölpalme *(Elaeis guineensis)* durch Auskochen oder durch Pressen. Es wird an der Luft schnell orange und ist schmalzartig. Mit Luft geblasen, wird es weiß und geruchlos. Palmöl wird bald ranzig. Das in Fässern nach Europa kommende Palmöl ist ein wichtiger Rohstoff für die Seifen- und Kerzenerzeugung.

Palmkernöl wird aus den in großen Mengen aus Westafrika als Rückfracht nach Europa gesandten Palmkernen, den schwarzen, rundlichen Samen der Ölpalme, durch Pressen oder durch Ausziehen mit Benzin erzeugt. Die Palmkernpreßkuchen sind ein gesuchtes Viehfutter.

---

[1]) Jährlich etwa 1 Mio t Ölfrüchte.

Japanisches Wachs wird aus den Samen des **Wachssumachbaumes** *(Rhus succedanea)* gewonnen und aus China und Japan in großen Blöcken oder in gewölbten Scheiben nach Europa eingeführt. Es ist blaßgelb bis grünlich, mit weißem Anflug bedeckt und schmilzt bei etwa 50°, d = 0,98–1. Chemisch ein Fett, ähnelt es in seinen Eigenschaften dem Bienenwachs. In Japan gießt man daraus Kerzen, in Europa erzeugt man mit ihm Wachszünder, Pomaden und Lederkonservierungsmittel.

Die echten Pflanzenwachse, **Karnaubawachs** und **Palmwachs** von den Blättern und Stämmen südamerikanischer Palmen, sind härter und schwerer schmelzbar als Japanwachs (83—90°). Sie werden hauptsächlich für Bohnermassen und Schuhkreme verwendet. Brasilien gewinnt jährlich 12—15 kt Karnaubawachs. Gleichfalls aus Brasilien kommt das wohlfeilere **Ouricury-Wachs.**

C. Tierische Fette

Trane heißen die aus Fischen oder dem Speck von Säugetieren des Meers gewonnenen Öle.

Der Wal ist bis 150 t schwer und das größte lebende Tier. Er wird mit der Harpune gejagt und an Bord der Kocherei unmittelbar verarbeitet. Ein einzelner Wal liefert etwa 24 t Tran. Die Welterzeugung liegt bei etwa 325 kt. Hauptfanggebiet ist das südliche Eismeer (Südgeorgien), wo sich während der Fangzeit etwa 250 Fangboote mit 12500 Mann befinden. Die Zahl der jährlich zum Fang freigegebenen Wale ist durch ein internationales Abkommen geregelt. Wal- und Robbentran werden in der Gerberei, Spinnerei und Seifenindustrie, namentlich aber im gehärteten Zustand zur Margarinebereitung verwendet. Sardinen- und Heringstran werden auch auf Anstrichöle verarbeitet (Lacktran).

Lebertran, aus der fettreichen Leber des Kabeljaus und des Dorsches ausgeschmolzen, ist „hellblank" bis rotbraun und riecht fischig. Er kommt in großen Mengen aus Bergen und Nordamerika und wird wie gewöhnlicher Tran benutzt. Die beste Sorte, der mit Dampf bereitete „Dampftran", dient als Heilmittel *(Oleum jecoris aselli)*. Das Fett des Lebertrans ist besonders gut verdaulich und enthält das antirachitische Vitamin D. Noch erheblich reicher an diesem ist das Öl der Heilbuttleber.

Talg (Unschlitt) ist das ausgeschmolzene Fett der Rinder. In den Schlächtereien wird der Rohtalg in „Rohkern" und „Ausschnitt" unterschieden. Ersterer ist das großstückige Bauch- und Lungenfettgewebe, letzterer ist von Hautteilen durchsetzt. Der Rohtalg wird mit Maschinen zerrissen und mit kochendem Wasser oder durch Dampf ausgeschmolzen[1]). Die Verunreinigungen setzen sich ab. Das Erzeugnis heißt Feintalg *(Premier jus)*. Preßt man Rohtalg bei geringer Wärme, so erhält man das Talgöl, das als Schmieröl dient. Die harte Sorte „Lichtertalg" dient zur Unschlittkerzenerzeugung; aus dem unreinen „Seifentalg" werden Seife und Stearin erzeugt.

Aus frischem Rohkern gewonnener Feintalg gesteht bei etwa 25° nach 24 Stunden zu einem gelblichen, weichen Schmalz, das kräftig ausgepreßt wird. In den Pressen bleibt fester Preßtalg zurück, der zur Seifenerzeugung dient, das abfließende Öl gesteht in der Kälte zu einer geruch- und geschmackslosen weißen Butter, dem Oleomargarin (Schmelzpunkt 28—40°, d=0,86).

Schweineschmalz (Schweinefett), durch Ausschmelzen von rohem Schweinefett (Schmer, Filz) gewonnen, ist eine weiße, etwas körnige, salbenartige Masse vom Schmelzpunkte etwa 40°. Es wird an Luft und Licht bald ranzig. In Amerika, besonders in Chikago, gewinnt man es in sehr großen Mengen, die beste Sorte heißt *Neutral Lard*. Schweineschmalz ist das gebräuchlichste Kochfett, wird aber auch zur Herstellung von Pomaden und zum Einfetten von Leder verwendet. Die BR führt Schmalz hauptsächlich aus Holland ein.

---

[1]) Die Rückstände, „Grieben" genannt, dienen als Viehfutter. Mit Schwefelsäure und durch Kochen mit Wasser kann man aus ihnen „Schmelztalg" bereiten, aus dem Seifen und Kerzen gewonnen werden.

Durch Extrahieren von Schlachttierknochen erzeugtes **Knochenfett,** ein dunkles Fett, wird zum Seifensieden verwendet. Durch Ausfrieren und Auspressen erhält man aus ihm das flüssige, sehr kältebeständige Knochenöl. — — Aus den Waschwässern der Wollwäschereien wird in großen Mengen das gelbliche **Wollfett** *(Adeps lanae)* bereitet, welches, gereinigt und mit Wasser verrührt, das besonders als Salbengrundlage viel benutzte Lanolin liefert.

Anhang: **Bienenwachs,** kurz Wachs genannt, ist der Baustoff der Bienenwaben. Diese werden vom Honig befreit, gewaschen und umgeschmolzen. Das erhaltene Rohwachs *(Cera flava)* ist gelb bis rötlichbraun, riecht angenehm, erweicht in der Handwärme und wird knetbar. Es kommt in großen Blöcken z. B. aus den Heidegegenden Deutschlands. Bleicht man es an der Sonne oder künstlich durch Tierkohle usw., so erhält man das weiße Wachs *(Cera alba)*, das meist in runden Scheiben verkauft wird. Es ist weiß, durchscheinend und besteht aus Cerotinsäure und Myrizin. Schmelzpunkt etwa 64°. Wachs dient zur Erzeugung von Kerzen, zum Einlassen von Fußböden, zum Steifen von Zwirn, zur Herstellung von Wachspapier usw. Oft wird es durch das wohlfeile Japanwachs ersetzt.

Walrat (Spermacet, *Cetaceum*) ist ein wachsähnlicher, kristallinisch-blätteriger, durchscheinender Stoff, den man aus Walratöl gewinnt, das sich in den Stirnbeinhöhlen des Pottwales findet. Es löst sich in Spiritus und dient zur Herstellung von Salben und Pomaden.

D. Margarine

Margarine wird durch Verkirnen von Ölen und Fetten mit Magermilch hergestellt und ist ein guter und billiger Ersatz für Butter. Ursprünglich diente Oleomargarin als Rohstoff (s. d.), heute wird sie hauptsächlich aus pflanzlichen Ölen (Erdnuß-, Kokos-, Rapsöl) und aus Waltran hergestellt. Sie muß mindestens 80% Fett und darf nicht mehr als 18% Wasser und Kochsalz enthalten.

Es ist vorgeschrieben, der Margarine 10% Sesamöl oder 0,2—0,3% Stärkemehl beizumengen. Dieses ist an der Blaufärbung mit Jod, jenes an der Rotfärbung mit Furfurol und Salzsäure leicht kenntlich. Erlaubt ist ein Zusatz von 0,2% Natriumbenzoat als die Haltbarkeit erhöhendes Mittel. Zugesetztes Eigelb bewirkt, daß sich die Margarine beim Erhitzen bräunt, Diacetyl verleiht ihr Butteraroma. Manche Marken enthalten Vitamin A.

Margarine darf nur in Würfelform abgepackt werden. Die Kisten müssen einen roten Streifen tragen.

Margarineerzeugung der BR 1956 660 kt, der DDR 193,5 kt, der USA 623 kt.

E. Erzeugnisse aus Fetten

Stearin, ein Gemisch von Stearin- und Palmitinsäure, ist eine weiße, durchscheinende, kristallinische Masse, die bei etwa 56° schmilzt und im großen aus Unschlitt, Knochenfett, Preßtalg usw. erzeugt wird.

Die Fette werden in geschlossenen Kesseln (Autoklaven) mit geeigneten Zusätzen unter hohem Druck erhitzt (gespalten). Der wässerige Anteil der erhaltenen Masse, das Glyzerinwasser, enthält das abgespaltene Glyzerin und wird von den freigewordenen Fettsäuren getrennt. Die durch Waschen gereinigten Fettsäuren läßt man in flachen Blechgefäßen erstarren und preßt die erhaltenen Kuchen zuerst kalt, dann warm in hydraulischen Pressen. Die flüssige Ölsäure (Olein, Elain) fließt ab; in den Preßtüchern bleibt ein Gemenge von Stearin- und Palmitinsäure, das Stearin, zurück.

Viel Stearin wird mit etwas Paraffin in Kesseln geschmolzen und mit Kerzengießmaschinen zu Kerzen verarbeitet. In die Formen der Maschine sind Dochte eingezogen. Die Kerzen werden geglättet, gestempelt und zu 400—500 g in Papier verpackt. Die Stearinmasse farbiger Kerzen ist mit Teerfarben gefärbt. U. a. dient Stearin auch als Bindemittel von Polierpasten.

Seife wird durch Kochen von Fetten oder Fettsäuren mit Laugen erhalten. Dabei werden die Fette in die

Natrium- oder Kaliumsalze der Fettsäuren und Glyzerin gespalten. Die kolloide Lösung der Seife schäumt und übt die bekannte reinigende Wirkung aus. Rohstoffe des Seifensieders sind Preßtalg, Stearin, Palmöl, Kokosöl, Olivenöl, Harz, synthetische Fettsäuren. Hinzu kommt noch die Naphthensäure, ein bei der Raffination des rumänischen Erdöls anfallendes Produkt. Um gut schäumende Seife zu erhalten, muß man von einem Gemisch verschiedener Fette ausgehen. Mit Natronlauge oder Soda erhält man die harten Natronseifen, während Kalilauge oder Pottasche weiche Seife liefert. Je nachdem, ob man den „Seifenleim“ mit Kochsalz aussalzt und den sich abscheidenden „Seifenkern“ abschöpft und in Formen erstarren läßt oder ob man den ganzen Inhalt des Seifenkessels fest werden läßt, unterscheidet man Kernseifen und Leimseifen. Die Blöcke der Kernseife werden zu Stangen (Riegeln) zerschnitten, die fallweise geteilt werden. Feinseife (Toiletteseife) erzeugt man durch Vermengen von feingeschabter Kernseife (Grundseife) mit Riech- und Farbstoffen und Pressen zu Handstücken. Transparente Seife erhält man durch Zusatz von Glyzerin (Glyzerinseife) oder Spiritus. Leimseifen sind auch bei hohem Wassergehalt noch fest („geschliffene Seifen“). Als streckende Zusätze sind vor allem Wasserglas und Kaolin oder Ton im Gebrauch. Schwimmseife ist füllstofffrei und stark lufthaltig. Eine stark geschliffene Seife aus Olivenöl ist die Marseillerseife.

Weiche Kaliseife, gewöhnlich Schmierseife genannt, ist eine hellgelbe bis braune salbenartige Masse, die meist unangenehm riecht und in Fässern als Faßseife oder in kleinen Kistchen verkauft wird. Sie wird aus billigen Fetten mit Kalilauge gesotten. Das Gemenge wird bis zur Sirupdicke gekocht; den erhaltenen Seifenleim gießt man in Fässer, in denen er erstarrt. Schmierseife wird besonders in der Wollwäscherei benützt.

Waschpulver sind Gemische von Seifenpulver mit Soda, Wasserglas und manchmal auch Phosphaten. Persil enthält Natriumperborat, dessen Lösung schon beim Erhitzen Sauerstoff abgibt, der bleichend wirkt und den Schmutz mechanisch von der Faser abhebt. Imi enthält Trinatriumphosphat. Burnus ist ein enzymatisches Waschmittel. Feinwaschmittel für Haushaltwäsche (Fewa) ist in seiner Zusammensetzung von der Seife grundsätzlich verschieden. Es ist ein Fettalkoholsulfonat, d. h. ein Schwefelsäureester des der Fettsäure entsprechenden Fettalkohols, wäscht im Gegensatz zu der alkalischen Seife bei neutraler Reaktion und ist dadurch für Wolle und Seide besonders geeignet, die von Alkali angegriffen werden. Es wird ferner durch hartes Wasser nicht beeinträchtigt, während gewöhnliche Seife mit diesem unlösliche Kalkseife abscheidet, die keine Waschwirkung hat. Neuartige Waschrohstoffe sind auch die Mersole ®, Produkte der gleichzeitigen Einwirkung von Chlor und Schwefeldioxyd auf Kohlenwasserstoffe. Durch ein Verseifen der Mersole entstehen die Mersolate ®. — Scheuermittel enthalten neben Seife und Soda oder Sulfonat meist Quarzmehl. Die Seifenwelterzeugung wird auf 6 Mio t geschätzt, die Welterzeugung synthetischer Waschmittel auf 1 Mio t.

Glyzerin ist eine farblose, öldicke, süß schmeckende Flüssigkeit, die Wasser anzieht und sich mit ihm in jedem Verhältnis mischt. Das Glyzerin des Handels enthält stets Wasser; mit 50 % Gehalt ist seine d = 1,26. Chemisch ist Glyzerin ein dreiwertiger Alkohol [$C_3H_5(OH)_3$]. Es wird aus dem Glyzerinwasser der Stearinerzeugung als Saponifikationsglyzerin und aus der Unterlauge der Kernseifenerzeugung als Laugenglyzerin durch Reinigung und Vakuumdestillation gewonnen. Der Wert des Handelsglyzerins wird in Beaumégraden ausgedrückt; es hat 24—31° Bé.

Glyzerin wird auch durch Gärung einer mit Natriumsulfit versetzten Zuckerlösung erzeugt.

Behandelt man Glyzerin mit einem Gemisch von Salpeter- und Schwefelsäure, so erhält man das sprengkräftige Nitroglyzerin. Mengt man dieses mit Infusorienerde, so gewinnt man den Sprengstoff Dynamit. Nitroglyzerin ist ein Bestandteil des rauchlosen Schießpulvers. Glyzerin dient auch zur Erzeugung von Hautsalben, als Gefrierschutzmittel (Autokühler, Gasmesser), als Zusatz zur Leimmasse der Buchdruckwalzen, zu Kopiertinte und zu Stempelfarben.

IV. Ätherische Öle, Harze, Gummi, Kautschuk

Diese Stoffe finden sich im Pflanzenkörper oder fließen aus ihm aus.

A. Ätherische Öle

Flüchtige, stark riechende Pflanzenstoffe von sehr verschiedener chemischer Beschaffenheit werden durch die Bezeichnung „ätherische Öle" zusammengefaßt. Alle sind Gemenge mehrerer chemischer Stoffe. Sie fühlen sich „rauh" an. Ein durch sie verursachter Fettfleck verschwindet bald. Man gewinnt sie durch Destillieren der zerkleinerten Pflanzenteile mit Wasser oder Dampf, durch Ausziehen mit Äther oder Schwefelkohlenstoff (Extraktion) sowie durch Auspressen. In manchen Fällen zieht man sie auch mit Fetten aus (Mazeration, Enfleurage). In den Handel kommen etwa 400 verschiedene ätherische Öle.

Rosenöl wird durch Destillieren oder Mazerieren der frisch gepflückten Blüten mehrerer stark riechender Rosenarten gewonnen. Bulgarien[1]), Frankreich und Miltitz bei Leipzig liefern es auf den Markt. Für 1 kg Rosenöl braucht man durchschnittlich 3,2 t = 1,2 Mio Rosen. Rosenöl ist eine dickölige Flüssigkeit, die unter 16° Kriställchen abscheidet. Das bulgarische

[1]) Die jährliche Rosenölerzeugung Bulgariens wird auf 2 t geschätzt.

Rosenöl, das man meist als „türkisches" bezeichnet, wird in runden, seitlich zusammengedrückten, filzüberzogenen Kupferflaschen (Kanistern) versandt. Es wird oft mit ähnlich riechenden ätherischen Ölen (Geranium-, Lemongras-, Palmarosa- oder Irisöl) verfälscht. Das deutsche Rosenöl ist vollkommen rein.

Preis je kg 1952 etwa DM 3900,—.

Anis-, Fenchel- und **Kümmelöl,** aus den gleichnamigen Gewürzen, dienen zur Likörbereitung. **Bittermandelöl** aus bitteren Mandeln und Pfirsichkernen, in der Seifenerzeugung verwendet, wird auch künstlich dargestellt. Das wohlriechende **Lavendelöl** stammt aus den blauen Lavendelblüten. Das rotbraune, brennend schmeckende **Nelkenöl** wird durch Destillation von Gewürznelkenstielen bereitet und besonders in der Heilkunde und zur Eugenolgewinnung verwendet. Mit **Pfefferminzöl** aus den Blättern von *Mentha piperita* werden Zuckerplätzchen und Zahnpulver versetzt. **Pomeranzen-** und **Bergamotteöl,** aus den Schalen mehrerer *Citrus*-Arten, dienen zur Herstellung von Kölnisch Wasser und Parfüms. **Zimtöl,** aus den Abfällen der Zimtgewinnung, Chips, bereitet, wird besonders zur Erzeugung von Likören und Parfüms verwendet.

Für die Parfümindustrie haben neben den ätherischen Ölen die **künstlichen Riechstoffe** die größte Bedeutung. Sie bestehen teils aus den geruchgebenden Stoffen der natürlichen ätherischen Öle, wie Menthol aus Pfefferminzöl, Thymol aus Thymianöl, oder werden aus ätherischen Ölen und Teerprodukten auf chemischem Wege hergestellt, wie Jasmin, Jonon (veilchenduftend), Heliotropin (Piperonal), Vanillin, Cumarin, künstlicher Moschus usw.

Künstliche ätherische Öle, durch geschicktes Mischen einzelner Bestandteile erzeugt, ahmen den Blumengeruch vollkommen nach.

Terpentinöl. Aus den Nadelbäumen wird durch wiederholtes Anschneiden der Terpentin gewonnen, eine Auflösung von Harz in Terpentinöl (ein „Balsam"). Der „gemeine Terpentin" von Fichten und Föhren, der „französische" von der Strandkiefer und der

„amerikanische" von der *White pine* sind dickflüssig und gelbbraun und dienen zur Erzeugung von Harzseifen und minderwertigen Lacken. „Feine" Terpentine sind: der helle „venezianische" Terpentin von der Lärche und der klare Kanadabalsam. Durch Destillieren von gemeinem Terpentin gewinnt man das ätherische Terpentinöl und das „Rohharz". Durch mehrmaliges Destillieren (Rektifizieren) gereinigt, ist Terpentinöl eine farblose, leicht bewegliche, stark riechende Flüssigkeit, die auch Terpentingeist heißt, d = 0,87, Siedepunkt etwa 160°. Handelssorten sind: deutsches, österreichisches (Wiener Neustädter), französisches, russisches und amerikanisches Terpentinöl. Es dient zur Erzeugung von Lacken, zum Verdünnen von Ölfarben und in verschiedenen Gewerben.

Durch trockene Destillation von Baumteilen oder Harz gewinnt man das wohlfeile Kienöl, das unangenehm riecht und gereinigt werden muß.

Kampfer (Camphora) ist der feste Anteil (das Stearopten) eines ätherischen Öles aus dem Holze des Kampferlorbeerbaumes, der in den Wäldern Japans, Formosas und Chinas wächst[1]). Der durch Destillieren der Holzspäne mit Wasserdampf erhaltene Rohkampfer wird durch Sublimieren gereinigt und in Form von gewölbten, in der Mitte durchlochten, 1—2 kg schweren Kuchen verkauft. Japan liefert ihn auch in kleinen Täfelchen von ¼—1 Unze in Blechdosen zu 1 ℔. Kampfer ist farblos, durchscheinend bis weiß, kristallinisch, zähe, riecht stark, brennt mit rußender Flamme, ist in Weingeist, Äther und Ölen löslich und verdampft an der Luft. Synthetischer Kampfer wird aus Terpentinöl erzeugt. Er bildet perlenförmige Körnchen und ist fast vollwertig. Kampfer wird in großen Mengen zur Erzeugung von Zellhorn, aber auch in der Medizin benutzt.

---

[1]) Seit 1910 ist die Gewinnung von Kampfer in ganz Japan Monopol des Staates.

B. Harze

Harze sind gewisse feste, amorphe Pflanzenstoffe, die sich in Terpentinöl, Alkohol, Äther u. a., aber nicht in Wasser auflösen und mit rußender Flamme verbrennen.

Gemeines Harz, gewöhnlich Fichtenharz genannt, wird durch Umschmelzen des Rohharzes erzeugt, das man aus Terpentin gewinnt. Unreine, dunkelbraune Ware heißt gemeines Pech, reine, Kolophonium genannt, bildet gelbe bis braune, durchsichtige, spröde Brocken. Kolophonium erweicht beim Erwärmen und schmilzt bei etwa 100°. Amerikanisches Kolophonium kommt in großen Mengen auf den Markt; die feinsten Sorten sind w. w. *(water white)* und w. g. *(window glass)*. Noch besser als diese sind der französische Galipot und das Burgunderpech. Aus Kolophonium erzeugt man Brauerpech zum Auspichen der Fässer, Harzseife (insbesondere Papierleim), Siegellack und billige Lacke.

Durch Behandlung mit Kalkhydrat oder Zinkoxyd bei 250—300° erhält man Hartharze, durch Verestern mit Glyzerin Harzester. Beide schmelzen höher als Kolophonium und sind weniger klebrig als dieses, also veredelt.

Harzlacke nennt man künstliche Lösungen von Harzen in Terpentinöl, Spiritus, Leinöl u. dgl. Sie dienen zur Herstellung glänzender Filme auf Holz, Eisen usw. und erhärten gewöhnlich durch Verdunsten des Lösungsmittels. Fette Lacke, die Leinöl enthalten, werden fest, indem sie aus der Luft Sauerstoff aufnehmen.

Kopalharze *(Resina Copal)* heißen mehrere harte, schwer schmelzende Harze tropischer Bäume. Sie sind erst nach vorherigem Ausschmelzen in Leinöl löslich.

Die beste Sorte ist der Sanzibarkopal, der an der südostafrikanischen Küste aus der Erde gegraben wird. Seine Stammpflanze *(Trachylobium mossambicense)* wächst heute nicht mehr an der Küste, sondern nur mehr tief im Lande. Sanzibarkopal bildet hellgelbe, plattenförmige Stücke mit warziger, gänsehautartiger Oberfläche. Schmelzpunkt 200—360°. Er dient zur Herstellung feiner Lacke. Die rötlichen, meist trüben westafrikanischen Kopale von Angola und Sierra Leone sind wohlfeiler. Der westindische Kugelkopal bildet kopfgroße Klumpen von grünlicher Farbe und ist, wie der neuseeländische Kaurikopal (von der Dammarfichte), etwas weicher. Der letztere bildet gewöhnlich faustgroße Stücke, die von einer erdigen Kruste bedeckt sind. Ihm ähnlich ist der billige Manilakopal von den Sundainseln (große, bis 50 kg schwere Stücke). Die aus harten Kopalen erzeugten Lacke geben harte, schleiffähige Überzüge, heißen daher auch „Schleiflacke“.

Mastix ist das Harz des Strauches *Pistacia Lentiscus*, der besonders auf Chios gepflanzt wird. M. bildet hellgelbe bis grüne, durchsichtige, weiß bestäubte Kügelchen, die beim Kauen im Munde erweichen. Mastixlack ist der beste Bilderlack des Kunstmalers. Mastix dient auch zur Herstellung von Porzellankitten und als Räuchermittel. Der hellgelbe **Sandarak** *(Gummi Sandarak)* bildet längliche „Tränen“, die beim Kauen zu Pulver zerfallen (Unterschied von Mastix), und dient als Lackharz.

Dammarharz wird auf den Sundainseln vom Flügelfruchtbaum *(Shorea Wiesneri)* gewonnen. Es bildet farblose, durchsichtige Klumpen oder tropfsteinförmige Stücke und dient zur Herstellung feiner, farbloser Lacke. — **Akaroidharz** (Erdschellack) stammt von *Xanthorrhoea*-Arten, kommt aus Westindien und aus Australien, ist gelb bis rot und wird zur Herstellung farbiger Metallacke verwendet.

Schellack. Die Zweige einiger indischer Bäume, besonders jene des heiligen Feigenbaumes *(Ficus religiosa)* werden durch die Lackschildläuse angestochen. Das ausfließende, rote Harz umhüllt die Zweige oft gänzlich und heißt Stocklack oder, in Körnern abgetrennt, Körnerlack (Gummilack). Durch Auskochen mit

Wasser gewinnt man den karminroten Farbstoff Lac-dye. Das ausgekochte Harz wird in Säcken geschmolzen, in dünnen Schichten auf Blech gegossen, nach dem Erstarren abgelöst und als Schellack verkauft. Schellack bildet dünne, scharfkantig brechende, braune bis rote Plättchen. Er wird in Kisten zu 70 kg ausgeführt und nach seiner Farbe als lemon, orange, rubin usw. verkauft. Durch Bleichen erzeugt man den weißen Schellack. Schellack wird zur Erzeugung von feinem Siegellack und von Kitt benützt. Die Tischlerpolitur ist eine Lösung von Schellack in Spiritus. In wässeriger Boraxlösung löst er sich zu Wasserfirnis auf, der zum Steifen von Filzhüten und zur Herstellung unverwaschbarer Tusche dient. Schellack kann durch Kunstprodukte noch nicht vollwertig ersetzt werden.

Benzoe *(Gummi Benzoe)* ist ein wohlriechendes, undurchsichtiges, braunes Harz, das auf den Sundainseln durch Anschneiden des Benzoebaumes gewonnen wird. Es dient als Riechstoff und findet auch medizinische Verwendung.

Gummiharze sind natürliche Gemenge von wasserunlöslichen Harzen und wasserlöslichem Gummi. Dazu gehören a) das als gelbe Malerfarbe benutzte, giftige Gummigutt aus dem Safte eines indischen Baumes (rotgelbe Stangen), b) der abscheulich riechende Stinkasant *(Asa foetida)* aus Persien und c) die aus Arabien kommenden Räuchermittel Myrrhen und Weihrauch *(Olibanum)*.

C. Gummi

Echte Gummi sind Pflanzenausflüsse, die sich in Wasser kolloid lösen. Die Lösungen kleben.

Arabisches Gummi (Akaziengummi, *Gummi arabicum*) quillt aus der Rinde der afrikanischen Gummiakazie. Die besten Sorten (Kordofan und Senaargummi) bilden farblose bis gelbbraune, geruch- und geschmacklose Körner, die sich im Wasser klar auflösen. Sie bestehen hauptsächlich aus Arabin. Die Ware wird sorgfältig ausgelesen und in zahlreichen Güten verkauft. Senegalgummi aus Westafrika stammt von derselben Pflanze, ist aber wohlfeiler. Gummi dient als Klebstoff, als Zusatz zu Farben und Tinten und in der Appretur. Es wird viel durch das billige Dextrin ersetzt.

Tragant *(Gummi Tragacantha)* stammt vom griechischen Tragantstrauch. Es besteht aus flachen oder muschelförmigen Platten, ist hornartig, zähe, durchscheinend mattweiß, quillt in Wasser zu einem trüben, klebrigen Schleim auf, der zum Verdicken von Farben und zum Steifen feiner Gewebe dient.

D. Kautschukgruppe

Kautschuk *(Gummi elasticum*; engl.: *India rubber)* ist eine plastische Masse, die aus dem Milchsaft einiger Pflanzen, vorwiegend tropischer Wolfsmilchgewächse (Kautschukbaum, *Hevea brasiliensis*) gewonnen wird und im Handel gewöhnlich „Gummi" heißt. Bis zum Beginn des 20. Jh.s besaß Brasilien eine Monopolstellung, da die Hevea nur an den Ufern und im Mündungsgebiet des Amazonenstromes wuchs. Der Kautschuk wurde in primitiver Weise durch Gerinnenlassen des Milchsaftes (*Latex*, Mehrzahl: *Latices*) über einem rauchenden Feuer gewonnen und bestand aus sehr unreinen, schwarzen Ballen (Negro heads). 1876 gelang es Wickham Heveasamen aus Brasilien herauszuschmuggeln und in anderen tropischen Regengebieten anzubauen. Die Kautschukpflanzungen entwickelten sich in Südostasien so günstig und geben ein so viel reineres Produkt, daß die Wildkautschukgewinnung in Brasilien bedeutungslos geworden ist.

Chemisch ist Kautschuk ein hochmolekularer Kohlenwasserstoff (cis-1,4-Polyisopren).

Zur Gewinnung des Kautschuksaftes werden in die Stammrinde V-förmige Rinnen geschnitten, aus denen der Latex in Sammelgefäße fließt. Auf den Plantagen wird der Kautschuk durch Zugabe von Essig- oder Ameisensäure zum Latex ausgeflockt, auf Walzenstühlen gewaschen, zu Fellen *(sheets)* von 3 m Länge und 30 cm Breite ausgewalzt und an der Luft getrocknet *(crepe)*. Nach einem anderen Verfahren räuchert man die in Pfannen ausgeflockten und gewalzten Kuchen bis zur Trockne *(smoked sheets)*.

In der UdSSR (Ukraine, Weißruthenien) wird Kautschuk aus der löwenzahnartigen Kok-Sagis-Pflanze gewonnen. Der Anbau verläuft ähnlich wie der von Zuckerrüben. Sowohl die Wurzeln als auch die Blätter enthalten Kautschuk.

Die Naturkautschukwelterzeugung betrug 1955 1,9 Mio t (Haupterzeugungsländer: Indonesien, Malaya, Ceylon, Thailand). Das Schwergewicht des NK-Handels hat sich von London (Type: London Standards ribbed smoked sheets u. a.) nach New York verlagert (30 „RMA"-Typen). NK wird heute meist im unverpackten Zustand verladen.

Kautschuk wird in der Wärme weich und klebrig, in der Kälte spröde. Durch Vulkanisieren bleibt seine Elastizität in weiten Temperaturgrenzen erhalten. Es wird durch Einkneten von 3—15% Schwefelpulver und Erhitzen der aus dieser Masse geformten Gegenstände auf etwa 135° vorgenommen. Als Vulkanisationsbeschleuniger dienen Zinkoxyd und bestimmte organische Verbindungen. „Aktiver" Ruß verleiht den Gummiwaren besondere Festigkeit. Als Füllstoffe dienen u. a. der orangefarbene „Goldschwefel" (Antimonsulfid), Lithopone und Faktis (aus Rüböl oder Leinöl mit Schwefel oder Chlorschwefel erhaltenes kautschukähnliches Produkt), auch Regenerat (Alt-Kautschuk, dem man den Schwefel entzogen hat).

Die erhaltenen „Weichgummiwaren" sind weich und zwischen —20 und +120° gleichmäßig federnd. Durch Einverleiben von 20—35 % Schwefel werden die hornartig zähen „Hartgummiwaren" (Ebonit) erzeugt. Aus Weichgummi werden hergestellt: In größter Menge

Reifen für Fahrräder und Kraftfahrzeuge, Radiergummi (seit 1770), Bälle und Spielsachen, Fußteppiche, Kautschukschläuche, Gummischuhe, Schuhsohlen, wasserdichte Stoffe, poröse Gummischwämme, Schaumgummimatratzen, zahlreiche chemische und medizinische Geräte usw. Aus Hartgummi: elektrotechnische Gegenstände, Isolierungen [1]), Kämme, Zigarrenspitzen usw. Durch Einverleiben von Farben kann auch roter oder weißer Hartgummi erzeugt werden.

Seit dem 1. Weltkrieg wird in Deutschland, seit dem 2. in der USA und der UdSSR Synthesekautschuk (SK) hergestellt. Die Welterzeugung erreichte 1955 1,1 Mio t und steigt weiter an. Buna wird aus dem ungesättigten Kohlenwasserstoff Butadien erhalten. Durch dessen Polymerisation zusammen mit Styrol entsteht Buna S ® und mit Acrylnitril Perbunan ®. Dieses ist gegen Öl, jenes gegen Hitze beständiger als NK. Neoprene ® ist chlorhaltig und schwer brennbar. Butylkautschuk besitzt sehr geringe Gasdurchlässigkeit. Chlorkautschuk erhält man durch Einwirkung von Chlor auf NK. Er dient als Rohstoff für chemikalienbeständige Lacke, ebenso Cyklokautschuk, ein anderes Umwandlungsprodukt des NK. Kautschukähnliche synthetische Produkte auf anderer Grundlage sind Thiokoll ® und Vulkollan ®.

Guttapercha wird aus dem Milchsafte mehrerer *Palaquium*-Arten auf den Sundainseln und auf Malakka gewonnen. Die abgezapfte Milch der gefällten Bäume gerinnt zu einer schwammigen Masse, die man knetet, mit Wasser kocht und zu Blöcken oder Kuchen von 10—12 kg formt. Grüne Guttapercha wird aus den Blättern ausgezogen. Die beste Sorte, „Gutta taban“,

---

[1]) Dem Hartgummi ähnlich und auch zu Isolierungen brauchbar ist Vulkanfiber. Graue, rote oder braune Pappe wird mit warmer Chlorzinklösung behandelt, zu beliebig dicken Platten stark zusammengepreßt und getrocknet. Vulkanfiber ist hornartig zäh, gut bearbeitbar und wird viel zur Erzeugung von Koffern, Pumpenklappen, Dichtungen usw. verwendet.

kommt aus Singapore. Guttapercha hat ein blätteriges Gefüge, ist gelblich bis rötlich, in reinem Zustande weiß und durchscheinend. d etwa 0,98. Bei gewöhnlicher Wärme ist Guttapercha lederartig zäh und biegsam, bei 65° wird sie weich und bildsam, läßt sich beliebig formen und zu Fäden und dünnen Blättern ausziehen. Sie leitet die Elektrizität nicht, ist in Benzol und Terpentinöl löslich und wie Kautschuk vulkanisierbar. Guttapercha wird hauptsächlich zur Umhüllung von Untersee-Kabeln, zu Behältern für Flußsäure und Maschinentreibriemen verwendet.

Der Guttapercha ähnlich ist die **Balata,** die man aus dem Milchsafte des Kugelbaumes *(Mimusops Balata)* in Südamerika gewinnt und oft mit Kautschuk und Guttapercha verarbeitet. (Herstellung von Treibriemen und Schuhsohlen.)

V. Drogen

Droge ist ein weiter Sammelname für heilkundlich und anderweitig verwendete, gewöhnlich trockene Pflanzen- und Tierstoffe. Nur die allerwichtigsten Drogen können hier erwähnt werden.

A. Pflanzliche Drogen

Brechwurzel *(Radix Ipecacuanha)* heißen die schwarzbraunen, an einem Ende verdickten Wurzeln der südamerikanischen Pflanze *Uragoga Ipecacuanha.* Sie enthalten Emetin und andere Alkaloide, schmecken daher außerordentlich bitter und wirken brecherregend. Mit Opium und Zucker gemengt, bilden sie das „Dowersche Pulver“.

Veilchenwurzel *(Radix iridis)* sind die getrockneten, gelblichweißen Wurzelstöcke der florentinischen Schwertlilie *(Iris florentina).* Sie enthalten 0,2 % Iridin, riechen nach Veilchen und werden für Zahnpulver, Riechsäckchen und zur Herstellung von Blumendüften benützt.

Süßholz *(Radix Liquiritiae)* besteht aus den bis 1 m langen, bis 9 % Glyzyrrhizin enthaltenden Wurzeln des südeuropäischen Strauches *Glycyrrhiza glabra*. Durch Auskochen mit Wasser und Eindampfen der Lösung erhält man Bärenzucker (Lakritz, *Succus Liquiritiae*), der schwarze, brenzlich süß schmeckende Stangen bildet.

Derriswurzel *(Radix derridis)* wird in Pulverform oder als Extrakt gegen Pflanzenschädlinge und besonders gegen die Dasselfliege des Rindes angewendet. Sie stammt von ostindischen Lianenarten und enthält als wirksamen Bestandteil bis zu 6 % Rotenon.

Meerzwiebel *(Bulbus Scillae)* sind die Zwiebel einer an den Mittelmeerküsten wachsenden Lilienart *(Urginea maritima)*. Man stellt aus ihnen ein wirksames Rattengift her.

Chinarinde *(Cortex Chinae)* ist die in röhrenförmigen Stücken verkaufte Rinde mehrerer Arten des Fieberrindenbaumes *(Cinchona succirubra)*, der in Südamerika heimisch ist, aber auch auf Java und Ceylon viel gebaut wird. Die Ware ist graubraun, innen gelblich und enthält 6—11 % des wertvollen Alkaloids Chinin, des vorzüglichsten Malariamittels.

Auf dem Amsterdamer Chinarindenmarkt kommen jährlich etwa 7 kt zum Verkauf.

Bitterholz *(Lignum quassiae)*, von einigen auf den Antillen heimischen Bäumen *(Quassia amara* und *Picrasma excelsa)*, bildet oft armdicke Stücke, die mit grauer Rinde bedeckt sind. Grob zerkleinert ist es schmutzigweiß und außerordentlich bitter. Es dient als Hausmittel, als Hopfensurrogat und für Fliegenpapiere.

Wermut *(Herba Absinthii)* besteht aus den Blättern des Wermutkrautes *(Artemisia Absinthium)*. Die Blätter haben graue Härchen, enthalten Wermutöl und sind bitter und würzig. Die Droge wird zur Herstellung des Wermutlikörs, (in der BR nicht erlaubt!), Absinth und zum Vergällen von Viehsalz verwendet.

Sennesblätter *(Folia Sennae)* sind die kleinen Fiederblätter afrikanischer Cassiaarten (z. B. *Cassia angustifolia*). Sie sind eiförmig, zugespitzt, schmecken scharf und sind eines der beliebtesten Abführmittel.

Opium *(Laudanum)* bildet scheibenförmige Brote oder Kugeln von 0,1—2 kg Gewicht, die in Mohnblätter eingewickelt sind. Es ist eine braune, harzähnliche, bittere Masse, die betäubend riecht. Sie wird durch Anschneiden der unreifen Kapseln des Gartenmohnes und Sammeln des braun erstarrenden Milchsaftes gewonnen. Türkisches Opium aus Kleinasien enthält 2—20% Morphin nebst Kodein, Narkotin und anderen Alkaloiden. Aus Persien und Indien geht viel Opium nach China, wo es in besonderen Opiumpfeifen als Berauschungsmittel geraucht wird.

Opium und die aus ihm gewonnenen Alkaloide finden ausgedehnte Anwendung in der Heilkunde. Der Bekämpfung des Opium-Mißbrauches dienen das Genfer Abkommen vom 13.7.1931 und das Deutsche Opiumgesetz vom 1.12.1929.

Insektenpulver wird durch Mahlen der Blütenköpfchen mehrerer Arten von *Chrysanthemum* in Dalmatien und Persien erzeugt. Es bildet ein braungelbes Pulver von unangenehmem Geruch und enthält Stoffe, die Insekten töten, z. B. das Alkaloid Pyrethrin.

Krähenaugen (Brechnüsse, *Semen Strychni, Nux vomica*) heißen die scheibenförmigen, grauen, fein-filzig behaarten Samen eines indischen Baumes. Sie enthalten die Gifte Strychnin und Bruzin.

Bärlappmehl (Hexenmehl, *Lycopodium*) ist ein lichtes, lockeres, gelbes Pulver und besteht aus den Sporen der Bärlapppflanze *(Lycopodium clavatum)*. Unter dem Mikroskop sieht man feine, netzartig gezeichnete, abgerundet-tetraedrische Gebilde (Fig. 18 A). Es dient zum Einstauben von Pillen und zur Herstellung feinster Hautpuder. Die häufigen Fälschungen mit Kieferpollen (Fig. 18 B), Pollen des Haselnußstrauches oder mit Stärke sind mikroskopisch leicht zu erkennen.

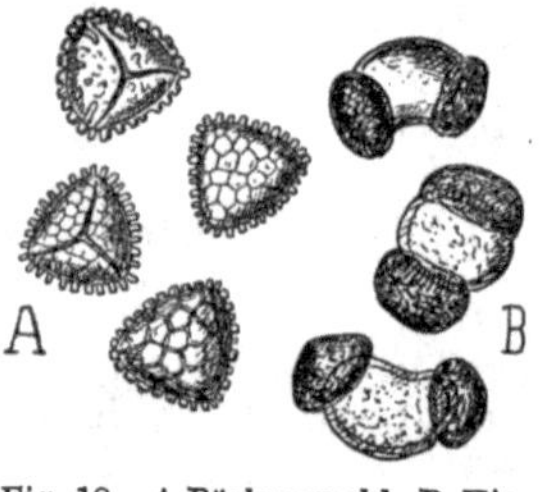

Fig. 18. A Bärlappmehl, B Kiefernpollen (187 fach vergr.).

Feuerschwamm (Wundschwamm) bildet weiche, braune, lederartig zähe Blätter, die aus dem Mittelgewebe des gemeinen Baumschwammes durch Kochen mit Sodalösung und Ausklopfen zu Lappen bereitet werden. Er diente zum Aufsaugen des Blutes bei Verwundungen und, mit Salpeter zugerichtet, zum Feuermachen mit Stahl und Feuerstein.

B. Tierische Drogen

Moschus (Bisam) ist ein von einer Drüse des männlichen Moschustieres abgesonderter, schwarzbrauner Stoff. Die kleinen, rehartigen Tiere werden in den Gebirgen von Zentralasien, besonders in Tibet, eifrig gejagt. Tonquinmoschus ist besser als russischer, karbadinischer Moschus. Er enthält Muskon, ist fast unentbehrlich bei der Parfümerzeugung, da er, selbst nur in geringer Menge angewendet, andere Gerüche verstärkt.

Zibet ist ein moschusartig riechender, brauner, salbenartiger Stoff aus einer Drüse der afrikanischen Zibetkatze, der ähnlich wie Moschus benutzt wird.

Ambra findet man in Klumpen auf dem Meere schwimmend und an den Küsten des Indischen Ozeans und ist ein angenehm riechendes Ausscheidungsprodukt des Pottwales. Er besteht aus dem Ambrafett, Harz und ätherischem Öl und wird bei der Herstellung von Blumendüften gebraucht.

Sowohl Moschus als auch Zibet und Ambra können durch künstliche Fixiermittel mehr oder weniger ersetzt werden.

VI. Organische Farb- und Gerbstoffe

A. Pflanzenfarben

Indigo, ein seit Jahrtausenden in China und Indien benutzter blauer Pflanzenfarbstoff, wird aus den Zweigen und Blättern der Indigopflanze, die zur Gattung *Indigofera* gehört, gewonnen. Durch die synthetische Herstellung wurde das Naturprodukt, durch noch echtere Blaufarbstoffe auch der synthetische Indigo fast völlig verdrängt.

Blauholz ist das wichtigste Farbholz. Es ist das Kernholz des zentralamerikanischen Baumes *Haematoxylon campechianum*, das als spitze Prügel besonders aus Westindien zu uns kommt. Es ist dunkelblutrot, schwer, hart und enthält den Farbstoff Hämatein, der sich rot in Wasser löst und gebeizte Stoffe blau oder schwarz färbt. Auch zum Färben von Messerheften dient Blauholz. Auszüge in fester Form sind im Handel.

Orleans (Bixin), aus den Samenhüllen von *Bixa orellana* gewonnen, dient zum Färben von Butter, Käse, Öl und Zuckerwaren. Das gleiche gilt für **Safran** (s. S.47). **Chlorophyll,** der Farbstoff der grünen Blätter, hat neuerdings verschiedene Anwendungen gefunden.

Weitere Pflanzenfarben sind **Rotholz, Gelbholz, Querzitron, Gelbbeeren, Orseille, Katechu, Gambir, Kurkuma.** Ihre Bedeutung ist nur mehr gering.

B. Tierische Farbstoffe

Cochenille besteht aus den getrockneten Weibchen der Scharlachschildlaus *(Coccus cacti)*, die man auf einer Kaktusart in Mexiko, Spanien und Westindien züchtet. Werden die etwa 4 mm langen, eiförmigen, flügellosen Tiere durch Ofenhitze getötet, so erhält man die graue Silbercochenille, tötet man sie mit heißem Wasser, so erhält man die wohlfeilere schwarze Ware. Auf 1 kg gehen etwa 400000 Schildläuse, daher ist Cochenille ziemlich teuer. Die Tierchen bilden halbrunde, quer geriefte, graue bis schwarze Körner. Das Pulver ist dunkelrot und färbt Spiritus und Wasser tiefrot. Es enthält den Farbstoff Karmin, der als Malerfarbe, zum Färben von Tinkturen, Nahrungsmitteln und mitunter auch von Wolle benützt wird.

Sepiabraun, braune Tusche, heißt der aus dem Tintenfisch *(Sepia offizinalis)* gewonnene braune Farbstoff, der zum Malen dient, aber nicht lichtecht ist.

C. Künstliche organische Farbstoffe

Ausgangsprodukte für die Herstellung der überaus zahlreichen synthetischen organischen Farbstoffe sind meist Bestandteile des Steinkohlenteers, z.B. Anilin, weshalb man auch von Teer-Farben oder Anilinfarben spricht. Die Farbstoffindustrie nahm von der Auffindung des Mauveins (1856) ihren Ausgang. Heute werden mehr als 3000 Farbstoffe technisch gewonnen. Sie stehen in den verschiedensten Nuancen und Echtheitsgraden für alle Anwendungsarten zur Verfügung und haben die natürlichen Farbstoffe, von denen Indigo und Krapp auch synthetisch hergestellt werden, weitgehend verdrängt. Ihrem chemischen Bau nach unterscheidet man Azo- (größte Gruppe!), Triphenylmethan-, Anthrachinon-, Indigo-, Schwefel-, Polymethin-, Phtalocyanin-Farbstoffe u. a., nach ihrem färberischen Verhalten: (I) Saure F., die mit Hilfe von Säure auf Wolle aufgebracht werden; (II) Basische F., die außer Wolle und Seide, mit Tannin gebeizte Baumwolle anfärben (nicht sehr lichtecht!); (III) Substantive F., Baumwolle direkt färbend; (IV) Beizen-F., Farblackbildung mit Metallverbindungen; (V) Küpen-F., die unlöslich sind und sich auf der Faser durch Oxydation ihrer löslichen Reduktionsprodukte, der Küpen, bilden. Sie sind meist sehr lichtecht; (VI) Entwicklungsfarben. Sie werden mit Hilfe chemischer Umsetzungen auf der Faser „entwickelt". Hierher gehören die Naphthol-AS- ® und die Rapidogenfarbstoffe ®; (VII) Reaktiv-Farbstoffe, die echte chemische Bindungen mit der Zellulose eingehen (Cibacron ® u. Procion-Farbstoffe ®); (VIII) Dispersionsfarbstoffe sind unlöslich, färben aber mit Hilfe von Dispersionsmitteln Nylon dauerhaft an. Pigmentfarben: s. Bd. I S. 80.

Die Farbstoffe werden fast stets mit Phantasienamen belegt. Bestimmte Wortstämme kennzeichnen oft die Herkunft von einer bestimmten Firma. Die den Namen nachgesetzten lateinischen Buchstaben können verschiedene Bedeutung haben. So bedeuten G, R, B, Gelb-, (Grün-), Rot-, Blaustich; S: Sulfosäure, W: für Wolle usw. Etwa 70% der Erzeugung entfallen auf schwarze Farbstoffe, 15% auf Blau, der Rest auf die übrigen Farben.

Einige wichtigere Farbstoffe nach Farbton geordnet: (I, II usw., färberische Klasse!).

Gelb: Tartrazin (I), Auramin (II), Astrazongelb (III), Indanthrengelb (V) [1]),

Orange: Orange II (I), Indanthrengoldorange G (V),

Rot: Echtrot A (I), Benzocongorot (III), Alizarinrot (VI), Indanthrenrot (V), Siriuslichtrot (III),

Violett: Methylviolett (II), Siriuslichtviolett (III),

Blau: Methylenblau (II), Patentblau (I), Alizarinsafirol (I), Indanthrenblau (V), Indigo (V), Hydronblau (V),

Grün: Alizarincyaningrün (I), Indanthrenbrillantgrün (V), Siriuslichtgrün (III),

Schwarz: Acilanschwarz (I), Schwefelschwarz (VI), Anilinschwarz (VI), Indanthrenschwarz (V).

Die Welterzeugung an künstlichen organischen Farbstoffen betrug 1950 etwa 280 kt.

D. Gerbemittel

Die in der Rotgerberei benützten Pflanzenteile heißen Gerbemittel. Sie enthalten als Gerbstoffe bezeichnete Verbindungen, die die Eigenschaft haben, die tierische Haut in Leder zu verwandeln. Alle Gerbstoffe schmecken zusammenziehend, fällen Leimlösung und geben mit Eisensalzen blaue oder grüne Färbungen. Der wichtigste Gerbstoff ist das Tannin, $C_{14}H_{10}O_9$.

---

[1]) Als Indanthrenfarben ® bezeichnet man sehr lichtechte Farbstoffe, unabhängig von ihrer chemischen Natur.

Gerberinden heißen alle gerbstoffreichen Baumrinden. In der BR wird am meisten Eichenrinde benützt. Die Rinde junger Bäume, „Spiegel-“ oder „Glanzrinde“, ist silbergrau und außen glatt, „Eichengrobrinde“ stammt von älteren Bäumen und ist geringerwertig. Getrocknete und zerkleinerte Rinde heißt Lohe und enthält 10—16% Gerbstoff. Fichtenrinde (von der Rottanne), in Österreich viel verwendet, ist rötlichbraun und am Harzgeruche kenntlich. Sie enthält 6—10% Gerbstoff. In Nordamerika gerbt man viel mit der Rinde der Hemlocktanne, der Hemlockrinde. Von den zahlreichen tropischen Gerberinden haben die Mangroverinde (von der westindischen *Rhizophora Mangle*) mit 40% und mehr Gerbstoff, die Malletrinde von dem australischen *Eucalyptus occidentalis* und die australische Mimosarinde *(Wattlebark)* besondere Wichtigkeit.

Quebrachoholz von dem Baume *Schinopsis Lorentii*, kommt in großen, rotbraunen, schweren Blöcken aus Südamerika in den Handel. Es enthält etwa 20% Gerbstoffe.

Sumach (Schmack) besteht aus den grob gemahlenen Blättern und Stielen des Gerbersumachs *(Rhus coriaria)* und bildet ein graugrünes Pulver. Beste Ware aus Sizilien.

Myrobalanen heißen die aus Südasien kommenden Früchte des Baumes *Terminalia Chebul.* Sie sind 2—5 cm lang, eiförmig mit einigen Längsrippen (Fig. 19 A), gelb bis dunkelbraun und enthalten einen sehr harten Kern. Ihr Gerbstoffgehalt beträgt bis 42%.

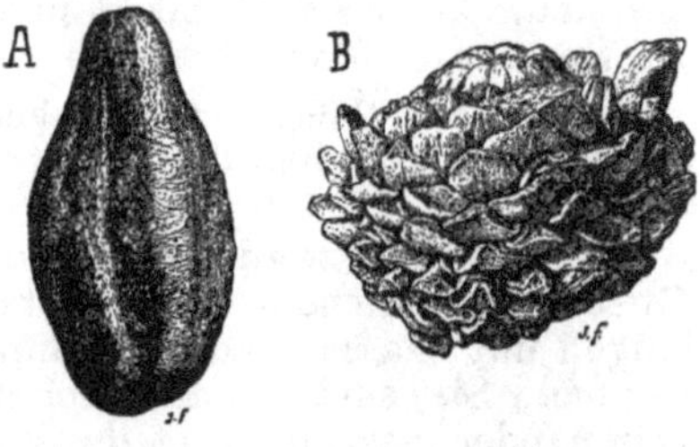

Fig. 19. A Myrobalane, B Valonea (etwas verkleinert).

An Gerbstoffen sehr reiche, zum Gerben benützte Früchte sind **Dividivi**, schneckenförmig gekrümmte Hülsenfrüchte der amerikanischen *Caesalpinia coriaria* (mit etwa 40 % Gerbstoff), und Bablah, zerkleinerte Hülsenfrüchte von *Acacia arabica* aus Ostindien. Canaigre sind die gerbstoffreichen Wurzelknollen einer Sauerampferart Nordamerikas.

Valonea (Ackerdoppen) sind die großen Fruchtbecher der kleinasiatischen Eiche *(Quercus Valonea)*. Die Becher (3—5 cm Durchmesser) sind gelblichgrau und tragen derbe, holzige Schuppen; öfters umschließen sie noch die Frucht (Fig. 19 B). Gerbstoffgehalt im Mittel 30 %. Wichtigste Handelssorte kleinasiatische aus Smyrna. Die ausgelösten Valonea-Eicheln kommen für sich in den Handel. Die abgelösten Schuppen der Fruchtbecher heißen „Drillo".

Knoppern sind die knorrigen Auswüchse an den Bechern der Stieleiche. Sie entstehen durch den Stich der Bechergallwespe, sind graugelb bis braun und kommen besonders aus Ungarn und Slavonien.

Galläpfel sind rundliche Gebilde (15—20 mm, mit kleinen stumpfen Höckern), die an den Zweigen der Galläpfeleiche infolge eines Gallwespenstiches entstehen. Sie enthalten bis 60 % Gerbstoff. Gute Ware wird vor dem Ausfliegen des Insektes gesammelt, weist also keine Löcher auf. Die Aleppo- oder türkischen und die Smyrna-Galläpfel sind die besten.

Chinesische Gallen sind höckerige, graubraune, mit feinen Härchen bedeckte, hohle Gebilde mit bis 70 % Gerbstoff. Sie stammen von einer chinesischen Sumachart.

Gerbeextrakte werden aus Gerbemitteln, z. B. aus Quebracho-, Eichen- und Kastanienholz, durch Auslaugen mit Wasser und Eindampfen der Lösungen gewonnen. Sie sind braune, scharf riechende Flüssigkeiten oder harzähnliche, dunkelbraune Brocken mit bis 90 % Gerbstoffgehalt. Mit Natriumbisulfit aufgeschlossene sulfitierte Extrakte sind schon in kaltem Wasser löslich und geben helleres Leder. Fichtenrinde liefert sulfitierend extrahiert 15—20 % Gerbstoff.

Künstliche Gerbstoffe. Während die ersten synthetisch hergestellten Produkte, die einfachen Tanigane ®, nur als Hilfs- und Kombinationsgerbstoffe verwendet werden konnten, sind die heutigen, als „Tanigane Extra“ ® bezeichneten vollwertige Austausch-Gerbstoffe. Die Tanigan-Supra ®-Marken geben Qualitätsleder, z. B. lichtechte weiße Sorten, die man mit Naturgerbstoffen nicht erhalten kann.

VII. Holz

„Holz“ im technischen Sinn sind die entrindeten Stämme und Äste der Bäume und Sträucher. Festigkeit, Zähigkeit, Dauerhaftigkeit und gute Bearbeitbarkeit sind seine begehrtesten Eigenschaften.

Holz ist der wichtigste Rohstoff der belebten Natur und der Menge nach die wichtigste Ware neben der Kohle. Der Holzverbrauch der Welt wird auf 1,2 Mia fm (1 fm = 1 m^3 Holzmasse) jährlich geschätzt. Etwa 50% werden verheizt, 33% für Bauzwecke verwendet. Als Holzlieferanten besonders wichtig sind Finnland, dessen Holzausfuhr 90% der Gesamtausfuhr ausmacht, und Schweden. Auch in der österreichischen Handelsbilanz ist das Holz der größte Aktivposten. Wichtige Holzländer sind ferner Polen, die UdSSR, die Tschechoslowakei und Frankreich. Große Mengen Bau- und Nutzholz werden auch aus Westafrika eingeführt. Der Holzertrag der BR betrug 1955 29 Mio fm.

1938 entfielen in Deutschland auf Kiefer 42,7%, Fichte 24,6% (in Österreich 56,8%), Tanne 2,5, Rotbuche 13,2, Eiche 5,3, Birke u. a. 11%; der Verwendung nach auf Bauholz 28, Grubenholz 6, Masten 0,4, Schwellen 1, Schreinerholz 6, Furniere 0,5, Papierholz 8, Brennholz und Meilerholz 50%.

Das **Holz** ist der Hauptbestandteil des Stammes der Holzgewächse und wird botanisch als „Holz- oder Gefäßteil“ des Gefäßbündelgewebes bezeichnet. Unter der Rinde liegt eine zarte Gewebeschicht, das Kambium, das vom Frühling bis zum Herbst neue Zellen schafft, nach innen Holz, nach außen Bast erzeugt und dadurch das Wachstum bewirkt. Der jährliche Zuwachs des Holzkörpers ist an unseren Nadel- und Laubhölzern deutlich zu sehen und verursacht den eigentümlichen Bau des Holzes. Dieser läßt sich sehr gut an einem keilförmig aus dem Stamme geschnittenen Holzstücke erkennen (Fig. 20).

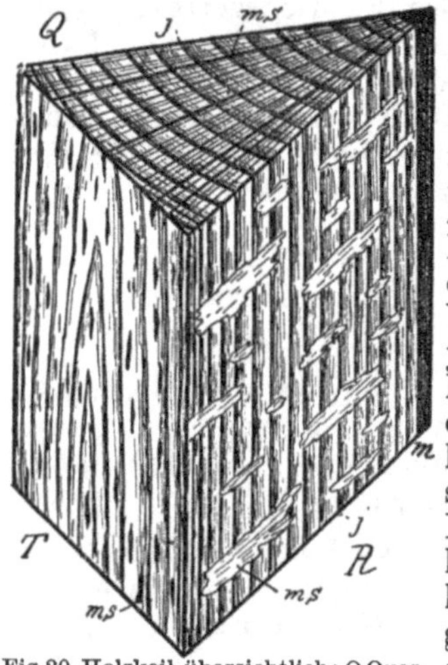

Fig. 20. Holzkeil, übersichtlich; Q Quer-, R Radikal-, T Tangentialschnitt; j Jahresringe, ms Markstrahlen, m Mark.

Der senkrecht zur Achse geführte Schnitt (Q) heißt „Quer-“ oder „Hirnschnitt“, von den beiden Längsschnitten wird der nach dem Halbmesser geführte „Radial-“ oder „Spiegelschnitt“ (R), der dazu senkrechte „Tangential“ oder „Fladerschnitt“ (T) genannt. Auf dem Querschnitte des ganzen Stammes lassen sich konzentrische Ringe, die Jahresringe (j), deutlich erkennen. Jeder von ihnen entspricht dem Zuwachs des Holzkörpers in einem Jahre und besteht aus einem hellen, weichen Innenteil, dem Frühlingsholz, das nach außen zu allmählich in das dunkler gefärbte, harte Herbstholz übergeht. Ferner sieht man mit freiem Auge oder unter der Lupe zahlreiche, strahlig nach außen verlaufende Linien, die Markstrahlen (ms). Auf dem Radialschnitte erscheinen die Jahresringe als parallel zur Achse laufende Streifen, die Markstrahlen als senkrecht dazu verlaufende glänzende Bänder, „Spiegelstrahlen". Im Tangentialschnitte hingegen sieht man die Markstrahlen als kurze, meist dunkle Längsstrichelchen, während die Jahresringe teils parallele Streifen, teils aber gestreifte Hyperbeln oder Wellenlinien bilden, die vielen Hölzern ein kennzeichnendes Aussehen, den Flader, Maser, verleihen. An manchen Laubhölzern erkennt man auf dem Querschnitt viele kleine Poren, botanisch weite Röhren oder „Gefäße". Sie sind entweder nur im Frühlingsholz sichtbar, also in konzentrischen Ringen geordnet (ringporige Hölzer) oder unregelmäßig über die ganze Fläche verteilt (zerstreutporige Hölzer). Das Aussehen der drei Schnittflächen ermöglicht die Unterscheidung der Holzarten, in vielen Fällen muß jedoch eine mikroskopische Untersuchung entscheiden.

Hölzer, die durchwegs hell und weich sind, heißen Splinthölzer, z. B. Birke, Zitterpappel. Bei vielen Bäumen umgibt ein heller, äußerer Teil, der Splint, das innere, dunkel gefärbte Kernholz: Eiche, Nußbaum. Kernholz wird vom Tischler sehr geschätzt. Nach seiner Bearbeitbarkeit unterscheidet man weiches, z. B. Nadelhölzer, Linde, und hartes Holz: Eiche, Esche. Die Dichte unserer Hölzer geht von 0,5 (Lindenholz) bis 0,9 (Eichenholz). Am leichtesten ist das ausländische Balsaholz (d etwa 0,15), am schwersten das Guajakholz (d bis 1,4). Der Handel gibt das Gewicht von 1 fm Holz an. Es beträgt bei Nadelholz 400—600, bei Eichenholz bis 900 kg.

Die Dauerhaftigkeit des Holzes wird durch verschiedene *Konservierungsverfahren* erhöht: Trocknen an der Luft, Imprägnieren mit Quecksilberchlorid („Kyanisieren"), Basilit, Wolmansalz (Gemisch von Fluor-, Chrom-, Arsen-, Phenolverbindungen), Karbolineum (Steinkohlenteeröl). — Durch Behandlung mit Ammonsalzen (Ammoniumbromid, Ammoniumborat) oder Wasserglas wird das Holz flammsicher.

Das gefällte Holz heißt Rundholz, das im Sägewerk zersägte Schnittholz. Nach der Holzmeßanweisung („Homa") unterscheidet man Derbholz

(⌀ mit Rinde > 7 cm), *Reisig* (⌀ am schwächeren Ende < 7 cm), *Langnutzholz* (⌀ 14 cm) ohne Rinde, *Brennholz* und die Güteklassen: A gesund, fehlerfrei, B gesund, unwesentliche Fehler, C stark ästig, abholzig, drehwüchsig, D krank. *Schnittholz* wird nach den Gütebestimmungen von 1947 in die Zifferngüteklassen 0—IV eingeteilt. *Bretter* sind bis 40 mm stark, *Bohlen* > 40 mm. Für die Güte maßgebend sind Farbe, Äste, Harzgallen, Risse, Baumkanten, Maßhaltigkeit und Trockenheit.

Ausländische Hölzer, ferner Holzwolle, hölzerne Schuhnägel usw. werden nach ihrem Gewichte, Brennholz nach seinem Raummaße verkauft. (Ein Raummeter ist ein Stoß Holzscheite von 1 m Länge und 1 m Höhe.) Furniere werden nach Flächenmaß, Schindeln usw. nach Stückzahl gehandelt.

Sperrholzplatten (Tischlerplatten) werden durch kreuzweises Verleimen von Furnieren mit jeweils aufeinander senkrechter Faserrichtung gewonnen. Sie sind formbeständig, verziehen sich nicht und reißen nicht.

Holzspanplatten bestehen aus verleimten Holzspänen. In den *Leichtbauplatten* (z.B. Heraklith ®) ist Holzwolle mit Magnesiazement verkittet. — *Holzfaserplatten* werden aus Holzabfällen nach den Grundverfahren der Papierfabrikation hergestellt. *Preßvollholz* (z.B. Lignostone ®) ist stark gestaucht und imprägniert.

Durch die Verarbeitung erfährt das Holz eine beträchtliche Wertsteigerung. Nimmt man den Wert des Eichen-Ganzholzes mit 1 an, so ist der Wert des Schnittholzes 1,5, von Parkettfriesen 2,5, von Möbeln 6—10, von Furnieren 100.

Nadelhölzer. Die meisten sind hellfarbig, haben breite Jahresringe, zeigen auf dem Querschnitte keine Poren und sind weich und gut spaltbar. **Tannen-**, **Fichten-** und **Kiefernholz** sind die wichtigsten und dienen als Brenn- und Bauholz, für Tischlerarbeiten, Schindeln usw. Das **Zirbelholz,** das von der südtirolischen Arve stammt und sich durch dunkle Astfiguren auszeichnet, ist als Möbelholz beliebt. Das rotbraune, harzreiche **Lärchenholz** ist ein wertvolles Schiffsbauholz und dient auch zur Herstellung des Holzstöckelpflasters. **Wacholder-** und **Eibenholz** sind braun, wohlriechend und bei den Holzschnitzern beliebt. **Pitchpine** ist das harzreiche Holz einer afrikanischen Kiefer. Die westafrikanische **Limbafichte** dient als Furnierholz, ebenso **Abachi.**

Einheimische Laubhölzer sind vorwiegend harte Hölzer mit deutlichen Poren auf dem Querschnitte und von sehr verschiedener Beschaffenheit. Zu ihnen zählen das gelbliche bis graubraune, ringporige **Eichenholz,** hart und dauerhaft, für Eisenbahnschwellen, Faßdauben (besonders slawonische und galizische Eichenhölzer), Parketten und Möbeln; das **Rotbuchenholz,** hellrötlichbraun mit deutlichen Markstrahlenlinien auf dem Tangentialschnitte, ist dicht, hart und biegsam. Es dient als „hartes Brennholz", zur Erzeugung der „gebogenen (Bugholz-)Möbel" und für Spielzeug und Hausgeräte; das dunkelgraubraune **Nußholz,** mit schönem Flader, läßt sich vorzüglich polieren und wird daher zur Möbelerzeugung verwendet. **Eschenholz** ist lichtgelb, zeigt auf dem Querschnitte sehr deutliche Porenringe und wird wegen seiner großen Zähigkeit für Wagnerarbeiten, Turn- und Sportgeräte und Werkzeuge verwendet. Das weiße, gleichmäßig harte und glänzende **Ahornholz** dient zur Herstellung von Möbeln, Küchengeräten, Musikinstrumenten usw. Es wird häufig zur Nachahmung von edlen Hölzern gefärbt. **Lindenholz** ist weiß, weich und leicht und wird besonders vom Holzschnitzer und Stellmacher verarbeitet.

Aus dem gelben, harten, gleichmäßigen **Buchsholz** schneidet man Druckstöcke. Das schwer verbrennliche, rotbraune Wurzelholz der französischen Baumheide dient als **Bruyèreholz** zur Anfertigung der englischen Pfeifen.

Tropische Nutzhölzer besitzen meist keine deutlichen Jahresringe, da sie während des ganzen Jahres wachsen.

Zu ihnen gehören zahlreiche, durch schöne, dunkle Farbe und Zeichnung, durch Härte und Schwere ausgezeichnete Zierhölzer des Kunsttischlers. Die wichtigsten sind: das schwarze, sehr harte **Ebenholz** von *Diospyrus*-Arten aus Afrika und Vorderindien. (Schwarz gefärbtes Ahornholz ist leichter.) Das rotbraune **Mahagoniholz** von *Swietenia Mahagoni* kommt aus Westindien und Honduras, das ähnliche **Jarrah-** und **Karriholz** von *Eucalyptus*-Arten aus Australien. Das violettbraune, dunkel gebänderte **Palisanderholz** von *Jacaranda*-Arten liefert Brasilien. Das sehr harte und schwere rote **Teakholz** von *Tectona grandis* aus Ostindien ist ein sehr geschätztes Schiffsbauholz. Das dunkelgrünlichbraune, schwere und harzreiche **Guajak-** oder **Pockholz** von *Guajacum officinale*, auch *Lignum sanctum* genannt, stammt aus Westindien, ist metallhart, nicht spaltbar und wird zu Kegelkugeln und Maschinenbestandteilen verarbeitet.

Makoré, das rotbraune tropische Hartholz des westafrikanischen Baumes *Mimusops Heckelii* findet Verwendung im Möbelbau und als Parkett.

Palmholz liefern verschiedene Palmen. Es weicht botanisch in seinem Bau ganz von den übrigen Hölzern ab, denn es enthält zähe Gefäßbündel, verteilt im weichen Gewebe des Stammes. Das gewöhnliche, dunkelbraune **Palmholz** stammt von der Kokospalme. **Spanisches Rohr** (Stuhlrohr, Rotang, Rattan) heißen die geschälten, dünnen Stämme verschiedener Klimmpalmen *(Calamus)* der Sundainseln. Es kommt, 5 bis 50 mm stark, in etwa 6 m langen Stücken zu Bündeln zusammengebogen, aus Singapore in den Handel. Rotang dient zur Herstellung von Peitschen und Spazierstöcken, in dünnen Streifen als „Stuhlrohr" zum Einflechten von Sitzmöbeln usw. Peddigrohr stammt aus dem Mark von Klimmpalmen.

Anhang: **Kork** ist die Außenrinde der Korkeiche *(Quercus suber)*, die in Spanien, Portugal und Italien gepflanzt wird. (Welternte etwa 300 kt.) Die erste, sehr rissige Rinde wird im 15. Jahre des Baumes abgeschält und heißt wilder Kork. Nun bildet sich „guter Kork", den man nach je 10 Jahren abschält. Man erhält 3—5cm dicke Platten, die man mit Draht zu großen Ballen bindet. Der andalusische Kork aus Spanien ist der beste. — Kork ist weich, federnd, für Wasser und Luft undurchdringlich und sehr leicht. d = 0,12—0,25. Guter Kork hat keine harten Stellen und keine großen Löcher. Der meiste Kork wird zum Schneiden von Flaschenkorken verwendet, auch Einlagesohlen, Schwimmgürtel usw. werden aus ihm hergestellt.

Kunstkork (Suberit) ist ein Ersatz für Flaschenkork und andere Korkerzeugnisse. Man stellt ihn her, indem man Korkklein mit einem Bindemittel zusammenpreßt. Auf ähnliche Weise erzeugt man Korksteine für Isolierungen gegen Kälte, Wärme und Schall. Linoleum ist ein Korkteppich; es hat eine Unterlage von grober Juteleinwand, auf der ein Gemenge von feinem Korkpulver, oxydiertem Leinöl (Linoxyn) und Harzen in dicker Schichte warm aufgepreßt wurde. Die geglättete Oberfläche wird mit Ölfarben bemustert. Durch die Masse in Mustern gefärbtes Inlaid-Linoleum ist besonders haltbar. Linoleum ist ein hygienisch wertvoller Bodenbelag.

In noch größeren Mengen als Linoleum werden die als Feltbase bezeichneten Produkte hergestellt, bei denen eine Bitumenfilzpappe die Unterlage bildet. Diese wird mit einem Isolieranstrich versehen und dann bedruckt (Balatum ®, Stragula ®, Bedola ®). Sie sind wohlfeil und relativ gut haltbar.

VIII. Faserstoffe und Erzeugnisse daraus

Faserstoffe oder Textilfasern nennt man alle spinnbaren Erzeugnisse. Sie müssen eine gewisse Länge, Festigkeit und Geschmeidigkeit haben. Man unterscheidet sie in mineralische, pflanzliche, tierische und künstliche Fasern. Die Pflanzenfasern sind auch Papierrohstoffe.

A. Pflanzenfasern

Baumwolle (englisch *cotton*) heißen die weißlichen, weichen Samenhaare der Baumwollstauden (*Gossypium*-Arten) aus der Familie der Malvengewächse. In Indien, Ägypten und Kleinasien wird die in Asien heimische krautartige Baumwolle *(Gossypium herbaceum)* gepflanzt. Die einjährige, bis 2 m hohe Staude trägt 3—7-lappige Blätter und einzeln stehende, gelbe bis rote Blüten. Aus ihnen entwickeln sich nuß- bis apfelgroße Kapselfrüchte mit zahlreichen Samen, von denen jeder ringsum mit Haaren, der Baumwolle, bedeckt ist. Beim Aufspringen der Kapsel quillt die Baumwolle heraus. In Nordamerika und Westindien wird vorwiegend die rauhe Baumwolle *(Gossypium hirsutum)*, in Westindien auch die Barbadosbaumwolle *(Gossypium barbadense)* angebaut, ein bis 3 m hoher Strauch, dessen Baumwolle sehr lang, fein und seidig glänzend ist; von ihm stammt die feinste Sea-Island-Baumwolle.

Zur Erntezeit, die in Amerika von August bis zum September währt, wird die Baumwolle aus den aufspringenden Kapseln von Hand gepflückt oder durch Abstreifen mit rechenartigen Schlitten oder Absaugen gewonnen und in den Erntehäusern getrocknet. Die erhaltene „Samen-“ oder „Rohbaumwolle“ kommt in die Egreniermaschine, welche die Haare von den Samen losreißt und etwas reinigt. Man erhält etwa ein Drittel an gereinigter (entkörnter) egrenierter Baumwolle *(cotton ginned)* und zwei Drittel Samen. Diese dienen zur Gewinnung des Baumwollsamenöles. Die als Nebenprodukt erhaltenen kurzen Fasern heißen Linters.

Die Baumwolle wird sortiert, mit Spindel- oder hydraulischen Pressen zusammengepreßt und in Juteleinwand verpackt. Die erhaltenen vierseitig prismatischen Ballen etwa 70 × 60 × 100 cm werden mit Eisenbändern oder Stricken gesichert. Die in neuerer Zeit in den Handel kommenden zylindrischen Ballen (Lowry- und Roundbales) sind aus fest gewickelter

Watte gebildet. Gewöhnliche amerikanische Baumwollballen wiegen 230 kg, ostindische 180 kg, ägyptische 330 kg.

Die USA-Statistiken nennen neben den „Running Bales" von stark schwankendem Gewicht auch die auf 500 lbs bezogenen Ballenzahlen.

Gute Baumwolle ist weiß bis gelblich, weich und geschmeidig. Sie soll möglichst rein, frei von Kapsel- und Blattresten und von Staub sein. Die einzelne Faser ist 1—5 cm lang. Die durchschnittliche Länge, der Stapel, wird an einem Büschel der Ware geprüft, das man mit den Fingern mehrmals auseinanderzieht und wieder zusammenlegt, bis man eine Art Bärtchen bekommt. Ware von 1—2,5 cm heißt kurzstapelig, bis 3,5 mittel, über 3,5—5 cm langstapelig. Die Faserfeinheit liegt zwischen 12 und 20 μ.

Unter dem Mikroskop erscheint die Faser bandförmig, also etwas flachgedrückt, und zeigt schraubenartige Windungen (Fig. 21 d); sie ist eine einfache, von einem ziemlich breiten Hohlraume (Lumen l) durchzogene Zelle, die auf einer Seite als Spitze (e) endet, während das andere Ende infolge der Gewinnung abgerissen ist. Die Faser besteht aus fast reiner Zellulose, Zellstoff $(C_6H_{10}O_5)_n$, ist in Wasser oder Spiritus unlöslich, von Kupferoxydammoniak[1]) wird sie gelöst.

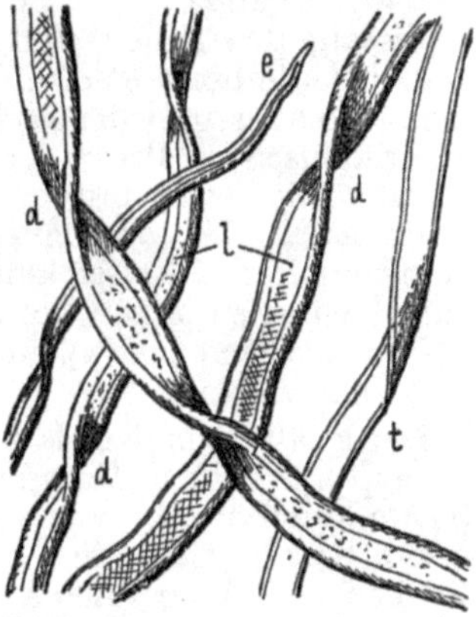

Fig. 21. Baumwolle (200fach vergr.); d Drehungsstellen, l Lumen, e Spitze, t tote Faser.

Unter dem Mikroskop bemerkt man nach Zusatz dieses Stoffes, daß die Fasern tonnenförmig aufquellen, ver-

[1]) Auflösung von Kupferoxyd oder Kupferkarbonat in Ammoniak (Salmiakgeist), eine dunkelblaue Flüssigkeit.

schwimmen und sich lösen. Das B.-Haar ist von einer Haut, der Kutikula, überzogen. Diese Haut platzt beim Quellen und ist in ihren Resten mikroskopisch sichtbar. Ein Feuchtigkeitsgehalt von 8,5% ist handelsüblich.

Die Baumwollernte betrug 1955 (ohne UdSSR) 7,6 Mio t. An erster Stelle stehen die USA mit 3,2 Mio t. Die UdSSR ist durch ausgedehnte Pflanzungen in dem Tieflande von Turan zwischen dem Kaspischen Meer und dem Balkaschsee an die zweite Stelle unter den baumwollpflanzenden Ländern vorgerückt.

Weiter ernteten (in kt) China 760, Indien 711, Mexiko 466, Brasilien 428, Ägypten 334, Pakistan 297, die Türkei 157.

Die BR führte 1956 rund ⅔ ihres Bedarfes aus Nord- und Südamerika ein, der Rest verteilte sich auf Ägypten, Sudan, Uganda, UdSSR, Belgisch-Kongo, Indien, Pakistan, die Türkei und Syrien. Die feinste Baumwolle ist die nordamerikanische „Sea-Island", die aber mengenmäßig unbedeutend ist. Die wichtigsten nordamerikanischen „Provenienzen" sind Memphis, Orleans, Texas, die wichtigsten ägyptischen Karnak und Ashmouni. Die oberägyptische Makobaumwolle ist gelblich gefärbt. Indien läßt nur Baumwolle unter 13/16″ zum Export zu, z.B. Oomra Desi, Dhollerah. Russische Qualitäten sind Pervyj und Otbornyj, die bekannteste türkische Acala.

Der größte Handelsplatz ist New York. Notierungen in cts/lb. Amtliche Universal-Standards mit 9 Klassen (Grundqualitäten), von denen hauptsächlich goodmiddling, strictmiddling, middling u. strictlowmiddling Bedeutung haben. Bei anderen als US-Provenienzen werden 2 bis 4% abgeschlagen.

Weitere Börsen: Liverpool, Alexandrien (Tallari je Kantar), Gent und seit 1956 wieder Bremen. Notierung dort in DM/kg auf Basis US-strictmiddling $1^1/_{16}$″ (= 2,7 cm). Der technische Faserwert (Feinheit) wird in „Micronaire" (= Mikrogramm/inch) ausgedrückt (nichts unter 3,5), die Reißfestigkeit in „Pressley" (1000 lbs/inch; nichts unter 75000).

Kapok heißen die bräunlichen, weichen, seidenglänzenden Samenhaare des ostindischen Wollbaumes *(Eriodendron anfractuosum)*. Sie sind schlecht spinnbar, dienen zum Füllen von weichen Kissen und, da sie außerordentlich tragfähig sind, zur Anfertigung von Schwimmgürteln.

Flachs, Lein, besteht aus den Bastfasern der Leinpflanze *(Linum usitatissimum)*. Man unterscheidet Faserleine und Ölleine. Die Pflanze wird bis 1 m hoch, hat schmale Blätter und blaue Blüten, aus denen erbsengroße Kapselfrüchte entstehen. Feuchte Länder der gemäßigten Zone sind die besten Anbaugebiete. Die reifen Flachsstengel rauft man aus, läßt sie etwas trocknen und riffelt die Früchte ab. Das erhaltene Flachsstroh röstet man, damit sich die Bastfasern gut loslösen lassen. In den Bergen legt man das Flachsstroh einige Wochen auf dem Felde aus (Tauröste), im Flachlande versenkt man es einige Zeit ins Wasser. Diese Wasserröste wurde als Kaltwasserröste besonders in dem belgischen Flüßchen Lys betrieben. Heute ist sie durch die Warmwasserröste (28—35°) verdrängt.

Das geröstete Flachsstroh wird scharf getrocknet und mit besonderen Vorrichtungen geknickt, gebrochen. Die zerbrochenen Rinden und Holzteile (Schäben) werden durch das Schwingen abgestreift und der so erhaltene Flachs schließlich sorgfältig ausgekämmt, gehechelt, wobei man den Reinflachs und das Werg, die Hede, erhält. Es ist auch möglich, den Flachs ohne Rösten rein mechanisch zu entholzen: „Grünflachs". Durch chemischen Aufschluß kann Flachs in verspinnbare Teilbündel (Flockenbast) oder in baumwollähnliche Elementarfasern zerlegt werden (Kottonisierung). Diese Erzeugnisse werden meist zusammen mit Baumwolle verarbeitet.

Der Reinflachs bildet Bündel von 40—100 cm Länge, die zu Zöpfen, Risten, gebunden, nach Güte gesondert und in Ballen verpackt werden. Das Werg besteht aus verworrenen Fasern und dient zur Herstellung minderer Garne, Towgarne.

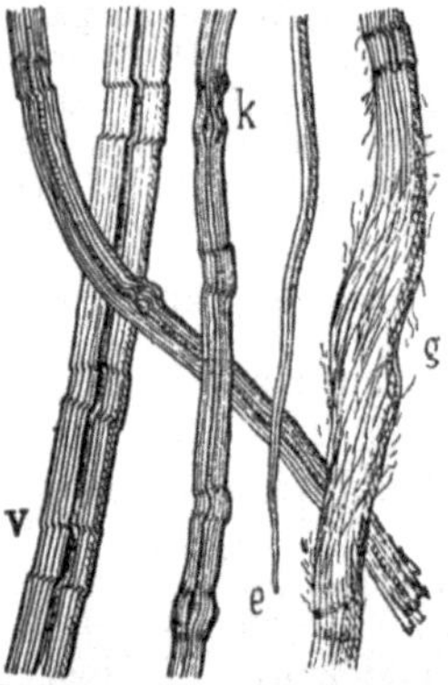

Fig. 22. Flachsfasern (200fach vergrößert), v Verschiebungs-, k Knickungsstelle, e Spitze, g beschädigte Faser aus Garn.

Gute Ware ist hellblond bis grau, weich, zart und geschmeidig, sehr haltbar und fest. Jede Reinflachsfaser bildet, unter dem Mikroskop gesehen, ein Fasernbündel aus 20—40 mm langen Bastfaserzellen. Diese (Fig. 22) sind 12—30 μ breit, sehr dickwandig mit engem Lumen und endigen in feinen Spitzen (e). Flachs besteht aus fast reinem Zellstoff.

Im Handel wird unterschieden: Russischer Flachs, langfaserig, fest, aber nicht sehr fein, Deutscher (Sachsen, Thüringen), Österreichischer aus den Alpenländern. Besten Flachs, für die feinsten Leinwanden und Spitzen, ernten Belgien, Holland und Irland.

Hanf sind die Bastfasern der Hanfpflanze *(Cannabis sativa)*, die in der gemäßigten Zone gedeiht, jedoch ein wärmeres Klima als der Flachs verlangt. Das Gewächs ist zweihäusig, die zarteren, staubblütentragenden Pflanzen liefern den feinen „Sommerhanf“, die bis 3 m hohen Stempelpflanzen den „Winterhanf“ („Bästling“) und die Hanfsamen. Die Hanffasern werden wie die Flachsfasern gewonnen. Unreine, nicht gehechelte Ware heißt „Basthanf“, gute „Reinhanf“. Dieser wird in feinen „Spinnhanf“ und groben „Schusterhanf“ unterschieden. Aus beiden werden feste Gewebe und besonders Seile erzeugt. Hanfwerg, das beim Hecheln abfällt, wird für Bindfaden und zum Putzen von Maschinen usw. benützt.

Hanf ähnelt dem Flachs, ist aber länger und riecht eigentümlich.

Mikroskopisch ist es nur durch die größere Breite des Lumens und die stumpfen, öfters gabelig geteilten Enden der Zellen kenntlich, auch enthält er neben Zellstoff etwas Holzstoff (Lignin)[1].

Hauptanbaugebiete sind die UdSSR, Italien und Jugoslawien. Der italienische Hanf, der besonders aus Bologna kommt, ist der feinste.

Jute (Kalkuttahanf) wird aus den Stengeln der indischen Jutepflanze (*Corchorus*-Arten) gewonnen und kommt in Ballen in den Handel. Jute besteht aus 1—3 m langen, gelblichen bis braungrauen, glänzenden Fasern, ist weniger fest als Flachs und Hanf, stark verholzt und wird im Sonnenlichte braun und brüchig. Jute kommt in großen Mengen aus Pakistan und Indien über Kalkutta, und ist der wichtigste Rohstoff für Sack- und Packleinwand. Die Preise werden in £ für 1 engl. Tonne angegeben. Feine Jute dient zur Erzeugung von Teppichen und Stoffen. Die Jute-Ausfuhr Pakistans betrug 1955 932 kt.

Nach der Art der Jutespinnerei verarbeitete Zellwolle vermag Jute gut zu ersetzen („Zelljute") und besitzt dieser gegenüber sogar verschiedene Vorteile.

Kenaf (Gambohanf) aus dem indischen Hanfeibisch und Sunnhanf von *Crotalaria juncea* sind der Jute ähnlich und werden wie sie verwendet.

Ramie (Chinagras) stammt aus den Stengeln der Weißen Nessel *(Boehmeria nivea)*, die besonders in China, Japan, Sumatra und Westindien wächst. Die Fasern sind rein weiß, seidenglänzend, weich, überaus fest und bestehen aus reinem Zellstoff. Ramiegarn wird u. a. zu technischen- und Nähzwirnen verarbeitet.

Manilahanf (Abacá) wird aus den bis 6 m hohen, fleischigen Stämmen der Weberbanane *(Musa textilis)* auf den

1) Nachweis von Holzstoff: Rotfärbung mit Phlorogluzin und Salzsäure.

Philippinen gewonnen. Er bildet gelblichweiße, glänzende, 2—4 m lange Fasern und dient wegen seiner Festigkeit und Leichtigkeit zur Erzeugung von Schiffstauen, Gletscherseilen usw. Auch Hüte und Teppiche werden aus ihm verfertigt. **Pita-** und **Sisalhanf** (Aloehanf) in Mexiko und Ostafrika (Tanganjika) aus den dickfleischigen Blättern mehrerer *Agave*-Arten (fälschlich „Aloe" genannt) bereitet, werden wie Manilahanf verwendet. Sie heißen im Handel auch „Fibris" und werden für Bürsten, in Amerika für Säcke benützt. Aus **Neuseeländischem Flachs,** aus den Blättern der Flachslilie *(Phormium tenax)*, werden Seile gedreht.

Kokosfasern (Coïr) heißen die 20—30 cm langen, derben, braunen Fasern aus der Hülle der Kokosnüsse. Sie werden besonders auf Ceylon, auf den Sunda- und den Südseeinseln gewonnen. Dauerhafte, braune Laufteppiche, Fußabstreifer, Bindfaden für Gärtner, Bürsten usw. werden daraus verfertigt. — Für starke Bürsten und Besen werden gerne die 1—2 mm dicken, braunschwarzen, federnden Fasern aus den Blattstielen einiger südamerikanischer und afrikanischer Palmen (*Attalea* und *Raphia*-Arten) als Piassave verwendet.

Crin végétal *(Crin d'Afrique)* ist eine statt Roßhaar benützte, billige Polsterfüllung, die aus den Blättern der Zwergpalme *(Chamaerops humilis)* gewonnen wird. Das in gleicher Weise benützte **Seegras,** grünliche, heuartig riechende Fasern, besteht aus den dünnen Stengeln und Blättern eines Riedgrases. Das an den Nord- und Ostseeküsten gesammelte **echte Seegras** besteht aus den bandförmigen Blättern einer Meerespflanze *(Zostera marina)* und dient zum Verpacken zerbrechlicher Waren.

Esparto (Halfa) heißen die drahtförmigen, glatten Blätter des Espartograses *(Stipa tenacissima)*, das in großen Mengen aus Spanien und Algier ausgeführt wird und als Einlage der Virginiazigarren, zu Flechtarbeiten und (besonders in England) als Rohstoff für die Papiererzeugung dient.

B. Tierische Fasern

Schafwolle. Wolle besteht aus den Haaren mehrerer Spielarten des Hausschafes *(Ovis aries)*. Die edlen oder spanischen Merinoschafe und die von ihnen durch Kreuzung erhaltenen Rassen (Negretti-, Eskurial-, Elektoral-, Rambouilletrasse u. a.) liefern die feinste Wolle. Schert man die Schafe einmal im Jahre, so erhält man die einschurige, schert man sie zweimal, die zweischurige Wolle. Manchmal werden die Tiere vor dem Scheren gewaschen, Pelz- oder Rückenwäsche. Die gründliche Reinigung der Wolle bewirkt die Fabrikwäsche. Der anhängende Wollschweiß beträgt 30—60% des Rohwollgewichtes und besteht aus Schmutz, Kaliumsalzen, anderen Verunreinigungen und dem wertvollen Wollfett.

Für die Beurteilung der Wolle sind besonders ihre Feinheit, ihre Treue (Gleichmäßigkeit) und ihr welliger Verlauf (Kräuselung) maßgebend. Je feiner die Wolle, desto reichlicher die Kräuselung, die durch die Anzahl von Kräuselbogen auf 1 cm Haarlänge angegeben wird. Feinste Wolle *(Super Super Elekta)* hat 18 μ ⌀ und 12 Bogen auf 1 cm, dann folgen die Sorten *Super Elekta*, *Prima* usw. bis *Sexta* mit 60 μ ⌀ und 1 Kräuselbogen. Nach der Länge der Haare wird „kurzstapelige" von 2,5—4 cm und „langstapelige" von 9—15 cm Länge unterschieden. In der BR wird die Feinheit der Wolle durch Buchstaben bezeichnet: AAAAA = ⌀ unter 18 μ, AAAA = 18—20 μ, AAA = 20—22 μ, AA = 22—24 μ, A = 24—26 μ, B = 28—30 μ, C = 32—36 μ, D = 38—44 μ, E = 44—60 μ, F = 60—80 μ.

Auch die Weichheit, Dehnbarkeit (33—39%) und Festigkeit sind zu berücksichtigen.

Die Wolle zieht Wasser an. Als Normalgehalt werden im Handel 17% angenommen. Die Bestimmung (das

Konditionieren) geschieht durch Trocknen genau gewogener Proben bei 110° in „Wollkonditionieranstalten". Die meiste Wolle ist weiß, dunkelfarbige ist minderwertig. Schafwolle besteht, wie alle tierischen Haare, aus Hornstoff (Keratin) und gibt beim Verbrennen einen bezeichnenden, sehr unangenehmen Geruch. Von Salpetersäure oder Pikrinsäure wird sie gelb gefärbt. Gute Wolle besteht nur aus dünnen, gekräuselten Wollhaaren.

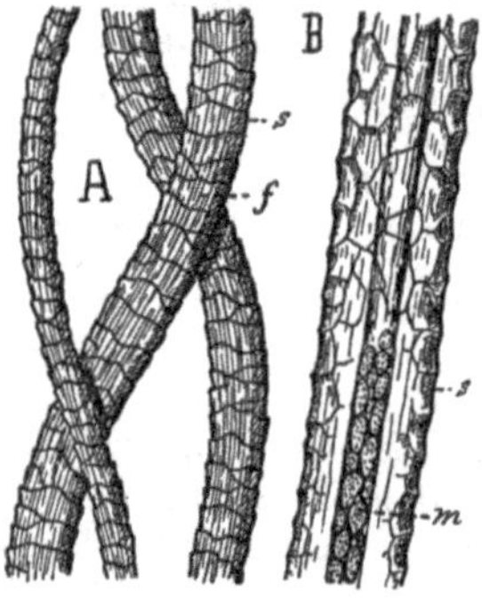

Fig. 23.
Schafwolle (200fach vergrößert), A Wollhaare, B Grannenhaar; s Oberhautschuppen, f Faserschicht, m Mark.

Unter dem Mikroskop (Fig. 23 A) sieht man, daß jedes Haar aus zahllosen feinen Hornfasern (Faserschicht, f) aufgebaut ist. Dünne, dachziegelartig übereinandergreifende Schüppchen (die Oberhaut- oder Epidermisschuppen s) bedecken die Oberfläche, die Ränder jedes Haares sind daher fein gezackt (gutes Merkmal). Die Wolle der gewöhnlichen Landschafe enthält neben den Wollhaaren zahlreiche dicke, straffe Grannenhaare, die im Innern gewöhnlich eine Markschicht (Fig. 23 B, m) zeigen.

Nach den Eigenschaften und der durch sie bedingten Verwendung werden im Handel unterschieden: die feine, weiche, stark gekräuselte Streich- oder Tuchwolle, die lange, ziemlich schlichte, gröbere Kammwolle und die etwas grobe, schlichte, glänzende Cheviotwolle von besonderen englischen, gekreuzten Rassen (Crossbred). Die feine weiche Lammwolle von erstmalig geschorenen Tieren ist nicht sehr fest, die in Gerbereien gewonnene Gerber- oder Raufwolle ist ungleichmäßig und minderwertig. Bekannt ist die Wolle der deutschen Heidschnucken und Merinoschafe und die lange grobe ungarische Zackelwolle. In Europa wird die meiste Wolle in der UdSSR, Großbritannien und Spanien gewonnen. Deutsche Wolle mittlerer Qualität im Schweiß kostete Juni 1958 etwa 3,70 DM/kg.

Die Wolle-Welterzeugung betrug (ohne UdSSR) 1954 auf Rohbasis 1,8 Mio t, auf Reinbasis 1 Mio t. Die 5 bedeutendsten Wollieferanten sind: Australien, Neuseeland, Argentinien, Südafrika und Uruguay („La Plata-Wolle"). „Mittelmeerwolle" stammt aus der Türkei, Spanien und Marokko. In der BR gab es 1953 3 Mio, in Australien 127 Mio Schafe.

Angorawolle (Mohair) ist die durch Auskämmen des Vlieses der Angoraziege gewonnene Wolle, die besonders aus Kleinasien kommt. Sie ist 30—50 cm lang und 20 bis 54 μ dick, leicht wellig, weich, glänzend und dient zur Erzeugung glänzender Kammgarnstoffe, Lüster. Die feine **Kaschmirwolle** von der Tibetziege gelangt selten in europäische Spinnereien. Aus ihr werden die herrlichen Kaschmirschale und die feinsten Teppiche hergestellt.

Kamelwolle, von den ein- und zweihöckerigen Kamelen in Nordafrika und Vorderasien viel gewonnen, ist braun und enthält neben weichen, feinen Wollhaaren zahlreiche Grannenhaare; sie wird besonders für Lodenstoffe und Decken verwendet. Besser sind die Wollen der südamerikanischen Schafkamele, **Lama-**, **Pako-**(Alpaka-) und **Vicunna-**(Vicunja-)wolle.

Hasenhaare braucht man für die Haarfilzhüte. Die Haare werden mit einer quecksilberhaltigen Beize vorbehandelt. Schafwolle gibt die billigeren Wollfilzhüte.

Seide wird aus der Puppenhülle, dem Kokon, des Maulbeerspinners *(Bombyx mori)* gewonnen. Seidenraupen kann man nur dort züchten, wo der weiße Maulbeerbaum *(Morus alba)* gut gedeiht, denn die Raupen wollen kein anderes Futter als die Blätter dieses Baumes. Ihre Aufzucht geschieht teils in Bauernhäusern, teils in großen Züchtereien. Die mohnkorngroßen, grauen Eier[1])

[1]) Die Eier, Samen (*grains*) für die Aufzucht der Raupen werden meist aus eigenen „Grainieranstalten" bezogen; hier werden die Schmetterlinge nach Ablegen der Eier mikroskopisch sorgfältig geprüft. Verfahren der Zellengrainierung von Pasteur. Nur die Eier gesunder Elternpärchen werden verkauft.

werden über Winter in kühlen Räumen aufbewahrt und erst Anfang Mai ausgebrütet. Die Entwicklung der Raupen, die täglich mit frischem Futter versehen und sehr rein gehalten werden müssen, dauert etwa 30 Tage. Die spinnreifen, meist mehlfarbigen Raupen sind 8 bis 10 cm lang und werden auf Bündeln aus Stroh oder Reisig, die *Spinnhütten*, gebracht, wo sie die Kokons erzeugen, in denen sie sich verpuppen, worauf man sie in besonderen Öfen mit heißer Luft tötet.

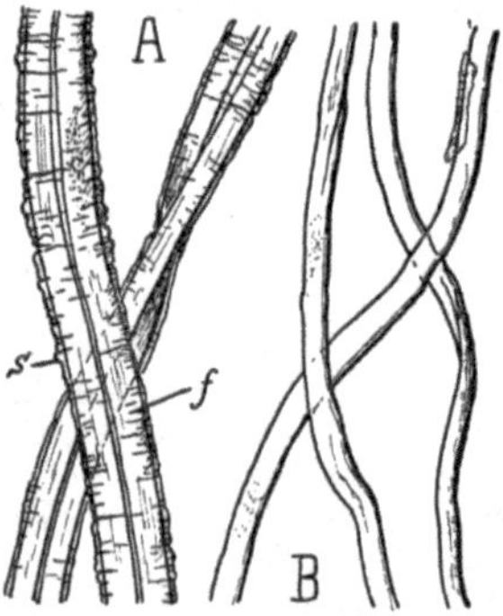

Fig. 24. A Fasern aus Rohseide; f Fibroinfäden, s Serizinhülle, B gekochte Seide (200fach vergr.).

Beim Einspinnen entläßt jede Raupe aus besonderen Drüsen einen Doppelfaden aus *Fibroin*, der an der Luft sofort erstarrt. Der Doppelfaden ist von einer dünnen, klebrigen Hülle, dem Seidenleim (*Serizin*) umkleidet (Fig. 24). Die walzenförmigen, an den Enden abgerundeten *Kokons* (Galetten) bestehen aus einem bis 3000 m langen Faden, von dem sich jedoch nur der mittlere Teil (etwa 300—800 m) abhaspeln läßt. Das übrige, die äußere, lockere „Flockseide“ und die innere „Dattel“ (Strusa) liefern *Seidenabfälle* (Florettseide).

Im *Idealfalle* entsprechen: 25 Schmetterlingspärchen = 10 g Eier = 10000 Stück. Die daraus auskriechenden Raupen fressen 300 kg Maulbeerblätter und geben 10000 Kokons = 20 kg, von welchen 2 kg Rohseide und $2\frac{1}{2}$ kg Seidenabfälle gewonnen werden.

Rohseide (Grège, Grezza) gewinnt man durch gleichzeitiges Abhaspeln von 3—15 Kokons in den „Filanden“. Man weicht die Kokons in warmem Wasser auf, schlägt sie mit Ruten, um den Anfang zu finden und bringt sie in das Wasserbecken des Spinnstuhles.

Hier vereinigt die Arbeiterin mehrere Kokonfäden und läßt sie durch einige Ösen laufen, wobei sie zum Grègefaden verkleben. Die Rohseide wird aufgehaspelt und gleichzeitig getrocknet. Die erhaltenen Strähne werden auf Gleichmäßigkeit und Gewicht geprüft, zu Zöpfen zusammengedreht und verpackt. Die meiste Rohseide wird gezwirnt (mouliniert), d. h. mehrere Fäden werden auf Zwirnmaschinen zu einem Faden zusammengedreht.

Die Erzeugnisse heißen Organzin- oder Kettenseide (2—3 filierte Fäden, stark gedreht, 400—600 Drehungen auf 1 m), Trama- oder Einschlagseide (etwa 100 Drehungen auf 1 m), Näh- oder Kusierseide (sehr fest gezwirnt), Stickseide usw. Die rauhe, steife Rohseide und die gezwirnten Erzeugnisse werden durch Kochen in Seifenlösung entschält (degummiert), wodurch der Seidenleim gelöst, die Ware glänzend, geschmeidig, färbbar wird und den „krachenden Griff" erhält. (Souplieren: eine teilweise Degummierung, Entbastung.) Die Seide wird endlich mit Schwefeldioxyd oder Wasserstoffsuperoxyd gebleicht und häufig mit Chlorzinn, Phosphat und Wasserglas beschwert, um den Gewichtsverlust beim Kochen, der bis zu 30% beträgt, auszugleichen.

Während Rohseide stets aus Doppelfäden mit Serizinhüllen besteht (Fig. 24 A), bildet gekochte Seide einfache, gefügelose, volle Fäden von 10—12 μ Dicke (Fig. 24 B) und rundem Querschnitte. Ihre Substanz, das Fibroin, ein hornähnlicher Stoff, wird mit Salpetersäure gelb und läßt sich leicht mit Teerfarben färben.

Da Seide Wasser anzieht, muß sie auf dessen Gehalt geprüft (konditioniert) werden, indem man gewogene Probesträhnchen bei 110° bis zum unveränderlichen Gewicht trocknet. Das Trockengewicht, um 11% vermehrt, gibt das „Handelsgewicht". Konditionierungsanstalten sind in Krefeld, Zürich, Basel, Lyon, Wien, Mailand u. a. O. Die Feinheit von Rohseide und gezwirnter Seide wird durch den Titer ausgedrückt, die Angabe, wie viele Gewichtseinheiten eine bestimmte Längeneinheit wiegt. Heute wird allgemein der „internationale Titer" benützt. Er gibt an, wieviel mal 0,05 g (= 1 denier, denaro) ein 450 m langer Faden wiegt (Gewicht von 9 km in g). Feinste Rohseide hat 10—12, mittlere 24—28 den.

In Europa wird die beste Seide im südöstlichen Frankreich und in Oberitalien gewonnen. Die größte Menge liefert Japan. Die Welterzeugung ist von 50 kt 1940 auf 20 kt 1951 gefallen.

Tussahseide wird aus den Kokons des indischen und chinesischen Tussahspinners (*Antheraea*-Arten) gewonnen. Die großen Schmetterlinge (bis 12 cm Flügelspannung) sind gelbbraun mit einem durchsichtigen Fleck auf jedem Flügel. Tussahgrège besteht aus 8—12 Kokonfäden, ist graubraun, schwer bleichbar und glänzt weniger als echte Seide. Wegen ihres niederen Preises und ihrer Ausgiebigkeit wird sie für Samte, Posamenten und Möbelstoffe viel benützt. Mikroskopisch ist sie leicht kenntlich, ihre Fasern sind bandartig flach, breit (bis 60 μ) und fein längsgestreift.

C. Chemiefasern

1. Reyon

Reyon[1]), früher Kunstseide genannt, gewinnt man, indem man geeignete Spinnlösungen, die durch Auflösen von Zellulose oder Zelluloseverbindungen erhalten wurden, durch feine Bohrungen von Spinndüsen in ein Fällbad oder in warme Luft ausspritzt. Durch Fällung oder Verdunstung des Lösungsmittels entstehen feine Fädchen, von denen eine mehr oder weniger große Zahl zu einem stärkeren Faden zusammengedreht wird.

Man unterscheidet hauptsächlich folgende Arten:

a) **Nitroreyon.** Man gewann sie durch Ausspritzen einer Kollodiumlösung und Denitrierung der Zellulosenitratfäden. Heute wird sie nicht mehr erzeugt.

[1]) Sprich Reion.

b) **Kupferreyon.** Die Spinnlösung, eine Auflösung von Baumwoll-Linters oder von Edelzellstoffen in Kupferoxydammoniak, wird unter starker Streckung in warmes Wasser gespritzt, die gebildeten sehr feinen Fäden werden mit verdünnter Schwefelsäure entkupfert. Auf Kupferreyon entfielen 1950 6% der Reyon-Erzeugung.

c) **Viskosereyon.** Es ist die wohlfeilste und wichtigste Reyonart. 1950 entfielen auf Viskose etwa 60% der Gesamterzeugung. Als Spinnlösung dient die „Viskose" genannte, alkalische Lösung von Zellulosexanthogenat. Dieses entsteht durch Einwirkung von Schwefelkohlenstoff auf Natronzellulose. Als Fällbad dient Natriumsulfat und andere Salze enthaltende verdünnte Schwefelsäure. Das frisch gesponnene Reyon wird entschwefelt, gebleicht und aviviert. (Handelssorten: Phrix-Reyon®, Colnova ®, Bobina ®.) 1 kg Viskosereyon kostete 1950 etwa DM 8,—.

d) **Azetatreyon.** Die Spinnlösung, Zelluloseazetat in Aceton, wird in heiße Luft gespritzt. Während die fertigen Reyonarten a—c aus Zellulose bestehen, ist Azetatreyon ein Zelluloseazetat. Es hat den anderen Reyontypen gegenüber besondere Vorzüge, z.B. bessere Wasserbeständigkeit, ist aber teurer. Sein Anteil an der Gesamterzeugung war 1950 etwa 34%. Handelssorten: Rhodia ®, Fortisan ®, Avisco Acetate ®.

Die Reyon-Welterzeugung betrug 1955 1 Mio t. Die BR erzeugte 59 kt, die USA 393 kt, Japan 89 kt.

2. Zellwolle

Zellwolle, ein textiler Rohstoff, der sich aus der Kunstseide entwickelt hat, sich von dieser aber durch die mechanische Aufbereitung und die Gebrauchseigenschaften wesentlich unterscheidet, hat in kurzer Zeit große Bedeutung erlangt.

Die wie bei Reyon endlos gesponnenen Fäden zahlreicher Spinndüsen werden zu einem Kabel von 500000 und mehr Fäden zusammengefaßt, durch Spezialschneidmaschinen auf Stapellängen von 20 bis 220 mm geschnitten, durch besondere Verfahren naß aufgelockert, gewaschen, entschwefelt, gebleicht, aviviert und bei wollähnlichen Typen auch gekräuselt. Nach dem Trocknen und Öffnen wird die Zellwolle in Ballen oder Kartons bis zu 200 kg versandfertig gemacht. Sie wird entweder nach Art der Baumwolle oder der Schafwolle (Streichwolle, Kammwolle) versponnen.

Im Handel wird die Zellwolle durch einen Bruch gekennzeichnet, dessen Zähler die Länge in mm, dessen Nenner die Feinheit des Einzeltiters ausdrückt, z.B. 35/1,2. Zellwolle ist infolge ihrer Spinnstruktur bedeutend wärmehaltiger als Reyon, teilt mit dieser aber den Nachteil der gegenüber Baumwolle etwa um die Hälfte geringeren Naßfestigkeit. Der Mangel geringerer Knitterfestigkeit kann durch entsprechende Ausrüstung behoben werden.

3. Kaseinwolle

Kaseinwolle (Merinova ®, Tiolan ®) wird durch Verspinnen einer alkalischen Lösung von Kasein (aus Magermilch, Fischeiweiß u. a.) in ein saures Fällbad und Härten mit Formaldehyd gewonnen. Sie hat wollähnliche Eigenschaften und wird u. a. in der Hutfabrikation verwendet.

4. Synthetische Fasern

Während die Ausgangsstoffe für Reyon, Zellwolle und Kaseinwolle hochmolekulare Naturstoffe sind, werden gleichfalls hochmolekulare synthetische Fasern aus niedermolekularen Verbindungen auf verschiedenen Wegen aufgebaut.

Die **PeCe-Faser** (z.B. Rhovyl ®) wird aus Vinylchlorid, einem Abkömmling des Acetylens, durch Polymerisation gewonnen, ist also ein Polyvinylchlorid. (Der Chlorgehalt beträgt gewichtsmäßig etwa 60%.) Die Faser ist gegen Säuren und Laugen widerstandsfähig und fäulnisfest, jedoch nicht koch- und nur bedingt bügelfest, da sie in der Hitze erweicht und schrumpft. Man stellt aus ihr Gewebe für technische Zwecke her (Filtertücher, Schutzanzüge, Fischereigerät).

Polyamidfasern. Das deutsche Perlon ® und das amerikanische Nylon sind stickstoffhaltige Fasern, die durch Polykondensation hergestellt und aus der Schmelze gesponnen werden. Ausgangsstoff für Perlon ist ε-Kaprolaktam. Perlon und Nylon sind von hervorragender Scheuerfestigkeit und Elastizität. Sie dienen zur Herstellung von Strümpfen und Unterwäsche.

Polyesterfasern sind Terylene ®, Trevira ®, Dacron ®, Diolen ®. Sie sind bügelfest und haben geringe Knitterneigung. Hergestellt werden sie durch Verspinnen einer Schmelze. Man fertigt aus ihnen Kleiderstoffe.

Die **Polyacrylnitrilfasern** (Orlon ®, Dralon ®, Redon ®) sind sehr witterungsbeständig und auch gegen längeres Erhitzen unempfindlich.

Mischpolymerisatfasern sind Dynel ® und Vinyon ®.

Die synthetischen Fasern gelangen entweder in endloser Form, wie Reyon, oder in Stapel geschnitten, wie Zellwolle, in den Handel. Durch Einlagern von Mattierungsmitteln wurden die modischen Ansprüche befriedigt.

D. Garne

Garne heißen die durch Verspinnen von Fasern hergestellten, fortlaufenden Fäden. Die gereinigten Spinnfasern werden zu einem Band nebeneinander gelegt und durch Spinnen miteinander so gedreht, daß sie aneinander haften und der gebildete Faden Festigkeit erhält. Das Spinnen erfolgt nur mehr sehr selten mit Handspindeln und Spinnrädern, in größter Ausdehnung aber durch Maschinen.

Die Feinheit der Garne wird auf Grund einer internationalen Vereinbarung (ISO[1] TC 38/SC 4) ab 1958

[1]) ISO = International Standard Organization

nach dem tex-System bezeichnet. 1 tex = 1 g/1000 m, d.h. die Feinheitsbezeichnung in tex gibt an, wieviel g 1000 m des betreffenden Garnes wiegen. Das tex-System gilt auch für Einzelfasern, Kammzüge, Seile usw., deshalb auch die Einheiten militex und kilotex! Wie beim Denier-System (siehe Seide!), aber im Gegensatz zu den sonstigen Garnnumerierungssystemen, entspricht einer kleineren Ziffer ein feineres Garn. In einer Umstellungszeit wird neben der bisherigen Nummer in Klammern der Wert in tex angegeben (DIN 60905).

Baumwoll- und Zellwollgarne werden ausschließlich fabrikmäßig erzeugt.

Die Rohbaumwolle wird durch den Ballenbrecher aufgelockert und gemischt, durch den Öffner in Flocken zerteilt und gereinigt und mit Schlagmaschinen weiter aufgelockert und zu einem Wickel geformt. Dieser wird in den Kratzmaschinen (Karden) wiederholt gereinigt und in die Einzelfasern zerlegt, aus denen ein dickes, lockeres Band (Kardenband, Lunte) gebildet wird. Werden an das Garn höhere Ansprüche gestellt, so kämmt man aus, um den Anteil an kurzen Fasern zu vermindern. Nach wiederholtem Ausziehen der Bänder nach ihrer Längsrichtung (Strecken) und Vereinigen mehrerer zu einem einzigen (Doublieren) geht das Streckband auf die Vorspinnmaschinen, die es durch neuerliches Strecken verfeinern und leicht drehen, so daß durch 1—2maliges Vorspinnen das „Vorgarn“ entsteht.

Das Vorgarn wird auf einer Feinspinnmaschine (Watermaschine, Ringspinnmaschine oder Selfaktor) zu Feingarn gesponnen.

Man unterscheidet die 3- und 4-Zylinder-Spinnerei (Normalverzug auf einem Dreizylinder-Klemmstreckwerk oder Hochverzug auf einem Vierzylinder-Durchzugwerk) für Feingarn und die 2-Zylinder-Spinnerei mit einfachem Lieferzylinderpaar ohne Streckwerk für Grobgarn aus kurzfaseriger Baumwolle, Kämmlingen und Abfällen.

Häufig werden zwei oder mehrere Garnfäden auf Zwirnmaschinen zu einem Faden zusammengedreht, gezwirnt. Die Garne kommen entweder in Form von Kötzern, das sind zylindrische, oben und unten kegelförmig zugespitzte Garnkörper, wie sie die Feinspinnmaschinen erzeugen, in den Handel oder werden zu Strähnen (Schnellern) gehaspelt.

Die Strähne werden in bestimmter Anzahl zu Paketen von 10 lbs oder 5 kg gepackt.

In der BR war bisher die metrische Garnnumerierung eingeführt (DIN 60910). $N_m = L$ km/G kg, d.h. die metrische Nummer gibt an, wieviel km eines Garnes 1 kg wiegen. Bei der englischen Baumwollgarnnummer Ne_B sind die Einheiten für die Länge der Strähne zu 840 yd, für das Gewicht das lb. Bei Zwirnen wird die Garnnummer als Zähler, die Anzahl der vereinigten Fäden als Nenner eines Bruches geschrieben.

Handelsüblich sind folgende Garnnummern: $N_m = 10$ bis 360 (100 bis 2,8 tex) für 3- und 4-Zylindergarne sowie $N_m = 1$ bis 20 (1000 bis 50 tex) für Vigogne- und 2-Zylindergarne und $N_m = 1$ bis 8 (bis 125 tex) für Grobgarne.

Zur Prüfung eines Garnes auf seine Nummer dient der Garnhaspel (Fig. 25).

Fig. 25. Garnhaspel mit Motor und Zählwerk

Nach der Art des Spinnens unterscheidet man: Watergarn (Watertwist), fest gedrehtes Kettgarn von der Ringspinnmaschine, und Mulegarn (Muletwist), weich gedrehtes Schußgarn vom Selfaktor, Gekämmtes Garn (beste Sorte super combed), Streichgarnähnliches Imitat- oder Barchentgarn und Vigogne, ein Mischgarn aus 70/80% Baumwolle und 20—30% Wolle.

Flachs- oder **Leinengarn** wird fast ausschließlich mit Maschinen gesponnen. Man unterscheidet das eigentliche Leinengarn, das aus gehecheltem Flachs erzeugt wird, und das Werg- oder Linetowgarn, das man aus Flachswerg spinnt.

Die englische Numerierung gibt die Anzahl von Gebinden zu 300 yd auf 1 lb an. Üblich sind $Ne_L = 1/3$ bis 180.

Hanfgarn wird nur in niederen Nummern gesponnen. Dünne Garne werden zu Pack- und Segelleinwand verwebt. Der meiste Hanf wird zu Seilerwaren verarbeitet. — **Jutegarn** wird in Deutschland meist nur in den Nummern Nm = 0,06 bis 12 gesponnen und dient zum Weben von Sackleinwand und billigen Teppichen. — Als Ersatz für Jutegarn werden durch Zusammendrehen von schmalen Bändchen von Zellulosepapier **Papier-** oder **Zellstoffgarne** unter verschiedenen Namen erzeugt.

Schafwollgarne. Die rohe Wolle wird sorgfältig gewaschen (entschweißt) und aufgelockert (gewolft). Kletten und andere Pflanzenreste können durch Karbonisieren, d. h. durch Erhitzen mit Säuren auf 100°, zerstört werden. Die gereinigte Wolle wird gespickt (geölt) und je nach der Art der zu erzeugenden Garne weiterverarbeitet. Man unterscheidet:

1. Streichgarn, aus kurzen, stark gekräuselten Fasern. Es ist schwach gedreht, rauh und verfilzt sich gut, weshalb es sich vorzüglich für die Tucherzeugung eignet. Es wird entweder nach der englischen Nummer: (Ne_W): Anzahl Schneller zu 256 yd auf 1 lb oder nach der metrischen Nummer bezeichnet.

2. Kammgarn, aus langer, wenig gekräuselter, gröberer Wolle, ist stark gedreht, glatt und glänzend. Es wird meist metrisch numeriert. Die gereinigte Wolle wird sorgfältig gekämmt und geplättet; das Erzeugnis, der Kammzug, ist ein bedeutender Handelsgegenstand, sein deutscher Hauptmarkt ist Bremen. Die Preisnotierung erfolgt in DM für 1 kg mit 18¼ % Feuchtigkeit (Konditionnement).

3. Kunstwollgarne heißen alle aus den Abfällen der Wollspinnereien und Webereien, besonders aber aus Wolllumpen erzeugten Garne. Die Lumpen (Hadern) werden durch kräftige „Shoddywölfe" zerrissen und in die Einzelfasern zerteilt, die man mit etwas frischer Schafwolle zu Garnen verspinnt. Man unterscheidet Shoddy aus langfaserigen Kammgarnlumpen, Mungo aus alten Tuchen und Extrakt aus Halbwollstoffen. Kunstwollgarn ist billiger, aber schlechter als echtes Schafwollgarn.

Wollgarn kann durch Imprägnieren mit Eulan ® mottenecht gemacht werden.

4. Zellwolle-Wolle-Mischgespinste werden im Verhältnis 30/70 oder 50/50 hergestellt (z.B. Wollstra ®).

Gesponnene Seidengarne, Florett-, Schappeseide, erzeugt man aus den Abfällen der Seidengewinnung. Man zerreißt sie nach geeigneter Vorbehandlung zu kurzen Fasern, die man kämmt und verspinnt. Die Seidengarne werden metrisch numeriert (Nm = 20 bis 300; 50 bis 3,4 tex). Sie dienen als Schußgarne für billige Seidenstoffe, für Samt, Plüsch und als Näh- und Stickgarne. Die Abfälle der Florettspinnerei werden zu groben Bourettegarnen für Hemden- und Blusenstoffe usw. verarbeitet, Seidenlumpenfasern zu Seidenshoddy.

E. Gewebe

Gewebe, Zeuge, Stoffe, sind flächige Gebilde aus zwei Fadensystemen, die sich rechtwinkelig kreuzen. In der Längsrichtung liegen die Kettenfäden, die Kette (Zettel, *warp*), senkrecht zu ihnen die Schußfäden, der Schuß (Einschlag, *weft*). Die Art, wie die Fäden über- und untereinanderlaufen und sich gegenseitig festhalten, heißt die Bindung. Nach der Bindungsart unterscheidet man:

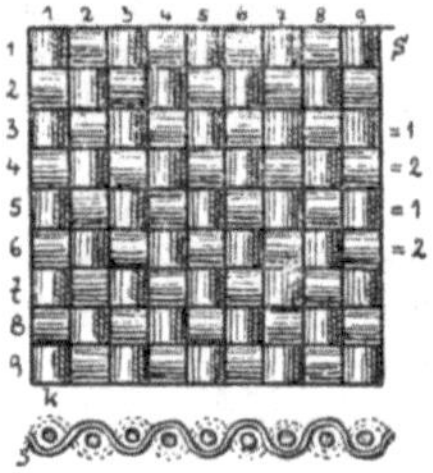

Fig. 26. Glattes Gewebe, k Schuß, s Kette; unten Querschnitt.

1. Glatte oder leinwandartige Gewebe (Fig. 26), bei denen der Schußfaden abwechselnd über und unter einem Kettenfaden verläuft.

2. Köpergewebe (Croisé, Fig. 27), bei denen der Schußfaden nach Überlaufung eines Kettenfadens unter 2—11 und mehr Kettenfäden hinweggeht. Die Bindungspunkte bilden schräg über das Zeug laufende Grate (Köpergrate).

3. Atlas (Satin, Fig. 28) mit verstreuten Bindepunkten.

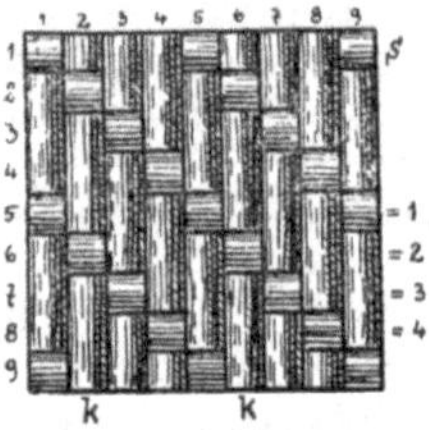

Fig. 27. Regelmäßiger 4-bindiger Körper; k Kette, s Schuß.

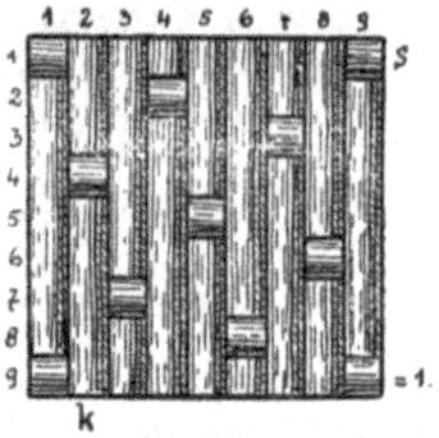

Fig. 28. 8-bindiger Atlas; k Kette, s Schuß.

4. Gemusterte (dessinierte) Gewebe. Diese zeigen auf einem in Leinwand oder Atlasbindung gewebten Grunde (Fond) verschiedene Muster, die sich durch ihre andere Bindung deutlich abheben (z. B. Damaste). Sie können einfarbig oder bunt gewebt werden.

5. Samtgewebe haben ein (meist leinwandbindiges) Grundgewebe, aus dem niedrige Fadenschlingen oder abgeschnittene Fadenenden als „Flor“ oder „Pol“

emporragen und es vollständig verdecken. Nach dem Rohstoffe der Polfäden unterscheidet man Baumwoll-, Schafwoll-, Seidensamt usw. Samtgewebe mit hohem oder liegendem Pol heißen Plüsch (bzw. Velpel).

Die Zahl der Ketten- und Schußfäden auf einer bestimmten Fläche heißt Webedichte oder Fadeneinstellung und ist für die Gütebestimmung wichtig. Man drückt sie entweder durch einen Bruch aus, dessen Zähler die Ketten-, der Nenner die Schußfädenzahl in einem Quadrat von 5 mm oder $\frac{1}{4}$ französ. oder engl. Zoll angibt, oder man nennt die Summe der Ketten- und Schußfäden in einem solchen Quadrate.

Gewebe werden zumeist auf mechanischen oder Kraftstühlen, reich gemusterte auf dem Jacquardstuhl gewebt. Sie werden in vielen Fällen gebleicht und gefärbt, oftmals auch bedruckt. Den meisten Geweben werden durch Appretur Glanz, guter Griff und schönes Aussehen gegeben. Schließlich werden sie, je nach ihrer Art, in Stücke von 100 und mehr m gefaltet und zu einem rundlichen Paket gerollt. Die Namen der Gewebe sind überaus zahlreich, oft willkürlich und nach dem Zeitgeschmack gewählt.

Baumwollstoffe mit leinwandartiger Bindung sind: die meisten gefärbten oder bedruckten Kattune, der feinfädige Perkal, der grobfädige Kretonne und der farbig gewebte Zephir. Popeline, mit feinen Querrippen, wird aus merzerisiertem Garn mit stark gedrehtem Schuß gewebt. Die Kette ist doppelt so dicht eingestellt wie der Schuß. Für Oberhemden, Kleider- und Mantelstoff. Weiße, glatte Baumwollstoffe sind Kambrik, der feine Batist u. a. Musseline, Organtin (Mull), Etamine und Kanevas sind locker gewebt, die beiden letzten in Dreherbindung. Rips heißen geschnürte Gewebe in Ripsbindung. Cord, als Einlage für Fahrzeugreifen, hat kräftige Längsrippen. Baumwoll-Croisé (Köper) zeigt schräglaufende Linien. Ähnlich gewebt, aber einseitig stark gerauht sind Barchent und der dicke, oft bedruckte Molton. Flanell ist beidseitig gerauht. Satin heißen glatte, glänzende Gewebe in Atlasbindung. Gemusterte Gewebe sind u. a. der Baumwolldamast für Tischtücher usw. und der abgesteppt aussehende Pikee. Baumwollsamt (Schnursamt, Manchester) wird glatt oder mit eingepreßten Mustern erzeugt.

Leinenstoffe mit glatter Bindung heißen Leinwand. Nach der Art des Faserstoffes gibt es Flachs-, Werg-, Hanf- und Juteleinwand. Nach der Feinheit: das grobe, sehr breite und feste Segeltuch, die grobe Pack- und Sackleinwand und die feineren Steif-, Hosen- und Hemdenleinen. Feinste, zum Teil locker gewebte Leinenstoffe heißen Leinenbatiste. Bezeichnung nach der Erzeugungsstätte als Zittauer, Bielefelder, Rumburger Leinen usw.

Leinenstoffe werden meist in Breiten von 70—150 cm gewebt. Die Feinheit wird durch die Anzahl von „Gängen" zu 40 Fäden auf eine bestimmte Breite angegeben. Feinster Leinenbatist von 88 cm Breite hat z. B. 100—175 Gänge, also 4000—7000 Kettenfäden.

Vom geköperten Zeug dient der kräftige Leinendrell, Drillich, Zwillich, Gradel, je nach seiner Stärke, für Säcke, Bettbezüge und Tischzeug. Leinendamast ist ein reich gemustertes, weißes oder bunt gewebtes Zeug für Tisch- und Mundtücher.

Wollstoffe. Zu den Streichwollgeweben gehören die verschiedenen Arten von Tuch (mit Filzdecke, die die Bindung verdeckt, gewalkt), Flanell (weicher Stoff mit locker verfilzter Haardecke), Loden (wird nach dem Walken gerauht), Cheviot (buntgemustert, siehe S. 114), Velours (mit dichter, aufrecht stehender Faserdecke).

Aus Streich- oder Kammgarn gewebt sind Bouclé (Noppengarn) und Woll-Georgette (Krepp).

Kammwollzeuge sind die glatten, einfarbigen oder bedruckten Lüster, Mohair, der lockere Voile, mit Körperbindung der dunkle Kaschmir, Serge für Futterzwecke. Wollatlas dient als Möbelstoff. Die eigentlichen Kammgarnstoffe für Herrenkleider werden in verschiedenen Zeichnungen und Farben gewebt, oft mit Effektzwirnen.

Weitere Wollstoffe: Afghalaine (lose gewebter Damenkleiderstoff), Gabardine (fein gerippt, für Wettermäntel), Tweed (aus gröberer Wolle, für Kostüme).

Aus Wollsamt und Wollplüsch werden Möbelbezüge gefertigt. Kammgarn und Wollkammgarn werden auch viel zur Teppicherzeugung benutzt.

Nach den Bezeichnungsgrundsätzen der Deutschen Wollvereinigung dürfen Spinnstofferzeugnisse mit einem Wollgehalt von 66% noch als „Wolle“ bezeichnet werden. Als „Reine Wolle“ oder „Garantiert Wolle“ angebotene Ware muß mindestens aus 93%, „100% Reine Wolle“ aus 100% Wolle bestehen.

Seidenstoffe sind der leichte, kräftige Taft, der zarte, meist bunt bedruckte Foulard, der wellige, lockere Seidenkrepp u. a. Köper- und Atlasbindung haben Seidenserge, Seidensatin und Seidenatlas. Halbseidenzeuge haben Seidenkette und Baumwollschuß. Groß gemusterte Seidengewebe heißen Damast und Brokat. Seidensamt (Velours) hat kurzen, Seidenplüsch langen Pol. Samtartig gewebt ist auch Velpel für Zylinderhüte. Aus Seidenplüsch werden Pelznachahmungen hergestellt.

Der Hauptsitz der deutschen Seidenindustrie ist Krefeld.

F. Strick- und Wirkwaren

Beim Stricken und Wirken verschlingen sich die Fäden in maschenförmigen Schleifen. Die waagrecht nebeneinander gereihten Maschen bilden eine Reihe, die sich senkrecht übereinander verhängenden Maschen ein Stäbchen. Durch die bogig gewundene Fadenlage sind die Strick- und Wirkwaren (Trikotagen) elastisch und schmiegsam. Je nachdem, ob die Nadeln in einer Reihe oder im Kreis angeordnet sind, erhält man flach oder rund gearbeitete Ware. Gestrickt oder gewirkt werden u. a. Strümpfe aus Nylon, Unterwäsche aus Reyon (Charmeuse), Damenkleider und Pullover aus Wolle (Jersey).

G. Papier

Papier nennt man faltbare Blätter aus feinen, innig verfilzten Fasern. Pappe ist dicker und nicht faltbar.

Papierrohstoffe waren früher nur Hadernfasern aus Lumpen oder sonstigen textilen Abfällen. Leinen- und Hanfhadern eigneten sich besser als Baumwollfasern, Schafwoll- und Seidenfasern sind für die Papiererzeugung nach wie vor unbrauchbar. Inzwischen wurden die Fasern aus textilen Abfällen größtenteils durch Holzschliff und Zellstoff ersetzt.

Holzschliff ist der wichtigste Rohstoff für billige Papiere. Man gewinnt ihn durch Zerfasern weicher Hölzer auf der Holzschleifmaschine in holzreichen Gegenden und formt ihn zu „Pappen“[1]). Infolge ihres Ligningehaltes vergilben holzschliffhaltige Papiere im Licht und werden brüchig (Ligninnachweis s. S. 111). Mikroskopisch ist Holzschliff an den Holzfasern mit behöften Tüpfeln kenntlich (Fig. 29A).

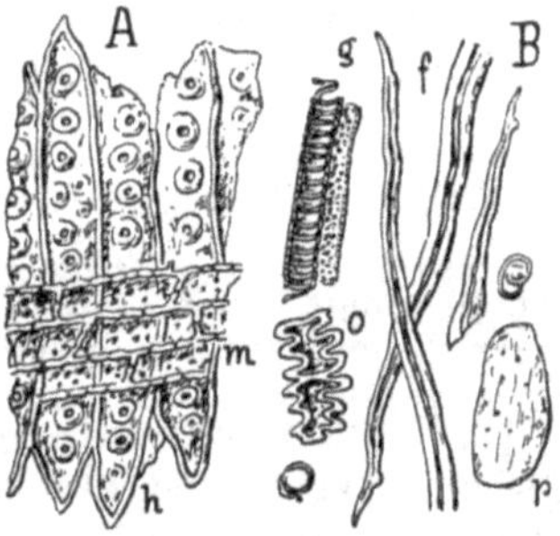

Fig. 29. A Stückchen von Holzstoff; h Holzfasern mit Hoftüpfeln, m Markstrahlen. — B Teilchen aus Strohzellulose; f Fasern, o zwei Oberhautzellen, g Gefäße, p Parenchymzelle (200fach vergr.).

[1]) Holzschliff als Rohstoff wird in Pappenform zumeist feucht angeliefert.

Zellstoff ist von den erwähnten Nachteilen des Holzschliffes frei, da er kein Lignin enthält. Dieses wird dem Holz durch Kochen mit Kalziumbisulfitlösung (Sulfitlauge, aus Kalk und schwefeliger Säure im Mitscherlichturm erhalten) oder mit technischer Natronlauge unter Druck entzogen. Natron- oder Sulfatzellstoff (nach der Aufbereitung der Lauge als Natriumsulfat so benannt) ist braun und schlecht bleichfähig. Er wird u. a. für Zementsackpapiere verwendet. Sulfitzellstoff ist heller, gut bleichfähig und ist nicht nur Papierrohstoff, sondern in einer Sonderqualität auch der Ausgangsstoff für Zellwolle. Nach dem Sulfitverfahren schließt man Fichten-, Espen- und Buchenholz, mit technischer Natronlauge Kiefernholz und Stroh auf. Zellstoff kommt in Form von Pappen in den Handel. Die Welterzeugung beträgt etwa 12 Mio t. Mikroskopisch ist Zellstoff an den Holzfaserzellen zu erkennen.

Die aus den Kochern abgelassene Sulfitablauge enthält praktisch sämtliche Nichtzellulosestoffe des Holzes in abgebauter Form, d.h. etwa 50% von dessen organischer Substanz. Ihre Verwertung ist infolge der großen Menge ihres Anfalles oft schwierig. Werke an Vorflutern mit zu geringer Wasserführung sind gezwungen, die Ablauge unschädlich zu machen. Man gewinnt aus Sulfitlauge Klebstoffe, Gerbhilfstoffe, Waschmittel (Zewa), vergärt ihren Zuckergehalt zu Alkohol und verwendet sie als Mittel zur Verhütung des Kesselsteines. Auch verwertet man sie zur Züchtung von Nährhefe.

Strohzellulose wird aus Stroh und Esparto durch Kochen mit Natronlauge gewonnen und eignet sich besonders für Maschinenschreibpapier. Strohstoff wird durch Kochen und Mahlen von Stroh erzeugt und gibt billige Kartonnagen.

Erzeugung und Sorten des Papiers: Früher, als diese noch allgemein verwendet wurden, sortierte, reinigte und zerriß man die Lumpen und kochte sie in Kugelkochern mit Kalkmilch und Soda. Heute tritt an die Stelle dieses Vormaterials der fertige Zellstoff, der gleichfalls wie die Hadern in „Holländern" zu Faserbrei vermahlen wird. Im Holländer werden auch die Mischungen aus verschiedenen Vormaterialien (Halbzeug), wie z.B. Zellstoff oder Holzstoff, mit Füllstoffen, Farbstoffen, Harzleim usw. zusammengestellt, gemischt und vermahlen. Die so vorbereitete Mischung heißt Ganzzeug. Als Füllstoffe dienen Kaolin, Blanc fixe, Kreide, Gips usw.

Harzleim bereitet man durch Kochen von Kolophonium mit Sodalösung.

Die Leimung wird durch Niederschlagen der Harzseife auf der Faser mit Aluminiumsulfatlösung (Alaun) im Holländer zum Schluß der Vorbereitung ausgelöst. Hierdurch wird das Papier tintenfest. Ungeleimte Papiere sind saugfähig, z.B. Löschpapiere.

Papier erzeugt man heute ausschließlich in durchlaufendem Betrieb auf Papiermaschinen, die z.B. je Minute 350 m und mehr eines Zeitungspapiers mit 6 m Bahnbreite liefern. Das alte Schöpfen von Hand (Büttenpapier) ist nur noch Kuriosität und Kunstgewerbe (Luxus). Eine Zeitungspapierrolle, in 8000 m langer Bahn auf eine Hohlhülse gewickelt, wird als Rollenpapier für den Umlauf-(Rotations-)Druck verkauft oder in Bogen zerschnitten. Das Papier wird zu einem großen Teil bereits in der Maschine im Glättwerk, zum Teil aber auch in besonderen „Kalandern" zwischen Walzen geglättet und geglänzt, satiniert. Bogen- oder „Formatpapier" wird aus Rollen auf dem „Querschneider" geschnitten und in „Lagen" zu 10 Bogen gelegt. 10 Lagen geben ein „Buch", 10 Buch ein „Ries", 10 Ries einen „Ballen" = 10000 Bogen. Das Papier wird riesweise beschnitten, fest gepreßt, ballenweise zwischen Holzrahmen in Papier oder Leinwand verpackt und mit Eisenbändern oder Draht umschlossen.

Bogenpapier wird jetzt meist in den DIN-Formaten (DIN-Blätter 476 und 198) erzeugt (das DIN-Format des Geschäftsbriefbogens DIN A 4 beträgt 210×297 mm) Nach der Verwendung gibt es: Wertzeichen- und Banknotenpapier von höchster Güte und Dauerhaftigkeit, Urkundenpapier, fest, dauerhaft und „holz(schliff)frei", Schreibpapier in zahlreichen Sorten, darunter das beste „Post"- und „Velinpapier", das geringere „Kanzlei-" und das geringste „Konzeptpapier".

Druckpapiere, vom billigsten Zeitungspapier, das etwa 80% Holzschliff, 15% Zellstoff und 5% Kleb- und Füllstoffe enthält, bis zum feinsten Kupferdruckpapier. Das ungeleimte, weiche Lösch- und Filtrierpapier, das wohlfeile, häufig farbige Packpapier, dessen dünnste, aus Altpapier hergestellte Sorte früher als Schrenzpapier bezeichnet wurde. Holzschliffhaltige Papiere nennt man im Gegensatz zu den „holzfreien" Papieren „holzhaltig". Pergamentpapier nennt man ein zähes, tierblasenähnliches, durchscheinendes Papier, das durch Behandlung von weißem Filtrierpapier mit konzentrierter Schwefelsäure, Waschen, Trocknen und Glätten erzeugt wird. Pergamin wird durch Feinmahlen des Ganzzeuges und nachfolgendes Kalandrieren gewonnen. Pappe (Karton) wird aus minderwertigen Rohstoffen, besonders auch aus Altpapier erzeugt. Dazu gehören der glatte, sehr fest gepreßte und speziell geglättete Preßspan und die mit Teer getränkte Dachpappe, zu deren Herstellung man auch Wollhadern verwendet. Papiermaché ist eine Masse aus Papierstoff und Bindemitteln, aus der man Spielsachen und Gebrauchsgegenstände preßt. Buntpapiere heißen alle durch nachträgliches Färben oder Bedrucken farbig oder gemustert erzeugten Papiere. Hierher gehören auch die Papiertapeten. Durch Pressen zwischen geriffelten oder genarbten Walzen entstehen Chagrin-, Saffianpapier usw.

Gutes Papier ist fest, dehnbar und dauerhaft. Seine Festigkeit wird durch die Reißlänge ausgedrückt, das ist die Länge eines Papierstreifens in m, dessen Eigengewicht imstande wäre, den Papierstreifen abzureißen; sie wird mit den Papierfestigkeitsprüfern festgestellt. Die genaue stoffliche Zusammensetzung eines Papieres kann nur mikroskopisch ermittelt werden; die stark beschädigten Pflanzenfasern zeigen doch noch ihre kennzeichnenden Formen, Holz- und Strohstoff lassen sich an ihren Zellelementen erkennen (Fig. 29). Um der vielfach eingerissenen Verschlechterung des Papiers entgegenzutreten, wurden frühzeitig Werkstoffprüfnormen aufgestellt (DIN 1831). Das DIN-Blatt 827 gibt Gütevorschriften, welche die Festigkeit sowie das Gewicht für 1000 Bogen je m^2 anmerken.

Im Handel pflegt man das Gewicht eines Ballens in kg oder das eines Bogens oder eines m^2 in Gramm anzugeben. Zur raschen Ermittlung dienen besondere Papierwaagen.

1955 betrug die Welterzeugung an Papier 37 Mio t (davon 11 Mio t Zeitungspapier) und 20 Mio t Pappe. Die BR erzeugte 1956 2 Mio t Papier und 660 kt Pappe, die DDR 1955 418 kt Papier und 229 kt Pappe.

IX. Erzeugnisse aus tierischer Haut

Die Häute der Schlachttiere gerbt man zu Leder, die Felle vieler Tiere liefern Rauch- (Rauh-) oder Pelzwaren. An der tierischen Haut unterscheidet man die Oberhaut (Epidermis) aus Hornstoff und die darunterliegende Lederhaut (Kutis). Der Rohhaut hängen Bindegewebe und Fett an. Die Haare sind Oberhautgebilde, die mit ihrer Wurzel in taschenähnlichen Einstülpungen sitzen.

A. Leder

Für die Gerbung müssen die Häute und Felle von allen nicht gerbbaren Teilen befreit werden. Man weicht sie in Wasser ein, „äschert“ sie mit Kalkmilch und Soda und läßt sie in Gruben etwas faulen (schwitzen). Oberhaut, Haare und Fettgewebe werden sorgfältig abgeschabt, wodurch man die reine Lederhaut, die Blöße, erhält, die man nach verschiedenen Verfahren gerbt. Der beste Teil einer gegerbten Haut ist der „Kern“ (Croupon), der von der Mitte des Rückens bis zur Schwanzwurzel reicht und den „Rükken“ und das „Schild“ umfaßt. Die Bezeichnung der Teile einer Haut geht aus Fig. 30 hervor.

Die natürliche Lederhaut ist aus feinen, vielfach verflochtenen Fasern zusammengesetzt, zwischen denen sich schleimige Stoffe (Coriin) befinden. Die frische Blöße gibt beim Kochen mit Wasser Leim; trocken ist sie starr und spröde, bei feuchtem Lagern fault sie. Gerben verwandelt die Blöße in Leder, das weich und geschmeidig bleibt, nicht fault und auch mit kochendem Wasser keinen Leim gibt. Nach den Gerbeverfahren unterscheidet man:

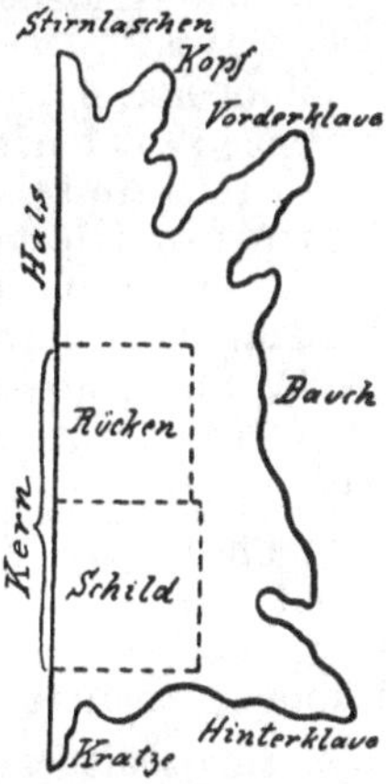

Fig. 30. Bezeichnung der Teile einer tierischen Haut.

1. **Rotgares Leder** (lohgares Leder) ist im natürlichen Zustande braun mit glatter Oberfläche.

Die Blößen werden mit Gerbstoffen behandelt. Die „saure Grubengerbung“ verwendet Lohe und Wasser, die Extrakt- oder Schnellgerberei Gerbeextrakt. Gutes Leder muß gleichmäßig durchgegerbt sein. Wichtig ist das Einfetten, Glätten, Färben und künstliche Narben des Leders.

Rotgare Ledersorten: a) Sohl(Pfund-)Leder aus starken Rindshäuten. b) Brandsohlleder, mit billigen

Gerbmitteln vorwiegend aus Kuhhäuten bereitet (Vacheleder). c) Geschirr- und Blankleder, sehr geschmeidig, aus leichten Rindshäuten, für Koffer, Sattlerarbeiten. d) Vachetten, sehr weiche Leder für Taschnerwaren, Möbelbezüge usw., gewöhnlich aus gespaltenen Rindsblößen (Spaltleder). e) Oberleder, wie Boxcalf, Chevreaux, dünne, weiche Leder für Schuhoberteile, zumeist aus Kalb- und Kipsfellen (vom indischen Zeburinde), leichten Ochsenhäuten usw. f) Saffianleder, weiß, rot oder gelb gefärbtes, Maroquin (Marokkoleder), schwarzes Ziegenleder. g) Juchtenleder, mit Weidenrinde gegerbt und mit Birkenteeröl eingerieben, wodurch es eigentümlich riecht. h) Chagrinleder, mit feinen runden Höckern, die eingepreßt oder auf andere Weise erzeugt werden.

2. **Chromgares Leder** ist graugrün, sehr geschmeidig, leicht und fest. Alle Arten Häute werden durch die Chromgerberei, die Kaliumbichromat oder Chromalaunlösungen benützt, gegerbt.

3. **Sämischleder** (Waschleder) ist gelblich, sehr weich und geschmeidig, fühlt sich wollig an und läßt sich waschen. Die Blößen von Hirsch-, Reh-, Gemsenfellen usw. werden mit Tran oder anderen Fetten gewalkt und dann der Luft ausgesetzt („Fettgerberei“). Feine Sämischleder verarbeiten die Handschuhmacher. Die besten kommen aus Dänemark und Schweden, „schwedisches Leder“.

4. **Weiß-** oder **alaungares Leder** ist weich, wird aber durch Waschen und Trocknen steif. Es wird aus Schaf- und Ziegenfellen mit Kochsalz und Alaun gegerbt.

5. **Glacéleder** ist ein weiches, glattes Handschuhleder aus Lamm-, Kitz-, Hunde- und Känguruhfellen, die mit einem Gemisch von Alaun, Kochsalz, Mehl und Eidotter gegerbt werden. Auch das Kidleder aus Kalbfellen gehört hierher.

Der Rohhautbedarf der BR wurde 1956 hauptsächlich durch Einfuhr aus Argentinien, Uruguay und den USA gedeckt.

Anhang: **Leim** bildet hornartig harte, zähe, gelbe bis braune Platten. Er quillt in kaltem Wasser und löst sich beim Erwärmen zu einer stark klebenden Flüssigkeit. Er wird entweder aus Hautabfällen (Haut- oder Lederleim) oder aus Knochen und Sehnen bereitet (Knochenleim). Das gewaschene Leimgut wird gekocht, wodurch sich der Leim löst. Beim Abkühlen erstarrt die Lösung zu einer Gallerte, die man zu Tafeln zerschneidet und langsam auf Netzen trocknet. Leim dient als Klebemittel, als Bindemittel für Farben, zur Appretur und für viele andere Zwecke. Kölnerleim klebt besser als gewöhnlicher Tischlerleim. Russischer Leim ist durch Zinkweiß gefärbt. Perlleim kommt in Form kleiner Perlen in den Handel. Gelatine ist sehr reiner, farbloser, manchmal rot gefärbter Leim. Die Gütestufen werden durch Gold-, Silber- und Kupferaufdruck auf der Verpackung gekennzeichnet. Gelatine wird in Form dünner durchsichtiger Blätter mit zackigen Rändern (7×20 cm) und in Pulverform gehandelt. Sie wird in der Küche für Sülzen, Krems usw., zum Klären von Wein und zur Herstellung von photographischen Platten, Filmen und Papieren benützt.

Fischleim oder Hausenblase *(Ichthyocolla)*, die getrocknete Schwimmblase einiger großer Fische, besonders des Hausens und des Störs, bildet dicke Blätter (Blätter-Hausenblase), Ringel und Hufeisen (Ringel-H.) oder feine Fäden. Er ist gelblich, durchscheinend, zähe und gibt mit heißem Wasser eine klebende Flüssigkeit, die hauptsächlich zum Klären von Wein und Essig dient.

Flüssiger Leim ist eine mit Essigsäure oder Chlorkalzium versetzte Leimlösung, die nicht versulzt.

Agar-Agar, eine pflanzliche Gelatine, stammt von einer Algenart und kommt in Form von lockeren, weißen Stängelchen hauptsächlich aus Japan.

B. Pelz- und Rauchwaren

Die schönfarbenen, weichen und glänzenden Felle vieler Säugetiere sowie die Bälge einiger Vögel bilden, weißgegerbt, die „Rauch- oder Rauhwaren“. Die meisten kommen aus den USA, aus Kanada, Sibirien und Skandinavien[1]). Für den westdeutschen Markt ist die Frühjahrsmesse in Frankfurt a.M. ausschlaggebend. Die wertvollsten Pelze werden einzeln, geringere nach dem Dutzend oder nach „Losen“ von 5—50 Stück verkauft. Viele Pelze werden „gerupft“ (Ausreißen der Grannenhaare), geschoren oder anderen Veredlungsformen unterzogen („Entlocken“, Färben usw.). Nachahmungen durch Plüsch sind an dem Grundgewebe leicht kenntlich. Die wichtigsten Pelze:

1. *Von Raubtieren:* Die verschiedenfarbenen **Katzenfelle** (Genotten) dienen vielfach zur Nachahmung wertvollerer Pelze. Das weiche, langhaarige, dunkelbraune Fell des **Edelmarders** ist wegen seines Glanzes beliebt (geringer ist der graubraune Hausmarder). Besonders geschätzt und heute kaum erhältlich sind die kastanienbraunen bis schwärzlichen Felle des sibirischen **Zobels.** Die braunschwarzen, langhaarigen **Skunks**-Felle stammen vom nordamerikanischen Stinktier. **Fischotter** ist im natürlichen Zustande dunkelbraun und glänzend, kommt aber meist gerupft zum Verkaufe und ist dann graubraun und weichwollig. Am höchsten geschätzt sind die Felle des verwandten **Seeotters,** fälschlich „Kamtschatkabiber“ genannt. Sie sind seidenweich und prächtig glänzend. Von den zahlreichen Fuchsarten sind besonders der blaugraue **Blaufuchs,** das Sommerfell des sibirischen Polarfuchses (meist nachgefärbt) und der grau gesprenkelte, sehr teure **Silberfuchs** beliebt; am geschätztesten sind der **Weiß-** und **Schwarzfuchs** sowie der seit 1933 in Norwegen gezüchtete **Platinfuchs. Schupp** heißt der gelblichgraue, dunkelgesprenkelte

[1]) Die Pelzgewinnung ist durch die Errichtung besonderer Pelzfarmen sehr gestiegen; Füchse aller Art, Nerz und Waschbär werden gezüchtet.

Pelz des nordamerikanischen Waschbären. Er wird in großer Menge zur Nachahmung anderer Pelze benützt.

2. *Von Flossenfüßern:* Der samtähnliche, weiche, dunkelbraune **Sealskin** stammt von der Ohrrobbe, ist sehr selten und wird durch die gerupften und gefärbten Felle der Bisamratte (Bisamsealskin) sowie durch Kanin und Seidenplüsch nachgeahmt. Auch **Seehundfell** wird oft verwendet.

3. *Von Nagetieren:* Das glänzend braune Fell des **Bibers** ist sehr selten geworden. Ihm ähnlich ist **Nutria,** das gerupfte Fell des südamerikanischen Schweifbibers. **Feh** heißen die Felle des russischen Eichhörnchens. Man unterscheidet die einfarbig grauen „Fehrücken" und die weißen, grau geränderten „Fehwammen". Schöne graue Winterfelle des einheimischen Eichhörnchens kommen als **Grauwerk** in den Handel. **Chinchilla** ist das außerordentlich weiche, lockere, graue Fell der fast ausgestorbenen südamerikanischen Haselmaus, das durch Kaninchen- und andere Felle nachgeahmt wird. **Kanin** sind Kaninchenfelle, die, teils naturfarben, teils gefärbt, edles Pelzwerk nachahmen (200 Mio Stück jährlich). — Die kleinen, dunkelbraunen Fellchen des **Maulwurfes** werden viel verarbeitet.

4. *Von Wiederkäuern:* **Lammfelle,** häufig gefärbt und schön zugerichtet, sind als billiges Pelzwerk beliebt. **Persianer** sind die Felle der frischgeborenen Lämmer des Karakulschafes mit kleinen Locken aus grauen oder schwarzen Haaren. Sie kommen aus Südwestafrika. Die noch nicht gelockten Felle frühgeborener Lämmer heißen **Breitschwanz,** sind glänzend schwarz, zierlich gezeichnet (gewässert) und sehr teuer. Die schwarzen **Astrachanfelle** aus Russisch-Asien sind weichlockig. **Fohlen-, Esel-, Kalb**felle bilden wichtige Handelsartikel.

5. *Von Beuteltieren:* Australisches **Opossum** heißen die weichen, gelblich und grau gesprenkelten, langhaarigen Felle des australischen Fuchskusues. **Wallaby** sind die Felle einer Känguruhart.

6. *Von Vogelpelzen* werden der weiße **Schwanenpelz** und die als **Greben** bezeichneten Brustbälge des Haubentauchers benützt.

X. Organische Drechslerrohstoffe

Steinnüsse (Corusco-Nüsse) oder **vegetabilisches Elfenbein** heißen die harten Samen der südamerikanischen Elfenbeinpalme *(Phytelephas macrocarpa)*. Sie sind unregelmäßig eiförmig, 5—8 cm lang, oberflächlich braun, netzartig geadert (Fig. 31), innen weiß, hornähnlich hart und bestehen größtenteils aus Zellstoff. Sie kommen besonders aus Ekuador (Taguanüsse), Kolumbien, von der tropischen Küste Westafrikas und dienen in großer Menge zur Erzeugung von Knöpfen und kleinen Schnitzereien, die man mannigfach färbt.

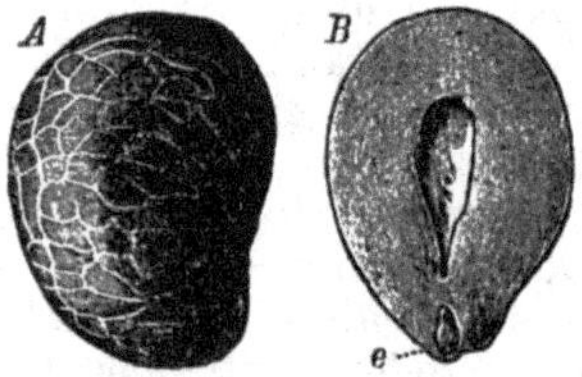

Fig. 31. A ganze Steinnuß, B im Längsschnitt, e der Keimling (1/2 Gr.)

Auch die Nüsse der afrikanischen Dumpalme *(Hyphaena)* werden als Drechslerwerkstoff verwendet.

Tierisches Elfenbein stammt hauptsächlich von den Stoßzähnen des afrikanischen Elefanten, die bis 2 m lang und bis 90 kg schwer werden. Sie sind leicht gekrümmt und innen hohl. Elfenbein besteht aus Zahnsubstanz (Dentin) und läßt sich gut schneiden, drechseln und polieren. Auf den Schnittflächen sieht man zahlreiche geschwungene und sich regelmäßig kreuzende Linien (Kennzeichen). Billardbälle, Messerhefte, Klaviertasten usw. werden aus Elfenbein hergestellt. Die Stoßzähne des ausgestorbenen Mammut, die besonders in Sibirien gefunden werden, und die großen Zähne des Nilpferdes, Walrosses und des Narwales sind geschätzte Drechslerstoffe.

Knochen (Bein). Die dickwandigen Schenkelknochen und Rippen der Rinder und Pferde dienen, gespalten und etwas entfettet, zur Herstellung von Messerheften, Knöpfen u. dgl.

Horn. Ochsenhorn kommt in großen Mengen aus Südamerika und wird zu Kämmen, Haarnadeln, Knöpfen usw. verarbeitet. Kuhhorn ist minderwertig. Das dunkle, schön polierbare Büffelhorn wird geschätzt. Schaf- und Ziegenhorn ist gelblich durchscheinend. Horn besteht aus Hornstoff (Keratin), ist elastisch und erweicht im Wasserdampf, so daß es gepreßt und gebogen werden kann. — Als **Hirschhorn** werden Hirsch- und Rehgeweihe zu Knöpfen usw. verarbeitet.

Schildpatt sind die Hornplatten des Panzers der Karettschildkröte. Die beste Ware kommt aus Ostindien, geringere aus Ägypten und Westindien. Die Rückenplatten sind dunkelfarbig, braun, rot und gelb geflammt, die Bauchplatten gelb und durchscheinend. Erwärmtes Schildpatt läßt sich beliebig formen und zu großen Stücken verschweißen.

Perlmutter besteht aus den Schalen der Seeperlmuschel. Sie wird bis 25 cm groß, ist leicht gewölbt, außen graugelb und blätterig, innen glatt, weiß bis dunkelgrau und zeigt ein schönes Farbenspiel. Die wertvollste kommt aus Indonesien und Manila, geringere aus Ägypten, Ostafrika und Vorderindien. Geschätzt ist die grünlichschwarze aus Tahiti und Neuseeland. Perlmutter läßt sich vorzüglich drechseln und glätten und dient zur Herstellung von koch- und bügelfesten Knöpfen, Fächern, Messerschalen usw.

In der Mantelhaut der Perlmutter findet man mitunter die wertvollen Perlen. Sie bestehen aus demselben Stoffe wie die Perlmutter, sind meist weiß, zeichnen sich durch ihren milden Glanz und Schiller aus und werden wie Edelsteine benützt und nach ihrem Gewichte (in Karat ausgedrückt) bewertet. Die meisten kommen aus Ceylon. In Japan züchtet man künstliche Perlen.

Korallen sind die kalkigen Stämme der roten Edelkoralle, die an den Küsten des Mittelmeeres gefischt werden. Die feinste Ware ist blaß-, die gewöhnliche zinnoberrot, blaßrot.

Korallen werden besonders in Italien (Livorno) zu Knöpfen, kleinen Ziergegenständen und Korallenperlen verarbeitet. Durch rotgefärbte Steinnuß, Zellhorn oder Galalith ahmt man sie nach.

Anhang:

Fischbein sind die zu Streifen gespaltenen, großen Barten aus dem Maule einiger Wale. Es besteht aus Hornfasern, ist blaugrau, sehr federnd und wird in dünnen Stäben als Schneiderfischbein verwendet.

Weißes Fischbein *(Os sepiae)* heißen die aus kohlensaurem Kalk bestehenden, flacheirunden Platten aus dem Mantel des gemeinen Tintenfisches. Sie dienen zum Glätten von Bein, Holz usw.

Badeschwämme bestehen aus den federnden, hornigen Fasergerüsten einiger Schwammtiere, die von Tauchern aus der Meerestiefe geholt werden. Die schleimigen Tierkörper entfernt man durch Kochen und Waschen, worauf man die Schwämme trocknet und nach Gewicht verkauft. „Toiletteschwämme" werden gebleicht. Man unterscheidet den rundlichen, sehr dichten „edlen Badeschwamm", den flachbeckenförmigen, oben großporigen „Zimokkaschwamm" und den sehr großen, lockeren und leicht zerreißbaren „Pferdeschwamm", der sich, naß, stark zusammendrücken läßt und ungebleicht als „Tafelschwamm" verkauft wird.

Als Ersatz für Badeschwämme dient **Luffa,** das zähe, ziemlich harte Fasergerüst eines in Japan und Afrika gebauten Kürbisses *(Luffa aegyptiaca)* das, aufgeschnitten, in Form länglicher Platten verkauft wird. Es dient auch zur Erzeugung leichter Hüte, von Einlagesohlen usw. — Gummischwämme aus stark löcherigem, roten Kautschuk werden ebenfalls als Badeschwämme benutzt. — **Künstliche Schwämme** werden aus Viskose erzeugt. Sie sind gelblichgrau, lederartig und dauerhaft.

XI. Kunststoffe

Unter dem Namen Kunststoff, auch Plastik (Plastics), in der DDR Plaste, faßt man eine Anzahl von organischen Werkstoffen zusammen, die entweder vollsynthetisch oder durch chemische Umformung von Naturstoffen pflanzlichen oder tierischen Ursprunges gewonnen werden. Ursprünglich dazu bestimmt, Naturstoffe zu ersetzen, haben sie vielfach darüber hinausgehende wertvolle Eigenschaften, die sich bei Naturstoffen nicht finden. Die Kunststoffe haben infolgedessen in der Technik große Bedeutung erlangt. Die Welterzeugung betrug 1956 (ohne UdSSR) 3,9 Mio t. Volumenmäßig betrachtet beträgt die Kunststofferzeugung mehr als das Doppelte der Welterzeugung sämtlicher Nichteisenmetalle zusammen.

A. Kunststoffe aus Zelluloseverbindung

Zelluloseester. Nitrozellulose, mit Kampfer oder anderen „Weichmachern" verknetet, gibt das **Zelluloid** oder **Zellhorn.** Es ist in der Hitze formbar, „thermoplastisch". Trotz des Nachteiles der Feuergefährlichkeit wird Zelluloid, einer der ältesten Kunststoffe, noch immer viel für die Herstellung von Filmen, Kämmen, Griffen, Zahnbürsten, Puppen verwendet.

Cellon ®, Zelluloseazetat, ist schwer entflammbar, aber nicht so fest wie Zelluloid und daher nur für Schmalfilm geeignet. Es dient u. a. zur Herstellung von Kämmen, als Folie für Elektroisolierzwecke und als Bestandteil von Sicherheitsglas.

Zelluloseäther. Methylzellulose, Tylose ®, quillt in Wasser zu einer Gallerte und dient vielfach als Grundlage für Pasten und Salben, als Glutofix ® dient sie als Klebstoff, als Glutolinleim ® für Innenanstriche. Tylose MK ist hydroxyäthyl-methyl-Zellulose.

Kollodium ist eine Lösung von Nitrozellulose in Alkohol-Äther. Zaponlack, eine Lösung von Zelluloid in Azeton-Amylalkohol, ist schon bei geringem Feststoffgehalt sehr dick („viskos") und als farbloser Schutzüberzug für Metalle gebräuchlich. Durch die Einführung stickstoffärmerer Nitrozellulose oder Kollodiumwolle (auch „Wolle" schlechthin genannt), die auch als hochkonzentrierte Lösungen niedrigviskos sind (1921), eröffnete sich ein Anwendungsgebiet für die „Nitrolacke", das bald großen Umfang erreichte: die besonders für den Autobau wichtige Spritzlackierung.

Äthyl- und Benzylzellulose in organischen Lösungsmitteln geben harte Lackfilme.

Cellophan ®, Zellglas, Zelluloseglashaut wird wie Viskose-Reyon jedoch in Form von breiten Bahnen hergestellt. Es besteht aus Zellulose und dient als durchsichtige Hüllfolie für Lebensmittel, für Wursthäute u. a. m.

B. Kunststoffe aus Eiweißstoffen

Kunsthorn, Galalith ® wird durch Härtung des bei der Labgerinnung der Molke sich absondernden Kaseins mit Formaldehyd gewonnen. Es ist ein Drechslerwerkstoff, der sich vorzüglich färben läßt und viel zu Knöpfen verarbeitet wird.

C. Vollsynthetische Kunststoffe

1. **Kunststoffe durch Kondensation.** Gewisse organische Verbindungen reagieren miteinander unter Wasseraustritt derart, daß sie sich räumlich vernetzen und hochmolekulare unlösliche und unschmelzbare Stoffe ergeben („Duroplaste"). Die Phenol-Formaldehydharze oder Phenoplaste werden nach ihrem Erfinder Baekeland Bakelite ® benannt. Ihre Herstellung erfolgt

unter gleichzeitiger Anwendung von Wärme und Druck und unter Zusatz von Reaktionsbeschleunigern. An die Stelle von Phenol kann auch Kresol treten. Je nach den Herstellungsbedingungen erhält man lösliche und schmelzbare Produkte, für Lackzwecke geeignet (Novolake), oder nicht mehr schmelzbare, unlösliche Kunstharze (Resite). Im allgemeinen wird in einer ersten Stufe Novolak hergestellt, der sodann durch weiteres Erhitzen in Resit übergeführt wird. Man unterscheidet Gießharze (Edelharz), Preßharze und Schichtstoffe. Die Preßharze sind in der Regel mit etwa 50 % Holzmehl gefüllt. Die Preßteile, z. B. elektrische Schalter, Telephonhörer, Gehäuse aller Art, kommen fertig ausgehärtet aus der Form und bedürfen keiner Nachbehandlung.

Preßstoffteile, die ein Typenzeichen tragen (Fig. 32), werden in bezug auf Einhaltung gewisser Gütenormen

Fig. 32. Typzeichen. Gütezeichen für Preßstoffe.

amtlich überwacht. Nach DIN 7708 wird ein mit Holzmehl gefülltes Phenolharz als *Typ 31* bezeichnet, ein mit Zellstoff gefülltes als *Typ 51* und ein mit Gesteinsmehl gefülltes als *Typ 11*.

Schichtstoffe sind durch Phenolharz verklebte Papier- oder Gewebebahnen (Hartpapier, Hartgewebe). Am bekanntesten sind Pertinax ® und Linax ®. Durch Verpressen von Buchenholzfolien mit

Phenolharz entsteht ein schweres Holz, das als Lignofol ® exotische Hölzer ersetzt.

Infolge seines guten Isoliervermögens ist Bakelit ein bevorzugter Werkstoff des Elektro- und Radiotechnikers. Es kann nur in dunklen Tönen hergestellt werden. Dadurch und durch seinen Phenolgeruch, an dem es zu erkennen ist, ist es auf dem Haushaltgebiete nur beschränkt einsetzbar. — Die Härtung der Lackharze erfolgt entweder durch Erhitzen in Öfen, „Einbrennlacke", oder durch Säureeinwirkung bei Zimmertemperatur: „Selbsthärtende Lacke". Gute Lackharze sind die mit Kolophonium modifizierten Albertole (Kunstkopale).

Durch Kondensation von Harnstoff oder Melamin mit Formaldehyd entstehen Kunststoffe, die als Aminoplaste bezeichnet werden. Pollopas ®, *Typ 131*, wird ähnlich wie Bakelit verarbeitet, kann auch in hellen Tönen erhalten werden und ist geruchsfrei. Man fertigt aus ihm Teller, Tassen, Knöpfe u. a. m. Eine wasserlösliche Vorstufe der Reaktion ist der Kauritleim, der zur Sperrholzverleimung dient und dem Kaseinleim überlegen ist. Plastopal ist ein Lackharz, das besonders für Nitrolacke Verwendung findet.

Melaminharze (z.B. Ultrapas ®) sind besonders hitze- und wasserbeständig *(Typ 150)*.

Der Perlonfaser entsprechen als Kunststoff die besonders festen und zähen Polyamide (z.B. Ultramid ®).

Alkydharze oder Alkydale nennt man Kondensationsprodukte (Polyester) aus fetten Ölen, Phthalsäureanhydrid und Glyzerin. Sie werden in verschiedenen Qualitäten hergestellt und in großem Umfange bei der Lackbereitung verwendet.

Polyester aus Terephthalsäure und Äthylenglykol (Hostaphan ®) werden zu Folien verarbeitet, die hohe elektrische Durchschlagsfestigkeit besitzen.

Die Kondensation von Isozyanaten mit mehrwertigen Alkoholen (auch Polyaddition genannt, da keine Abspaltung eintritt) liefert die Polyurethane. Durch Mischen von Desmophen ®. und Desmodur ® („Zweikomponentenlack") erhält man Anstrichstoffe, die zu den sehr widerstandsfähigen DD-Lacken ® erhärten.

Kondensation des aus Erdöl billig zugänglichen Epichlorhydrins mit Phenolderivaten führt zu den Epoxyharzen.

Araldit ®-Gießharz dient als Isolierstoff in der Elektrotechnik und als vorzüglicher Klebstoff. Epikote ®-Einbrennlacke sind sehr hart und chemisch widerstandsfähig.

2. Kunststoffe durch Polymerisation. Ein wichtiger Ausgangsstoff für zahlreiche Kunststoffe ist das aus Kalziumkarbid mit Wasser entwickelte Azetylen. Dieses sowie Vinylchlorid und Isobutylen, die beide aus Azetylen gewonnen werden, sind chemisch ungesättigt und befähigt, sich zu hochmolekularen Stoffen zusammenzulagern, zu polymerisieren. Polyvinylchlorid oder PVC (Vinidur, Trovidur ®) ist gegen Chemikalien sehr widerstandsfähig. Es wird in der Wärme bildsam und läßt sich schweißen. In der Kälte ist es spröde. In den Handel kommt es in Form von Platten, Folien, Stäben oder Röhren von rotbrauner Farbe. Es dient in der chemischen Industrie für säurefeste Auskleidungen, Rohrleitungen u. a. m. Das weiche Mipolam ®, gleichfalls ein Vinylpolymerisat, gibt einen guten Fußbodenbelag. Oppanol ®, ein Polyisobutylen, ist kautschukähnlich, ohne aber dessen Elastizität zu erreichen. Es hat als Werkstoff für Schuhsohlen Bedeutung erlangt. Polystyrol wird als Trolitul ® im Spritzguß verarbeitet; als Styroflexfolie ® dient es als vorzüglicher Isolierstoff. Plexiglas ® ist ein klar durchsichtiges, farbloses organisches Glas, das für Autoscheiben, im Flugzeugbau und für Haushaltsgeräte Verwendung findet. Seiner chemischen Natur nach ist es ein Polymethacrylsäureester.

Äthylen (C_2H_4), ein ungesättigter Kohlenwasserstoff, der aus Erdöl gewonnen wird, ist der Ausgangsstoff für die Herstellung von Polyäthylen (Lupolen ®, Hostalen ®, Trolen ®). Polyäthylen ist weiß, durchscheinend, gut färbbar, leicht, geruchlos und geschmackfrei, wasserfest, kältebeständig. Es läßt sich bequem durch Pressen und Spritzen verarbeiten. Dank dieser Vorzüge ist die Polyäthylenerzeugung im Laufe weniger Jahre außerordentlich angestiegen und hat diejenige aller anderen Kunststoffe überflügelt. Aus Polyäthylen fertigt man die Isolation von Kabeln und Leitungen, Verpackungsfolien, Beutel, Eimer, unzerbrechliche Flaschen, Flaschenverschlüsse, und Haushaltgeräte der verschiedensten Art.

Einwirkung von Chlor und Schwefeldioxyd auf Polyäthylen ergibt das chemisch besonders widerstandsfähige Hypalon ®, für Schutzüberzüge.

Polypropylen ist wärmebeständiger als Polyäthylen.

Polytetrafluoräthylen (Teflon ®) ist der wärmebeständigste und chemisch widerstandsfähigste Kunststoff, jedoch schwierig zu verarbeiten. Verwendung z.B. für Dichtungen.

Silikone ® sind hochpolymere Kohlenstoffverbindungen, die in ihrem Gerüst auch Silizium-Sauerstoffbindungen enthalten und dadurch besondere Eigenschaften aufweisen. Trotz des noch hohen Preises werden sie auf verschiedenen Gebieten angewendet. Die Silikoneöle ändern ihre Viskosität nur wenig mit der Temperatur und sind wasserabweisend. Silikonekautschuk ist sehr chemikalienbeständig, Silikonelack sehr wärmebeständig.

Ungesättigte Polyester geben, in polymerisierbaren Verbindungen, z.B. Styrol, gelöst, vernetzte Mischpolymerisate, die hart, nicht schmelzbar und unlöslich sind. (Palatal P ®, Leguval ®). Im Gegensatz zu den Phenol-Formaldehydharzen geht die Härtung ohne oder mit nur geringem Druck vor sich. Durch Einlagerung von Glasfasern kann man die Festigkeit so steigern, daß größere Werkstücke, wie Boote und Autokarosserien aus Polyestermassen gefertigt werden können. Da das Lösungsmittel an der Reaktion mit teilnimmt, ist es möglich, aus ungesättigten Polyestern sog. lösungsmittelfreie Lacke herzustellen. Polyesterlacke haben bei der Holzlackierung die Nitrolacke teilweise verdrängt.

Sachverzeichnis

Aal 39
Abacá 111
Abachi 103
Abbau 18
Absinth 91
Acilanschwarz 96
Ackerdoppen 98
Adeps lanae 77
Ätherische Öle 81
Äthylalkohol 67
Äthylzellulose 144
Afghalaine 129
Agar Agar 137
Agrumen 32
Ahornholz 103
Akaroidharz 85
Akaziengummi 86
Albertole 146
Alizarinrot 96
—safirol 96
—cyaningrün 96
Alkohol 65
Alkoholometer 67
Alkydale 146
Alkydharze 146
Aloehanf 112
Alpakawolle 115
Ambra 93
Aminoplaste 146
Amygdalin 34
Ananas 33
Anchovis 39
Angorawolle 115
Anilinschwarz 96
Anis 49
—öl 82
Apfelsinen 32
Arabisches Gummi 86
Arachisöl 72
Araldit 147
Arancini 32
Arrak 67
Arrowroot 24
Asa foedita 86
Astrachanfelle 139
Astrazongelb 96
Atlas 126
—, Seiden- 129
—, Woll- 128
Auramin 96
Austern 40
Avisco-Azetate 119
Azetatreyon 119
Azofarbstoffe 95

Bablah 98
Backpulver 21
Backwaren 22
Bacon 36
Badeschwämme 142
Badian 48
Bärenzucker 91
Bärlappmehl 92
Bakelit 144
Balata 90
Balatum 105
Balsaholz 101
Bananen 33
Barchent 127
Basilit 101
Bastardzucker 29
Batist 127
Bauholz 101
Baumöl 70
Baumwolldamast 128
Baumwolle 106
Baumwollgarn 122
Baumwollsamenöl 71
Baumwollsamt 128
Baumwollstoffe 127
Bedola 105
Beerenwein 63
Bein 141
Beißbeere 48
Beizenfarbstoffe 95
Benzocongorot 96
Benzoe 86
Benzylzellulose 144
Bergamottöl 82
Bergius-Verfahren 26
Bergreis 14
Biberfell 139
Bienenwachs 77
Bier 64
Bisam 139
— sealskin 139
Biskuits 22
Bitterholz 91
Bittermandelöl 82
Bixin 94
Blaufuchs 138
Blauholz 94
Blockmilch 41
Blöße 135
Bobina 119
Bohnen 17
Bourettegarn 125
Branntwein 65
Brauerpech 84

Brechnüsse 92
Brechwurzel 90
Brein 15
Breitschwanz 139
Brennholz 99, 102
Brokat 129
Broken tea 52
Brot 21
—zucker 29
Bruyèreholz 103
Bruzin 92
Buchenholz 103
Buchsholz 103
Buchweizen 16
—mehl 21
Büchsenfleisch 36
Büffelhorn 141
Büttenpapier 132
Buffbohne 17
Buna S 89
Burgunderpech 84
Butter 41
Butterschmalz 42
Butylkautschuk 89

Camphora 83
Canaigre 98
Caramelbonbons 30
Carne pura 36
Cayennepfeffer 48
Cedrat 31
Cellon 143
Cellophan 144
Cera 77
Ceresan 10
Cetaceum 77
Ceylonzimt 45
Chagrinleder 136
Chagrinpapier 133
Champagner 62
Charmeuse 129
Charque 36
Cheddarkäse 43
Cheviot 128
—wolle 114
Chevreauleder 136
Chesterkäse 43
Chinagras 111
Chinarinde 91
Chinchilla 139
Chinin 91
Chips 46
Chlorkautschuk 89
Chlorophyll 94

Chromgares Leder 136
Cochenille 94
Coffein 56
Coïr 112
Colnova 119
Corned beef 36
Cortex chinae 91
Coruscoпüsse 140
Cotton 106
Cottonöl 71
Crepe 88
Cretonne 127
Crin d'afrique 112
Crin végétal 112
Croisé 126
Croupon 135
Curry 48

Dachpappe 133
Dacron 121
Damast, Leinen- 128
—, Seiden- 129
Dammarharz 85
Dari 16
Datteln 33
DD-Lacke 147
Derriswurzeln 91
Dextrin 22, 25
Dextropur 26
Dextrose 25
Diastase 64
Dinckel 11
Diolen 121
Dispersionsfarbstoffe 95
Divi Divi 97
Dörrobst 30
Dorsch 38
Dowersches Pulver 90
Dragées 30
Dralon 121
Drillich 128
Drillo 98
Drogen 90
Dulcin 30
Dumpalme 140
Dunst 19
Dunstobst 30
Dynel 121

Ebenholz 104
Ebonit 88
Echtrot 96
Edelmarder 138
Eibenholz 103
Eichenholz 101
Eichenrinde 103
Eier 43
Einbrennlacke 147
Einschlagseide 117
Eisessig 69
Elain 78
Elfenbein, tier. 140
—, vegetabil. 140
Epikote 147
Epoxyharze 147
Erbsen 16
—mehl 21
Erbswurst 21
Erdnüsse 34
Erdnußöl 72
Eschenholz 103
Eselsfelle 139
Esparto 112
Essig 69
Etamine 127
Eulan 125
Extrakt 125

Fadeneinstellung 127
Faktis 72
Farinogramm 20
Farinograph 20
Farinzucker 29
Faßseife 29
Feh 139
Feigen 33
Feigenkaffee 34, 58
Feinseife 79
Feinwaschmittel 80
Feltbase 105
Fenchel 49
—öl 82
Fennich 15
Feuerschwamm 92
Fewa 80
Fibris 112
Fichtenharz 84
Fichtenholz 102
Fichtenrinde 97
Filtrierpapier 133
Firnis 72
Fischbein 142
Fische 37
Fischleim 137
Fischotter 138
Fisolen 17
Flachs 109
Flachs, Neuseeländischer 112
Flachsgarn 124
Flanell 128
Fleisch 35
Fleischdauerwaren 36
—extrakt 37
—gifte 36
Flockenbast 109
Florettseide 116, 125
Fohlenfelle 139
Folia sennae 91
Foulard 129
Franzbranntwein 67
Frischeier 43
Fruchtzucker 25
Fuchskusu 139
Furniere 99, 102
Fuselöle 66
Fuste Caryophylli 46

Gabardine 129
Gärung, alkoholische 60
Galalith 144
Galetten 116
Galgant 45
Galipot 84
Galläpfel 98
Gallen, chinesische 98
Gambir 94
Gambohanf 111
Garne 121
Garnhaspel 123
Gelatine 137
Gelbbeeren 94
Gelbholz 94
Gelee 30
Genotten 138
Geraniumöl 82
Gerbeextrakte 98
Gerbemittel 96
Gerberinden 97
Gerberwolle 114
Germ 68
Germisan 10
Gerste 13
Gerstenmehl 20
Gerstenzucker 27
Getreide 8
—waage 9
Gewebe 125
Gewürznelken 46
Gießharze 145
Gilbwurzel 45
Glacéleder 136
Glaserkitt 73
Glukose 25
Glutofix 143
Glutolin 143
Glyzerin 78, 80
Gorgonzola 43

Gose 65
Goudakäse 43
Gradel 128
Grahambrot 22
Granulated 29
Grape fruit 32
Graupen 20
Grauwerk 139
Greben 140
Grège 116
Grezza 116
Grieß 19
Grubenholz 99
Grünflachs 109
Grünkerne 11
Grünmalz 64
Grütze 21
Guajakholz 101, 104
Gummi arabicum 86
— Benzoe 86
— elasticum 87
— Sandarak 85
—gutt 86
—harze 86
—lack 85
—schwämme 142
Gurunüsse 58
Guttapercha 89

Haarfilzhüte 115
Hackfrüchte 17
Hadern 130
Hämatein 94
Hafer 13
—flocken 20
—grütze 20
—kakao 59
—mehl 20
Halfa 112
Hanf 110
—garn 124
—öl 73
—werg 110
Hartgummi 88
Hartharz 84
Hartpapier 145
Hartspiritus 68
Harz, gemeines 84
—ester 84
—seife 84
Hasenhaare 115
Hausenblase 137
Hautleim 137
Hede 109
Hefepilze 60
Heiden 16
Heidekorn 16

Heilbutt 76
Hektolitergewicht 10
Heliotropin 82
Hemlockrinde 97
Herba Absinthii 91
Hering 38
Hexenmehl 92
Hirschhorn 141
Hirse 15
Homa 101
Holz 99
—essig 69
—faserplatten 102
—öl 73
—schliff 130
—zimt 46
Honig 44
Hopfen 50
—extrakte 51
Horn 141
—stoff 114
Hostalen 148
Hostaphan 146
Hühnereier 43
Hülsenfrüchte 16
Huile vierge 70
Hypalon 148

Ichthyocolla 137
Ihlen 38
Indanthrenblau 96
Indanthrengoldorange 96
India rubber 87
Indigo 93
Ingwer 45
Inlaidlinoleum 105
Insektenpulver 92
Invertzucker 27
Invertzuckersyrup 29
Irisöl 82
Isobutylen 147

Japanwachs 75
Jarrahholz 104
Jasmin 82
Jersey 129
Johannisbrot 31
Jonon 82
Juchtenleder 136
Jute 111
—garn 124

Kabeljau 38
Känguruh 139
Käse 42

Kasein 120
—wolle 120
Käsestoff 120
Kaffee 55
—ersatz 55
Kakao 58
—butter 59
Kakifrüchte 33
Kalbfelle 139
Kaliseife 79
Kalkuttahanf 111
Kambrik 127
Kamelwolle 115
Kammgarn 125
—stoffe 128
—wolle 114
Kammzug 125
Kampfer 83
Kanadabalsam 83
Kandiszucker 29
Kaneel 45
Kanevas 127
Kanin 139
Kaolin 79
Kapern 46
Kapok 109
Karakul 139
Karamel 27
Kardamomen 48
Karnaubawachs 75
Karoben 31
Karriholz 104
Kartoffel 17
—flocken 21
—stärke 23
—walzmehl 21
Kaschmir 128
—wolle 115
Kastanien 34
Katechu 94
Kattun 127
Katzenfelle 138
Kaurikopal 85
Kauritleim 146
Kautabak 55
Kautschuk 87
Kefir 41
Keks 22
Kenaf 111
Keratin 114
Kernseife 79
Kettenseide 116
Kidleder 136
Kiefernholz 102
Kienöl 83
Kipsfelle 136
Kirschwasser 66

Kistenzucker 26
Klarett 62
Kleber 23
Kleien 19
Kleister 22
Klippfisch 38
Knäckebrot 22
Kneippbrot 22
Knochen 141
—fett 77
—leim 137
—öl 77
Knoppern 98
Kodein 92
Köhler 38
Kölnerleim 137
Köpergewebe 126
Körnerlack 85
Kognak 67
Kohlsaat 72
Kokablätter 53
Kokain 53
Kokosbutter 74
Kokosfaser 112
Kokosöl 74
Kok Sagis 88
Kolanüsse 58
Kollodium 144
—wolle 144
Kolonialzucker 27
Kolophonium 84
Kondensmilch 41
Konditionierung 117
Konserven, Fleisch 36
—, Obst 30
Kopalharze 84
Kopra 74
Korallen 142
Koriander 49
Korinthen 32
Kork 104
Korn 12
Kottonisierung 108
Krachmandeln 34
Krähenaugen 92
Krepp, Seiden- 129
Kristallgummi 25
Kristallstärke 24
Kristallzucker 29
Kronsardinen 39
Kubebenpfeffer 48
Kühlhauseier 44
Kümmel 49
—öl 82
Kürbiskernöl 72
Kuhhorn 141
Kukuruz 13
Kumarin 82
Kunsthonig 26
Kunstkork 105
Kunstseide 118
Kunststoffe 143
Kunstwollgarn 125
Kupferreyon 119
Kurkuma 94
Kusierseide 117

Laberdan 38
Lac-Dye 86
Lack, fetter 84
Lärchenholz 103
Lävulose 25
Lakritz 91
Lamawolle 115
Lammfelle 139
Lanolin 77
Laudanum 92
Lavendelöl 82
Lebertran 75
Leder 135
—leim 137
Legumin 16
Leguminosen 16
Leguval 149
Leim 137
—seife 79
Lein 109
Leinengarn 124
Leinenstoffe 128
Leinkuchen 72
Leinöl 72
Leinsaat 72
Leinwand 128
Lemongrasöl 82
Lequar 30
Lignofol 146
Lignin 111
Lignum Quassiae 91
—, *sanctum* 104
Liköre 68
Limba 103
Limburger Käse 43
Limonen 31
Linax 145
Lindenholz 103
Linoleum 105
Linsen 17
Lodenstoffe 128
Löschpapier 133
Lohe 97
Lüster 128
Luffa 142
Lumpen 130
Lupolen 148
Lupulin 50
Lycopodium 92

Macis 49
Mahagoniholz 104
Maikens 38
Mais 13
—mehl 20
—stärke 24
Maizena 24
Makkaroni 22
Makkoré 104
Malagatrauben 32
Malagawein 62
Malletrinde 97
Malz 64
—bonbons 30
—kakao (Maltin) 59
Manchester 128
Mandarinen 32
Mandeln 34
Mandelöl 34, 72
Mangroverinde 97
Manilahanf 111
Manilakopal 85
Maniok 24
Maquerau 39
Marantastärke 24
Marderfelle 138
Margarine 77
Marmelade 30
Marokkoleder 136
Maronen 34
Maroquin 136
Marseillerseife 79
Marzipanmasse 30
Masten 99
Mastix 85
Mate 53
Maulwurf 139
Meerzwiebel 91
Mehl 19
Mehltype 20
Meilerholz 99
Melaminharz 146
Melasse 28
Meliszucker 29
Menthol 82
Merinova 120
Mersolat 80
Meta 68
Methylenblau 96
Methylviolett 96
Methylzellulose 143
Micronaire 108
Milch 40
—pulver 41

Milchschokolade 60
—zucker 25
Milokorn 16
Mimosarinde 97
Mipolam 147
Miso 17
Mohar 16
Mohair 115
—wolle 115
Mohnöl 73
Molke 43
Molkenpulver 43
Molton 127
Mondamin 24
Morphin 92
Moschus 93, 82
Most 61
Mostrich 50
Müllerei 18
Mull 127
Mumme 65
Mungo 125
Muscovados 27
Muskatblüte 49
Muskatbutter 50
Muskatnüsse 49
Musselin 127
Mutterkorn 12
Myrobalanen 97
Myrrhen 86

Nährstoffe 8
Nahrungsmittel 8
Naphthensäure 79
Naphtol-AS-Farbstoffe 95
Narkotin 92
Natronzellstoff 131
Nelkenöl 82
Nelkenpfeffer 48
Neoprene 89
Nescafé 57
Nessel, weiße 111
Neugewürz 48
Neuseeländ. Flachs 112
Nitroglyzerin 81
Nitrolack 144
Nitroreyon 118
Nitrozellulose 143
Novolake 145
Nudeln 22
Nummer der Garne 123
Nußholz 103
Nußöl 73
Nutria 139
Nux vomica 92
Nylon 121

Oberleder 136
Obers 40
Obst 30
—dauerwaren 30
—wein 63
Ochsenzunge 36
Öle, ätherische 81
—, fette 70
—, gehärtete 73
Ölsaaten 72
Ölsäure 78
Oiticicaöl 73
Olein 78
Oleomargarin 76
Oleum jecoris aselli 76
Olibanum 86
Oliven 31
—öl 70
Opekta 31
Opium 92
Opossum 139
Oppanol 147
Orange II 96
Orangen 32
Organtin 127
Organzinseide 116
Orleans (Farbstoffe) 94
Orlon 121
Orseille 94
Os sepiae 142
Ouricury-Wachs 75

Packpapier 133
Pakowolle 115
Palatal 149
Palisanderholz 104
Palmarosaöl 82
Palmholz 104
Palmitinsäure 70
Palmkernöl 74
Palmöl 74
—wachs 75
Papier 130
—garn 124
—maché 133
Pappe 130, 133
Paprika 48
Paraguaytee 53
Paranüsse 34
Pasteurisieren 41
Patentblau 96
Pech 84
PeCe-Faser 120
Peddigrohr 104
Pekarisieren 20
Pelzwaren 138

Pepperoni 48
Perbunan 89
Pergamentpapier 133
Pergamin 133
Perillaöl 73
Perkal 127
Perlen 141
Perlkaffee 55
Perlon 121
Perlmutter 141
Perlsago 24
Persianer 139
Persil 80
Pertinax 145
Petiotisieren 62
Pfeffer, lang 48
—, schwarz 47
—, spanisch 48
—, türkisch 48
—, weiß 48
—minzöl 82
—minzpastillen 30
Pflanzenbutter 74
Pflanzeneiweiß 10
Pflanzenfette 74
Pflaumenmus 30
Phenoplaste 144
Phrixreyon 119
Phtalocyaninfarbstoffe 95
Piassave 112
Pignoli 34
Pikee 128
Pilchard 39
Pilézucker 29
Piment 48
Piperonal 82
Pistazien 34
Pitahanf 112
Pitchpine 103
Plastik 143
Plastopal 146
Platinfuchs 138
Plexiglas 147
Plüsch 129
Pockholz 104
Pökelfleisch 36
Pökelhering 38
Polarimeter 28
Polarisation 28
Polentamehl 14, 21
Pollopas 146
Polyamide 121, 146
Polyäthylen 148
Polyester, ungesättigte 148
—, gesättigte 121

Polymethinfarbstoffe 95
Polystyrol 147
Polyvinylchlorid 120, 147
Pomeranzen 32
—öl 82
Popeline 127
Powidl 30
Pralinen 30
Premier jus 76
Preßharze 145
Preßhefe 68
Preßkuchen 70, 72, 74
Pressley 109
Preßspan 133
Preßtalg 76
Proteine 10
Provenceröl 70
Ptomaine 36
Puderkakao 59
Puderzucker 29
Pumpernickel 22

Quacker Oats 20
Qualitätsgewicht 10
Quark 40
Quassia amara 91
Quebrachoholz 97
Querzitron 94

Raden 10
Radix, Ipecacuanhae 90
—, *Iridis* 90
—, *Liquiritiae* 91
Raffinadezucker 28
Rahm 40
Ramie 111
Raps 72
Rattan 104
Rauchfleisch 36
Rauchtabak 54
Rauchwaren 138
Raufwolle 114
Redon 121
Regenerat 88
Reis 14
—besen 16
—bürsten 16
—mehl 24
—schalen 14
—stärke 24
Rendement 28
Resina Kopal 84
Resite 145
Reyon 118
Rhovyl 120
Riechstoffe, Künstl. 82
Rips 127
Rizinusöl 72
Röstgummi 25
Roggen 12
—mehl 20
Rohharz 84
Rohr, span. 104
—zucker 26
Rohseide 116
Rohtalg 76
Rohzucker 28
Rollgerste 20
Rosenöl 81
Rosinen 32
Rotang 104
Rotbarsch 40
Rotbuchenholz 103
Rotenon 91
Rotholz 94
Rübenrohzucker 27
Rüböl 72
Rübsen 72
Rum 67
Runkelrübe 27

Saccharide 25
Saccharimeter 28
Saccharin 30
Saccharose 26
Sämischleder 136
Saffianleder 136
Saffianpapier 133
Safran 47
Sagispflanze 88
Sago 24
Sahne 40
Salzhering 38
Samt, Seiden- 129
—, Woll- 129
—gewebe 126
Sandarak 85
Sansibarkopal 84
Sardellen 39
Sardinen 39
Satin 127
—, Seiden- 129
Saubohne 17
Sauerteig 21
Schäben 109
Schafhorn 141
Schafwolle 113
Schafwollgarn 124
Schappeseide 125
Schaumwein 62
Schellak 85
Schellfisch 38
Scheuermittel 80
Schichtstoffe 145
Schiffsgraupen 20
Schildpatt 141
Schinken 36
Schleiflacke 85
Schlempe 66
Schmack 97
Schmelzkäse 42
Schmelztalg 76
Schmer 76
Schmierseife 79
Schnupftabak 55
Schokolade 60
Schreinerholz 99
Schrot 18
Schupp 138
Schwämme, Bade- 142
—, künstliche 142
Schwanenpelz 140
Schwarzbrot 22
Schwarzfuchs 138
Schwefelfarben 95
Schwefelschwarz 96
Schweinefett 76
Schweineschmalz 76
Schwellen 99
Schwimmseife 79
Sealskin 139
Seeforelle 39
Seegras 112
Seehundfell 139
Seelachs 38
Seeotter 138
Segeltuch 128
Seide 115
Seidenabfälle 116
Seidengarne 125
Seidenstoffe 129
Seife 78
Sekt 62
Selchfleisch 36
Semen Strychni 92
Senf 50
—mehl 50
Sennesblätter 91
Sepiabraun 94
Serge 128
Sesamöl 71
Shoddy 125
Sikkativ 73
Silberfuchs 138
Silikone 148
Silospeicher 9
Simonsbrot 22
Sionon 30
Siriuslichtfarbstoffe 96

Sisalhanf 112
Skunks 138
Slibowitz 66
Smoked sheets 88
Sohlleder 135
Sojabohnen 17
Sojakäse 17
Sojamehl 17
Sojamilch 17
Sonnenblumenöl 73
Sorgho 16
Spaltleder 136
Spanisches Rohr 104
Speck 36
Speisekartoffel 18
Speisesenf 50
Spelz 11
Spermacet 77
Sperrholz 102
Spiritus 66
Sprit 66
Sprotten 39
Standöl 72
Stärke 22
—gummi 25
—syrup 26
—zucker 25
Stearin 78
Steinhäger 67
Steinmetzbrot 22
Steinmetzmehl 20
Steinnüsse 140
Sternanis 48
Stielpfeffer 48
Stinkasant 86
Stockfisch 38
Stocklack 85
Stragula 105
Strahlenstärke 23
Streichgarn 124
Streichwolle 114
Strohstoff 131
Strohwein 62
Strohzellulose 131
Strychnin 92
Stückzucker 29
Stuhlrohr 104
Styroflex 147
Suberit 105
Substantive Farbstoffe 95
Succus Liquiritiae 91
Südfrüchte 30
Süßholz 91
Süßmost 63
—hilfe 30
Süßstoffe, künstl. 30
Sukkade 31
Sulfitablauge 131
Sulfitlauge 131
Sulfitzellstoff 131
Sulfuröl 71
Sultaninen 32
Sumach 97
Sumpfreis 14
Sunnhanf 111
Suosan 30
Synourinöl 73

Tabak 53
Taft 129
Taguanüsse 140
Talg 76
—öl 76
Tallöl 73
Tannenholz 102
Tannigane 99
Tapeten 133
Tapioka 24
Tartrazin 96
Teakholz 104
Tee 51
Teerfarben 95
Teflon 148
Teigwaren 22
Teppiche 129
Terpentin 82
—öl 82
Terylene 121
tex-System 122
Theïn 53
Theobromin 59
Thiokoll 89
Thunfisch 39
Thymol 82
Tilsiter Käse 43
Tiolan 120
Tischlerleim 137
Tischlerplatten 102
Tischlerpolitur 86
Titer der Seide 118
Toiletteseife 79
Topfen 40
Tournantöl 71
Towgarn 110
Tragant 87
Tramaseide 117
Tran 75
Traubenzucker 25
Trebern 64
Trester 61
Trevira 121
Trikotagen 129
Trockenmilch 41
Trolen 148
Trolitul 147
Trovidur 147
Tuchwolle 114
Tungöl 73
Tusche, braune 94
Tussahseide 118
Tweed 129
Twist 124
Tylose 143

Ulmergerste 20
Ultrapas 146
Ultrasüß 30
Unschlitt 76
Upsalun 10
Upsulun 10

Vacheleder 136
Vachetten 136
Valonea 98
Vanille 49
Vanillin 49, 82
Veilchenwurzel 90
Velours 128
Velpel 129
Vicunjawolle 115
Vinidur 147
Vinylchlorid 147
Vinyon 121
Virus 18
Viskose 119
Viskosereyon 119
Vitamin C 31
Voile 128
Vulkanfiber 89
Vulkollan 89

Wacholderholz 103
Wachs 75
Wallaby 139
Walrat 77
Waschleder 136
Waschpulver 80
Wasserfirnis 86
Wasserglas 79, 101
Wattlebark 97
Webedichte 127
Weckgläser 31
Wegwarte 57
Weichgummi 88
Weihrauch 86
Wein 61
—beeren 32
—brand 67
—essig 69
—geist 60

Weinstein 62
Weißbrot 22
Weißfuchs 138
Weizen 10
—flocken 20
—grieß 19
—grütze 20
—mehl 19
—stärke 23
Welschkorn 13
Werg 109
—garn 124
Wermut 91
Wicken 10
Wirtschaftskartoffel 18
Wolle 113
Wollfett 77
Wollfilzhüte 115
Wollstoffe 128
Wollstra 125
Wolmansalz 101
Worcestersauce 17
Würfelzucker 29
Wundschwamm 92
Wurstwaren 36

Yoghurt 41

Zackelwolle 114
Zaponlack 144
Zellhorn 143
Zelljute 111
Zellstoff 131
—garn 124
Zelluloid 143
Zellulose 131
Zellwolle 119
Zephir 127
Zewa 131
Zibeben 32
Zibet 93
Zichorie 57
Zider 63
Ziegeltee 52
Ziegenhorn 141
Zigarren 54
Zimt 45
—kassie 46
—öl 82
Zirbelholz 102
Zitronat 31
Zitronen 31
Zitwerwurzel 45
Zobelfelle 138
Zuckercouleur 26, 67
Zuckerrohr 27
Zuckerwaren 30
Zwetschengeist 66
Zwieback 22
Zwillich 128

Inhaltsübersicht

	Seite
Biologie	13
Botanik	13
Chemie	12
Deutsche Sprache und Literatur	6
Elektrotechnik	15
Englisch	7
Erd- und Länderkunde	8
Geologie	14
Germanisch	7
Geschichte	5
Griechisch	8
Hebräisch	8
Hoch- und Tiefbau	18
Indogermanisch	7
Kristallographie	14
Kunst	5
Land- und Forstwirtschaft	14
Lateinisch	8
Maschinenbau	16
Mathematik	9
Mineralogie	14
Musik	4
Pädagogik	3
Philosophie	3
Physik	11
Psychologie	3
Publizistik	9
Religionswissenschaften	4
Romanisch	7
Russisch	8
Sanskrit	8
Soziologie	3
Statistik	9
Technik	15
Technologie	13
Volkswirtschaft	9
Vermessungswesen	18
Wasserbau	17
Zoologie	14

Geisteswissenschaften

Philosophie

Einführung in die Philosophie von *H. Leisegang* †. 3. Auflage. 145 Seiten. 1957. (*281*)

Hauptprobleme der Philosophie von *G. Simmel* †. 7., unveränderte Auflage. 177 Seiten. 1950. (*500*)

Geschichte der Philosophie

I: Die griechische Philosophie von *W. Capelle*. 1. Teil. Von Thales bis Leukippos. 2., erweiterte Auflage. 135 Seiten. 1953. (*857*)

II: Die griechische Philosophie von *W. Capelle*. 2. Teil. Von der Sophistik bis zum Tode Platons. 2., stark erweiterte Auflage. 144 Seiten. 1953. (*858*)

III: Die griechische Philosophie von *W. Capelle*. 3. Teil. Vom Tode Platons bis zur Alten Stoa. 2., stark erweiterte Auflage. 132 Seiten. 1954. (*859*)

IV: Die griechische Philosophie von *W. Capelle*. 4. Teil. Von der Alten Stoa bis zum Eklektizismus im 1. Jahrh. v. Chr. 2., stark erweiterte Auflage. 132 Seiten. 1954. (*863*)

V: Die Philosophie des Mittelalters von *J. Koch*. In Vorbereitung. (*826*)

VI: Von der Renaissance bis Kant von *K. Schilling*. 234 Seiten. 1954. (*394/394a*)

VII: Immanuel Kant von *G. Lehmann*. In Vorbereitung. (*536*)

VIII: Die Philosophie des 19. Jahrhunderts von *G. Lehmann*. 1. Teil. 151 Seiten. 1953. (*571*)

IX: Die Philosophie des 19. Jahrhunderts von *G. Lehmann*. 2. Teil. 168 Seiten. 1953. (*709*)

X: Die Philosophie im ersten Drittel des 20. Jahrhunderts I von *G. Lehmann*. 128 Seiten. 1957. (*845*)

Die geistige Situation der Zeit (1931) von *K. Jaspers*. 4., unveränderter Abdruck der 1932 bearbeiteten 5. Auflage. 211 Seiten. 1955. (*1000*)

Erkenntnistheorie von *G. Kropp*

I. Teil: Allgemeine Grundlegung. 143 Seiten. 1950. (*807*)

Formale Logik von *P. Lorenzen*. 165 Seiten. 1958. (*1176/1176a*)

Philosophisches Wörterbuch von *M. Apel* †. 5., völlig neubearbeitete Auflage von *P. Ludz*. 315 Seiten. 1958. (*1031/1031a*)

Philosophische Anthropologie. Menschliche Selbstdeutung in Geschichte und Gegenwart von *M. Landmann*. 266 Seiten. 1955. (*156/156a*)

Pädagogik, Psychologie, Soziologie

Geschichte der Pädagogik von *Herm. Weimer*. 13., durchgesehene und vermehrte Auflage von *Heinz Weimer*. 178 Seiten. 1958. (*145*)

Therapeutische Psychologie. Ihr Weg durch die Psychoanalyse von *W. M. Kranefeldt*. Mit einer Einführung von *C. G. Jung*. 3. Auflage. 152 Seiten. 1956. (*1034*)

Allgemeine Psychologie von *Th. Erismann*. 3 Bände.
I: Grundprobleme. 2., neubearbeitete Auflage. 146 Seiten. 1958. (*831*)
II: Grundarten des psychischen Geschehens. 248 Seiten. 1959. (*832/832a*)
III: Psychologie der Persönlichkeit. In Vorbereitung. (*833*)

Soziologie. Geschichte und Hauptprobleme von *L. von Wiese*. 5. Auflage. 162 Seiten. 1954. (*101*)

Sozialpsychologie von *P. R. Hofstätter*. 181 Seiten, 15 Abbildungen, 22 Tabellen. 1956. (*104/104a*)

Empirische Sozialforschung von *G. K. Specht*. 1959. In Vorbereitung. (*1175*)

Psychologie des Berufs- und Wirtschaftslebens von *W. Moede* †. 190 Seiten, 48 Abbildungen. 1958. (*851/851a*)

Industrie- und Betriebssoziologie von *R. Dahrendorf*. 120 Seiten. 1956. (*103*)

Religionswissenschaften

Jesus von *M. Dibelius* †. 2. Auflage. Unveränderter Nachdruck. 141 Seiten. 1949. (*1130*)

Paulus von *M. Dibelius* †. Nach dem Tode des Verfassers herausgegeben und zu Ende geführt von *W. G. Kümmel*. 2., durchgesehene Auflage. 155 Seiten. 1956. (*1160*)

Luther von *F. Lau*. 151 Seiten. 1959. (*1187*)

Römische Religionsgeschichte von *F. Altheim*. 2 Bände. 2., umgearbeitete Auflage.
I: Grundlagen und Grundbegriffe. 116 Seiten. 1956. (*1035*)
II: Der geschichtliche Ablauf. 164 Seiten. 1956. (*1052*)

Geschichte Israels. Von den Anfängen bis zur Zerstörung des Tempels (70 n. Chr.) von *E. L. Ehrlich*. 158 Seiten, 1 Tafel. 1958. (*231/231a*)

Musik

Musikästhetik von *H. J. Moser*. 180 Seiten. Mit zahlreichen Notenbeispielen. 1953. (*344*)

Systematische Modulation von *R. Hernried*. 2. Auflage. 136 Seiten. Mit zahlreichen Notenbeispielen. 1950. (*1094*)

Der polyphone Satz von *E. Pepping*. 2 Bände.
I: Der cantus-firmus-Satz. 2. Auflage. 223 Seiten. Mit zahlreichen Notenbeispielen. 1950. (*1148*)
II: Übungen im doppelten Kontrapunkt und im Kanon. 137 Seiten. Mit zahlreichen Notenbeispielen. 1957. (*1164/1164a*)

Allgemeine Musiklehre von *H. J. Moser*. 2., durchgesehene Auflage. 155 Seiten. Mit zahlreichen Notenbeispielen. 1955. (*220/220a*)

Harmonielehre von *H. J. Moser*. 2 Bände.
I: 109 Seiten. Mit 120 Notenbeispielen. 1954. (*809*)

Die Musik des 19. Jahrhunderts von *W. Oehlmann*. 180 Seiten. 1953. (*170*)

Die Musik des 20. Jahrhunderts von *W. Oehlmann*. 1959. In Vorbereitung. (*171/171a*)

Technik der deutschen Gesangskunst von *H. J. Moser*. 3., durchgesehene und verbesserte Auflage. 144 Seiten, 5 Figuren sowie Tabellen und Notenbeispiele. 1954. (*576/576a*)

Die Kunst des Dirigierens von *H. W. von Waltershausen* †. 2., vermehrte Auflage. 138 Seiten. Mit 19 Notenbeispielen. 1954. (*1147*)

Die Technik des Klavierspiels aus dem Geiste des musikalischen Kunstwerkes von *K. Schubert* †. 3. Auflage. 110 Seiten. Mit Notenbeispielen. 1954. (*1045*)

Kunst

Stilkunde von *H. Weigert*. 2 Bände. 3., durchgesehene und ergänzte Auflage.
I: Vorzeit, Antike, Mittelalter. 136 Seiten, 94 Abbildungen. 1958. (*80*)
II: Spätmittelalter und Neuzeit. 150 Seiten, 88 Abbildungen. 1958. (*781*)

Archäologie von *A. Rumpf*. 2 Bände.
I: Einleitung, historischer Überblick. 143 Seiten, 6 Abbildungen, 12 Tafeln. 1953. (*538*)
II: Die Archäologensprache. Die antiken Reproduktionen. 136 Seiten, 7 Abbildungen, 12 Tafeln. 1956. (*539*)

Geschichte

Einführung in die Geschichtswissenschaft von *P. Kirn*. 3., durchgesehene Auflage. 128 Seiten. 1959. (*270*)

Zeitrechnung der römischen Kaiserzeit, des Mittelalters und der Neuzeit für die Jahre 1—2000 n. Chr. von *H. Lietzmann* †. 3. Auflage, durchgesehen von *K. Aland*. 130 Seiten. 1956. (*1085*)

Kultur der Urzeit von *F. Behn*. 3 Bände. 4. Auflage der Kultur der Urzeit Bd. 1—3 von *M. Hoernes*.
I: Die vormetallischen Kulturen. (Die Steinzeiten Europas. Gleichartige Kulturen in anderen Erdteilen.) 172 Seiten, 48 Abbildungen. 1950. (*564*)
II: Die älteren Metallkulturen. (Der Beginn der Metallbenutzung. Kupfer- und Bronzezeit in Europa, im Orient und in Amerika.) 160 Seiten, 67 Abbildungen. 1950. (*565*)
III: Die jüngeren Metallkulturen. (Das Eisen als Kulturmetall, Hallstatt-Latène-Kultur in Europa. Das erste Auftreten des Eisens in den anderen Weltteilen.) 149 Seiten, 60 Abbildungen. 1950. (*566*)

Vorgeschichte Europas von *F. Behn*. Völlig neue Bearbeitung der 7. Auflage der „Urgeschichte der Menschheit" von *M. Hoernes*. 125 Seiten, 47 Abbildungen. 1949. (*42*)

Der Eintritt der Germanen in die Geschichte von *J. Haller* †. 3. Auflage, durchgesehen von *H. Dannenbauer*. 120 Seiten, 6 Kartenskizzen. 1957. (*1117*)

Von den Karolingern zu den Staufern. Die altdeutsche Kaiserzeit (900—1250) von *J. Haller* †. 4., durchgesehene Auflage von *H. Dannenbauer*. 142 Seiten, 4 Karten. 1958. (*1065*)

Deutsche Geschichte im Zeitalter der Reformation, der Gegenreformation und des dreißigjährigen Krieges von *F. Hartung*. 129 Seiten. 1951. (*1105*)

Deutsche Geschichte von 1648—1740. Politischer und geistiger Wiederaufbau von *W. Treue*. 120 Seiten. 1956. (*35*)

Deutsche Geschichte von 1713—1806 von *W. Treue*. 168 Seiten. 1957. (*39*)

Deutsche Geschichte von 1807—1871 von *W. Treue*. In Vorbereitung. (*893*)

Deutsche Geschichte von 1871 bis zur Gegenwart von *W. Treue*. In Vorbereitung (*894*)

Quellenkunde der Deutschen Geschichte im Mittelalter (bis zur Mitte des 15. Jahrhunderts) von *K. Jacob* †. 3 Bände.
I: Einleitung. Allgemeiner Teil. Die Zeit der Karolinger. 6., neubearbeitete Auflage von *H. Hohenleutner*. In Vorbereitung. (*279*)
II: Die Kaiserzeit (911—1250). 5., neubearbeitete Auflage von *H. Hohenleutner*. 1959. In Vorbereitung. (*280*)
III: Das Spätmittelalter (vom Interregnum bis 1500). Herausgegeben von *F. Weden*. 152 Seiten. 1952. (*284*)

Geschichte Englands von *H. Preller*. 2 Bände.
I: bis 1815. 3., stark umgearbeitete Auflage. 135 Seiten, 7 Stammtafeln, 2 Karten. 1952. (*375*)
II: Von 1815 bis 1910. 2., völlig umgearbeitete Auflage. 118 Seiten, 1 Stammtafel, 7 Karten. 1954. (*1088*)

Römische Geschichte von *F. Altheim*. 4 Bände. 2., verbesserte Auflage.
I: Bis zur Schlacht bei Pydna (168 v. Chr.). 124 Seiten. 1956. (*19*)
II: Bis zur Schlacht bei Actium (31 v. Chr.). 129 Seiten. 1956. (*677*)
III: Bis zur Schlacht an der Milvischen Brücke (312 n. Chr.). 148 Seiten. 1958. (*679*)
IV: Bis zur Schlacht am Yarmuk (636 n. Chr.). In Vorbereitung. (*684*)

Geschichte der Vereinigten Staaten von Amerika von *O. Graf zu Stolberg-Wernigerode*. 192 Seiten, 10 Karten. 1956. (*1051/1051a*)

Deutsche Sprache und Literatur

Geschichte der Deutschen Sprache von *H. Sperber*. 3. Auflage, besorgt von *W. Fleischhauer*. 128 Seiten. 1958. (*915*)

Deutsches Rechtschreibungswörterbuch von *M. Gottschald* †. 2., verbesserte Auflage. 219 Seiten. 1953. (*200/200a*)

Deutsche Wortkunde. Eine kulturgeschichtliche Betrachtung des deutschen Wortschatzes von *A. Schirmer*. 3., durchgesehene Auflage. 109 Seiten. 1949. (*929*)

Deutsche Sprachlehre von *W. Hofstaetter*. 9., neubearbeitete Auflage von *G. Spree*. 144 Seiten. 1953. (*20*)

Stimmkunde für Beruf, Kunst und Heilzwecke von *H. Biehle*. 111 Seiten. 1955. (*60*)

Redetechnik. Einführung in die Rhetorik von *H. Biehle*. 115 Seiten. 1954. (*61*)

Sprechen und Sprachpflege (Die Kunst des Sprechens) von *H. Feist*. 2., verbesserte Auflage. 99 Seiten, 25 Abbildungen. 1952. (*1122*)

Deutsches Dichten und Denken von der germanischen bis zur staufischen Zeit von *H. Naumann* †. (Deutsche Literatur vom 5.—13. Jahrhundert.) 2., verbesserte Auflage. 166 Seiten. 1952. (*1121*)

Deutsches Dichten und Denken vom Mittelalter zur Neuzeit von *G. Müller* (1270 bis 1700). 2., durchgesehene Auflage. 159 Seiten. 1949. (*1086*)

Deutsches Dichten und Denken von der Aufklärung bis zum Realismus (Deutsche Literaturgeschichte von 1700—1890) von *K. Viëtor* †. 3., durchgesehene Auflage. 159 Seiten. 1958. (*1096*)

Der Nibelunge Nôt in Auswahl mit kurzem Wörterbuch von *K. Langosch*. 10., durchgesehene Auflage. 164 Seiten. 1956. (*1*)

Kudrun- und Dietrich-Epen in Auswahl mit Wörterbuch von *O. L. Jiriczek*. 6. Auflage, bearbeitet von *R. Wisniewski*. 173 Seiten. 1957. (*10*)

Wolfram von Eschenbach. Parzival. Eine Auswahl mit Anmerkungen und Wörterbuch von *H. Jantzen*. 2. Auflage, bearbeitet von *H. Kolb*. 128 Seiten. 1957. (*921*)

Hartmann von Aue. Der arme Heinrich nebst einer Auswahl aus der „Klage", dem „Gregorius" und den Liedern (mit einem Wörterverzeichnis) herausgegeben von *F. Maurer*. 96 Seiten. 1958. (*18*)

Gottfried von Strassburg von *F. Maurer*. 142 Seiten. 1959. (*22*)

Die deutschen Personennamen von *M. Gottschald* †. 2., verbesserte Auflage. 151 Seiten. 1955. (*422*)

Althochdeutsches Elementarbuch. Grammatik und Texte von *H. Naumann* † und *W. Betz*. 2., verbesserte und vermehrte Auflage. 156 Seiten. 1954. (*1111*)

Mittelhochdeutsche Grammatik von *H. de Boor* und *R. Wisniewski*. 141 Seiten. 1956. (*1108*)

Indogermanisch, Germanisch

Indogermanische Sprachwissenschaft von *H. Krahe*. 2 Bände. 3., neubearbeitete Aufl.
I: Einleitung und Lautlehre. 106 Seiten. 1958. (*59*)
II: Formenlehre. 100 Seiten. 1959. (*64*)

Gotisches Elementarbuch. Grammatik, Texte mit Übersetzung und Erläuterungen mit einer Einleitung von *H. Hempel*. 2., umgearbeitete Aufl. 165 Seiten. 1953. (*79*)

Germanische Sprachwissenschaft von *H. Krahe*. 2 Bände. 3., neubearbeitete Auflage.
I: Einleitung und Lautlehre. 147 Seiten. 1956. (*238*)
II: Formenlehre. 149 Seiten. 1957. (*780*)

Altnordisches Elementarbuch. Schrift, Sprache, Texte mit Übersetzung und Wörterbuch von *F. Ranke*. 2., durchgesehene Auflage. 146 Seiten. 1949. (*1115*)

Englisch, Romanisch

Altenglisches Elementarbuch von *M. Lehnert*. Einführung, Grammatik, Texte mit Übersetzung und Wörterbuch. 4., verbesserte Auflage. 178 Seiten. 1959. (*1125*)

Historische neuenglische Laut- und Formenlehre von *E. Ekwall*. 3., durchgesehene Auflage. 150 Seiten. 1956. (*735*)

Englische Phonetik von *H. Mutschmann* †. 117 Seiten. 1956. (*601*)

Englische Literaturgeschichte von *F. Schubel*. 4 Bände.
I: Die alt- und mittelenglische Periode. 163 Seiten. 1954. (*1114*)
II: Von der Renaissance bis zur Aufklärung. 160 Seiten. 1956. (*1116*)
III: Romantik und Viktorianismus. 1959. In Vorbereitung. (*1124*)

Beowulf von *M. Lehnert*. Eine Auswahl mit Einführung, teilweiser Übersetzung, Anmerkungen und etymologischem Wörterbuch. 3., verbesserte Auflage. 135 Seiten. 1959. (*1135*)

Shakespeare von *P. Meißner* †. 2. Auflage, neubearbeitet von *M. Lehnert*. 136 Seiten. 1954. (*1142*)

Italienische Literaturgeschichte von *K. Voßler* †. Unveränderter Nachdruck der 1927 erschienenen 4., durchgesehenen und verbesserten Auflage. 148 Seiten. 1948. (*125*)

Romanische Sprachwissenschaft von *H. Lausberg*. 2 Bände.
I: Einleitung und Vokalismus. 160 Seiten. 1956. (*128/128a*)
II: Konsonantismus. 95 Seiten. 1956. (*250*)

Griechisch, Lateinisch

Griechische Sprachwissenschaft von *W. Brandenstein*. 2 Bände.
I: Einleitung, Lautsystem, Etymologie. 160 Seiten. 1954. (*117*)
II: Wortbildung und Formenlehre. 192 Seiten. 1959. (*118/118a*)

Geschichte der griechischen Sprache. 2 Bände.
I: Bis zum Ausgang der klassischen Zeit von *O. Hoffmann* †. 3. Auflage bearbeitet von *A. Debrunner* †. 156 Seiten. 1953. (*111*)
II: Grundfragen und Grundzüge des nachklassischen Griechisch von *A. Debrunner* †. 144 Seiten. 1954. (*114*)

Geschichte der lateinischen Sprache von *F. Stolz* †. 3., stark umgearbeitete Auflage von *A. Debrunner* †. 136 Seiten. 1953. (*492*)

Hebräisch, Sanskrit, Russisch

Hebräische Grammatik von *G. Beer* †. 2 Bände. 2., völlig neubearbeitete Auflage von *R. Meyer*.
I: Schrift-, Laut- und Formenlehre I. 157 Seiten. 1952. (*763/763a*)
II: Formenlehre II. Syntax und Flexionstabellen. 195 Seiten. 1955. (*764/764a*)

Hebräisches Textbuch von *R. Meyer*. In Vorbereitung. (*769/769a*)

Sanskrit-Grammatik von *M. Mayrhofer*. 89 Seiten. 1953. (*1158*)

Russische Grammatik von *E. Berneker* †. 6., unveränderte Auflage von *M. Vasmer*. 155 Seiten. 1947. (*66*)

Erd- und Länderkunde

Afrika von *F. Jaeger*. Ein geographischer Überblick. 2 Bände. 2., umgearbeitete Auflage.
I: Der Lebensraum. 179 Seiten, 18 Abbildungen. 1954. (*910*)
II: Mensch und Kultur. 155 Seiten, 6 Abbildungen. 1954. (*911*)

Australien und Ozeanien von *H. J. Krug*. 176 Seiten, 46 Skizzen. 1953. (*319*)

Volkswirtschaft, Statistik, Publizistik

Allgemeine Betriebswirtschaftslehre von *K. Mellerowicz*. 4 Bände. 10., erweiterte und veränderte Auflage.
I: 224 Seiten. 1958. (*1008/1008a*)
II: 188 Seiten. 1959. (*1153/1153a*)
III: 260 Seiten. 1959. (*1154/1154a*)
IV: 209 Seiten. 1959. (*1186/1186a*)
Diese 4 Bände sind auch in Ganzleinen gebunden zum Preise von je DM 6,30 lieferbar.

Allgemeine Volkswirtschaftslehre von *A. Paulsen*. 4 Bände.
I: Grundlegung, Wirtschaftskreislauf. 3., durchgesehene und ergänzte Auflage. 148 Seiten. 1959. (*1169*)
II: Haushalte, Unternehmungen, Marktformen. 2., durchgesehene und ergänzte Auflage. 164 Seiten, 32 Abbildungen. 1958. (*1170*)
III: Produktionsfaktoren, Geldwesen. 184 Seiten. 1959. (*1171*)
IV: Gesamtbeschäftigung, Konjunktur, Wachstum. In Vorbereitung. (*1172*)

Finanzwissenschaft von *H. Kolms*. 4 Bände.
I: Grundlegung. Öffentliche Ausgaben. 160 Seiten. 1959. (*148*)
II: Erwerbseinkünfte, Gebühren und Beiträge; Allgemeine Steuerlehre. 1959. In Vorbereitung. (*391*)
III: Besondere Steuerlehre. In Vorbereitung. (*776*)
IV: Öffentlicher Kredit. Haushaltswesen. Finanzausgleich. In Vorbereitung. (*782*)

Finanzmathematik von *M. Nicolas*. 192 Seiten, 11 Tafeln, 8 Tabellen und 72 Beispiele. 1959. (*1183/1183a*)

Industrie- und Betriebssoziologie von *R. Dahrendorf*. 120 Seiten. 1956. (*103*)

Psychologie des Berufs- und Wirtschaftslebens von *W. Moede* †. 190 Seiten. 48 Abbildungen. 1958. (*851/851a*)

Allgemeine Methodenlehre der Statistik von *J. Pfanzagl*. 2 Bände.
I: 1959. In Vorbereitung. (*746/746a*)

Zeitungslehre von *E. Dovifat*. 2 Bände. 3., neubearbeitete Auflage.
I: Theoretische und rechtliche Grundlagen — Nachricht und Meinung — Sprache und Form. 148 Seiten. 1955. (*1039*)
II: Redaktion — Die Sparten: Verlag und Vertrieb, Wirtschaft und Technik, Sicherung der öffentlichen Aufgabe. 158 Seiten. 1955. (*1040*)

Naturwissenschaften

Mathematik

Geschichte der Mathematik von J. E. Hofmann. 3 Bände.
I: Von den Anfängen bis zum Auftreten von Fermat und Descartes. 200 Seiten. 1953. (*226*)
II: Von Fermat und Descartes bis zur Erfindung des Calculus und bis zum Ausbau der neuen Methoden. 109 Seiten. 1957. (*875*)
III: Von den Auseinandersetzungen um den Calculus bis zur französischen Revolution. 107 Seiten. 1957. (*882*)

NATURWISSENSCHAFTEN

Mathematische Formelsammlung von *F. Ringleb.* Vollständig umgearbeitete Neuausgabe des Werkes von *O. Th. Bürklen* †. 6., erweiterte Auflage. 278 Seiten, 37 Fig. 1956. (*51/51a*)

Fünfstellige Logarithmen von *A. Adler.* Mit mehreren graphischen Rechentafeln und häufig vorkommenden Zahlenwerten. 3. Auflage. 127 Seiten, 1 Tafel. 1959. (*423*)

Arithmetik von *P. B. Fischer* †. 3. Auflage von *H. Rohrbach.* 152 Seiten, 19 Abbildungen. 1958. (*47*)

Höhere Algebra von *H. Hasse.* 2 Bände. 4., durchgesehene Auflage.
I: Lineare Gleichungen. 152 Seiten. 1957. (*931*)
II: Gleichungen höheren Grades. 158 Seiten, 5 Figuren. 1958. (*932*)

Aufgabensammlung zur höheren Algebra von *H. Hasse* und *W. Klobe.* 2., verbesserte und vermehrte Auflage. 181 Seiten. 1952. (*1082*)

Elementare und klassische Algebra vom modernen Standpunkt von *W. Krull.* 2 Bände.
I: 2., erweiterte Auflage. 136 Seiten. 1952. (*930*)
II: 132 Seiten. 1959. (*933*)

Einführung in die Zahlentheorie von *A. Scholz* †. Überarbeitet und herausgegeben von *B. Schoeneberg.* 2. Auflage. 128 Seiten. 1955. (*1131*)

Formale Logik von *P. Lorenzen.* 165 Seiten. 1958. (*1176/1176a*)

Elemente der Funktionentheorie von *K. Knopp* †. 4. Auflage. 144 Seiten, 23 Figuren. 1955. (*1109*)

Funktionentheorie von *K. Knopp* †. 2 Bände.
I: Grundlagen der allgemeinen Theorie der analytischen Funktionen. 9., neubearbeitete Auflage. 144 Seiten, 8 Figuren. 1957. (*668*)
II: Anwendungen und Weiterführung der allgemeinen Theorie. 8./9. Auflage. 130 Seiten, 7 Figuren. 1955. (*703*)

Aufgabensammlung zur Funktionentheorie von *K. Knopp* †. 2 Bände.
I: Aufgaben zur elementaren Funktionentheorie. 5. Auflage. 135 Seiten. 1957. (*877*)
II: Aufgaben zur höheren Funktionentheorie. 5. Auflage. 144 Seiten. 1959. (*878*)

Gewöhnliche Differentialgleichungen von *G. Hoheisel.* 5., durchgesehene Auflage. 129 Seiten. 1956. (*920*)

Partielle Differentialgleichungen von *G. Hoheisel.* 3., neubearbeitete Auflage. 130 Seiten. 1953. (1003)

Aufgabensammlung zu den gewöhnlichen und partiellen Differentialgleichungen von *G. Hoheisel.* 3., durchgesehene und verbesserte Auflage. 124 Seiten. 1958. (*1059*)

Integralgleichungen von *G. Hoheisel.* 2., durchgesehene Auflage. 1959. In Vorbereitg. (*1099*)

Mengenlehre von *E. Kamke.* 3., neubearbeitete Auflage. 194 Seiten, 6 Figuren. 1955. (*999/999a*)

Gruppentheorie von *L. Baumgartner.* 3., neubearbeitete Auflage. 110 Seiten, 3 Tafeln. 1958. (*837*)

Ebene und sphärische Trigonometrie von *G. Hessenberg* †. 5. Auflage, durchgesehen von *H. Kneser.* 172 Seiten, 60 Figuren. 1957. (*99*)

Darstellende Geometrie von *W. Haack*. 3 Bände.
I: Die wichtigsten Darstellungsmethoden. Grund- und Aufriß ebenflächiger Körper. 2., durchgesehene und ergänzte Auflage. 113 Seiten, 120 Abbildungen. 1958. (*142*)
II: Körper mit krummen Begrenzungsflächen. Kotierte Projektionen. 2., durchgesehene und ergänzte Auflage. 129 Seiten, 86 Abbildungen. 1959. (*143*)
III: Axonometrie und Perspektive. 127 Seiten, 100 Abbildungen. 1957. (*144*)

Analytische Geometrie von *K. P. Grotemeyer*. 202 Seiten, 73 Abbildungen. 1958. (*65/65a*)

Nichteuklidische Geometrie. Hyperbolische Geometrie der Ebene von *R. Baldus* †. Durchgesehen und herausgegeben von *F. Löbell*. 3., verbesserte Auflage. 140 Seiten, 70 Figuren. 1953. (*970*)

Differentialgeometrie von *K. Strubecker* (früher *Rothe*). 3 Bände.
I: Kurventheorie der Ebene und des Raumes. 150 Seiten, 18 Figuren. 1955. (*1113/1113a*)
II: Theorie der Flächenmetrik. 195 Seiten, 14 Figuren. 1958. (*1179/1179a*)
III: Theorie der Flächenkrümmung. 254 Seiten, 38 Figuren. 1959. (*1180/1180a*)

Einführung in die konforme Abbildung von *L. Bieberbach*. 5., erweiterte Auflage. 180 Seiten, 42 Figuren. 1956. (*768/768a*)

Vektoren und Matrizen von *S. Valentiner*. 8., erweiterte Auflage der „Vektoranalysis". Mit Anhang: Aufgaben zur Vektorrechnung von *H. König*. 202 Seiten, 35 Figuren. 1958. (*354/354a*)

Versicherungsmathematik von *F. Böhm*. 2 Bände.
I: Elemente der Versicherungsrechnung. 3., vermehrte und verbesserte Auflage. Durchgesehener Neudruck. 151 Seiten. 1953. (*180*)
II: Lebensversicherungsmathematik. Einführung in die technischen Grundlagen der Sozialversicherung. 2., verbesserte und vermehrte Auflage. 205 Seiten. 1953. (*917/917a*)

Finanzmathematik von *M. Nicolas*. 192 Seiten, 11 Tafeln, 8 Tabellen und 72 Beispiele. 1959. (*1183/1183a*)

Physik

Einführung in die theoretische Physik von *W. Döring*. 5 Bände.
I: Mechanik. 119 Seiten, 29 Abbildungen. 1954. (*76*)
II: Das elektromagnetische Feld. 122 Seiten, 15 Abbildungen. 1955. (*77*)
III: Optik. 117 Seiten, 32 Abbildungen. 1956. (*78*)
IV: Thermodynamik. 107 Seiten, 9 Abbildungen. 1956. (*374*)
V: Statistische Mechanik. 114 Seiten, 12 Abbildungen. 1957. (*1017*)

Atomphysik von *K. Bechert* und *Ch. Gerthsen* †. 7 Bände.
I: Allgemeine Grundlagen. 1. Teil. 4., durchgesehene Auflage von *A. Flammersfeld*. 124 Seiten, 35 Abbildungen. 1959. (*1009*)
II: Allgemeine Grundlagen. 2. Teil. 3., umgearbeitete Auflage. 112 Seiten, 48 Abbildungen. 1955. (*1033*)
III: Theorie des Atombaus. 1. Teil. 3., umgearbeitete Auflage. 148 Seiten, 16 Abbildungen. 1954. (*1123/1123a*)
IV: Theorie des Atombaus. 2. Teil. 3., umgearbeitete Auflage. 170 Seiten, 14 Abbildungen. 1954. (*1165/1165a*)

Differentialgleichungen der Physik von *F. Sauter*. 3., durchgesehene und ergänzte Auflage. 148 Seiten, 16 Figuren. 1958. (*1070*)

Physikalische Formelsammlung von *G. Mahler* †. Neubearbeitet von *K. Mahler*. 10., durchgesehene Auflage. 153 Seiten, 69 Figuren. 1959. (*136*)

Physikalische Aufgabensammlung von *G. Mahler* †. Neubearbeitet von *K. Mahler*. Mit den Ergebnissen. 10., durchgesehene Auflage. 127 Seiten. 1959. (*243*)

Chemie

Geschichte der Chemie in kurzgefaßter Darstellung von *G. Lockemann*. 2 Bände.
I: Vom Altertum bis zur Entdeckung des Sauerstoffs. 142 Seiten, 8 Bildnisse. 1950. (*264*)
II: Von der Entdeckung des Sauerstoffs bis zur Gegenwart. 151 Seiten, 16 Bildnisse. 1955. (*265/265a*)

Anorganische Chemie von *W. Klemm*. 10., überarbeitete und ergänzte Auflage. 185 Seiten, 18 Abbildungen. 1958. (*37*)

Organische Chemie von *W. Schlenk*. 7., erweiterte Auflage. 269 Seiten, 16 Abbildungen. 1957. (*38/38a*)

Physikalische Methoden der Organischen Chemie von *G. Kresze*. 1959. In Vorbereitung. (*44*)

Allgemeine und physikalische Chemie von *W. Schulze*. 2 Bände. 4., neubearb. Aufl.
I: 139 Seiten, 10 Figuren. 1955. (*71*)
II: 176 Seiten, 37 Figuren. 1956. (*698/698a*)

Molekülbau. Theoretische Grundlagen und Methoden der Strukturermittlung von *W. Schulze*. 123 Seiten, 43 Figuren. 1958. (*786*)

Physikalisch-chemische Rechenaufgaben von *E. Asmus*. 3., verbesserte Auflage. 96 Seiten. 1958. (*445*)

Analytische Chemie von *J. Hoppe*. 2 Bände. 5., verbesserte Auflage.
I: Reaktionen. 135 Seiten. 1950. (*247*)

Maßanalyse. Theorie und Praxis der klassischen und der elektrochemischen Titrierverfahren von *G. Jander* und *K. F. Jahr*. 8., durchgesehene und ergänzte Auflage. 313 Seiten, 49 Figuren. 1959. (*221/221a*)

Thermochemie von *W. A. Roth* †. 2., verbesserte Auflage. 109 Seiten, 16 Figuren. 1952. (*1057*)

Stöchiometrische Aufgabensammlung von *W. Bahrdt* † und *R. Scheer*. Mit den Ergebnissen. 6., durchgesehene Auflage. 118 Seiten. 1957. (*452*)

Technologie

Die Chemie der Kunststoffe von *K. Hamann*. 1959. In Vorbereitung. (*1173*)

Warenkunde von *K. Hassak* † und *E. Beutel* †. 2 Bände.
I: Anorganische Waren sowie Kohle und Erdöl. 8. Auflage. Neubearbeitet von *A. Kutzelnigg*. 119 Seiten, 18 Figuren. 1958. (*222*)
II: Organische Waren. 7. Auflage. Neubearbeitet von *A. Kutzelnigg*. 143 Seiten, 32 Figuren. 1949. (*223*)

Die Fette und Öle von *K. Braun* †. 5., völlig neubearbeitete und verbesserte Auflage von *Th. Klug*. 145 Seiten. 1950. (*335*)

Die Seifenfabrikation von *K. Braun* †. 3., neubearbeitete und verbesserte Auflage von *Th. Klug*. 116 Seiten, 18 Abbildungen. 1953. (*336*)

Textilindustrie von *A. Blümcke*.
I: Spinnerei und Zwirnerei. 111 Seiten, 43 Abbildungen. 1954. (*184*)

Biologie

Einführung in die allgemeine Biologie und ihre philosophischen Grund- und Grenzfragen von *M. Hartmann*. 132 Seiten, 2 Abbildungen. 1956. (*96*)

Hormone von *G. Koller*. 2., neubearbeitete und erweiterte Auflage. 187 Seiten, 60 Abbildungen, 19 Tabellen. 1949. (*1141*)

Fortpflanzung im Tier- und Pflanzenreich von *J. Hämmerling*. 2., ergänzte Auflage 135 Seiten, 101 Abbildungen. 1951. (*1138*)

Geschlecht und Geschlechtsbestimmung im Tier- und Pflanzenreich von *M. Hartmann*. 2., verbesserte Auflage. 116 Seiten, 61 Abbildungen, 7 Tabellen. 1951. (*1127*)

Symbiose der Tiere mit pflanzlichen Mikroorganismen von *P. Buchner*. 2., verbesserte und vermehrte Auflage. 130 Seiten, 121 Abbildungen. 1949. (*1128*)

Mikrobiologie von *W. Schwartz* und *A. Müller*. 2 Bände. 2., verbesserte und ergänzte Auflage.
I: 1959. In Vorbereitung. (*1155*)

Botanik

Entwicklungsgeschichte des Pflanzenreiches von *H. Heil*. 2. Auflage. 138 Seiten, 94 Abbildungen, 1 Tabelle. 1950. (*1137*)

Morphologie der Pflanzen von *L. Geitler*. 3., umgearbeitete Auflage. 126 Seiten, 114 Abbildungen. 1953. (*141*)

Pflanzengeographie von *L. Diels* †. 5., völlig neubearbeitete Auflage von *F. Mattick*. 195 Seiten, 2 Karten. 1958. (*389/389a*)

Die Laubhölzer. Kurzgefaßte Beschreibung der in Mitteleuropa gedeihenden Laubbäume und Sträucher von *F. W. Neger* † und *E. Münch* †. 3., durchgesehene Auflage, herausgegeben von *B. Huber*. 143 Seiten, 63 Figuren, 7 Tabellen. 1950. (*718*)

Die Nadelhölzer (Koniferen) und übrigen Gymnospermen von *F. W. Neger* † und *E. Münch* †. 4. Auflage, durchgesehen und ergänzt von *B. Huber*. 140 Seiten, 75 Figuren, 4 Tabellen, 3 Karten. 1952. (*355*)

Pflanzenzüchtung von *H. Kuckuck*. 2 Bände.
I: Grundzüge der Pflanzenzüchtung. 3., völlig umgearbeitete und erweiterte Auflage. 132 Seiten, 22 Abbildungen. 1952. (*1134*)
II: Spezielle gartenbauliche Pflanzenzüchtung (Züchtung von Gemüse, Obst und Blumen). 178 Seiten, 27 Abbildungen. 1957. (*1178/1178a*)

Zoologie

Entwicklungsphysiologie der Tiere von *F. Seidel.* 2 Bände.
I: Ei und Furchung. 126 Seiten, 29 Abbildungen. 1953. (*1162*)
II: Körpergrundgestalt und Organbildung. 159 Seiten, 42 Abbildungen. 1953. (*1163*)

Das Tierreich
I: Einzeller, Protozoen von *E. Reichenow.* 115 Seiten, 59 Abbildungen. 1956. (*444*)
II: Schwämme und Hohltiere von *H. J. Hannemann.* 95 Seiten, 80 Abbildungen. 1956. (*442*)
III: Würmer. Platt-, Hohl-, Schnurwürmer, Kamptozoen, Ringelwürmer, Protracheaten, Bärtierchen, Zungenwürmer von *S. Jaeckel.* 114 Seiten, 36 Abbildungen. 1955. (*439*)
IV,1: Krebse von *H. E. Gruner* und *K. Deckert.* 114 Seiten, 43 Abbildungen. 1956. (*443*)
IV,2: Spinnentiere (Trilobitomorphen, Fühlerlose) und Tausendfüßler von *A. Kaestner.* 96 Seiten, 55 Abbildungen. 1955. (*1161*)
IV,3: Insekten von *H. von Lengerken.* 128 Seiten, 58 Abbildungen. 1953. (*594*)
V: Weichtiere. Urmollusken, Schnecken, Muscheln und Kopffüßer von *S. Jaeckel.* 92 Seiten, 34 Abbildungen. 1954. (*440*)
VI: Stachelhäuter. Tentakulaten, Binnenatmer und Pfeilwürmer von *S. Jaeckel.* 100 Seiten, 46 Abbildungen. 1955. (*441*)
VII,2: Fische von *D. Lüdemann.* 130 Seiten, 65 Abbildungen. 1955. (*356*)
VII,3: Lurche (Chordatiere) von *K. Herter.* 143 Seiten, 129 Abbildungen. 1955. (*847*)
VII,4: Kriechtiere (Chordatiere) von *K. Herter.* In Vorbereitung. (*447*)
VII,5: Vögel (Chordatiere) von *H.-A. Freye.* In Vorbereitung. (*869*)
VII,6: Säugetiere (Chordatiere) von *Th. Haltenorth.* In Vorbereitung. (*282*)

Land- und Forstwirtschaft

Landwirtschaftliche Tierzucht. Die Züchtung und Haltung der landwirtschaftlichen Nutztiere von *H. Vogel.* 139 Seiten, 11 Abbildungen. 1952. (*228*)

Kulturtechnische Bodenverbesserungen von *O. Fauser.* 2 Bände.
I: Allgemeines, Entwässerung. 5., verbesserte und vermehrte Auflage. 127 Seiten, 49 Abbildungen. 1959. (*691*)
II: Bewässerung, Ödlandkultur, Umlegung. 4., neubearbeitete Auflage. 150 Seiten, 67 Abbildungen. 1948. (*692*)

Agrikulturchemie von *K. Scharrer.* 2 Bände.
I: Pflanzenernährung. 143 Seiten. 1953. (*329*)
II: Futtermittelkunde. 192 Seiten. 1956. (*330/330a*)

Geologie, Mineralogie, Kristallographie

Geologie von *F. Lotze.* 176 Seiten, 80 Abbildungen. 1955. (*13*)

Mineral- und Erzlagerstättenkunde von *H. Huttenlocher* †. 2 Bände.
I: 128 Seiten, 34 Abbildungen. 1954. (*1014*)
II: 156 Seiten, 48 Abbildungen. 1954. (*1015/1015a*)

Allgemeine Mineralogie. 10., erweiterte Auflage der „Mineralogie" von *R. Brauns* †, bearbeitet von *K. F. Chudoba*. 120 Seiten, 120 Figuren, 1 Tafel, 3 Tabellen. 1958. (*29*)

Spezielle Mineralogie. 9., erweiterte Auflage der „Mineralogie" von *R. Brauns* †, bearbeitet von *K. F. Chudoba*. 133 Seiten, 105 Figuren. 1955. (*31*)

Petrographie (Gesteinskunde) von *W. Bruhns* †. Neubearbeitet von *P. Ramdohr*. 4., durchgesehene Auflage. 104 Seiten, 10 Figuren. 1955. (*173*)

Kristallographie von *W. Bruhns* †. 5. Auflage, neubearbeitet von *P. Ramdohr*. 109 Seiten, 164 Abbildungen. 1958. (*210*)

Einführung in die Kristalloptik von *E. Buchwald*. 4., verbesserte Auflage. 138 Seiten, 121 Figuren. 1952. (*619*)

Lötrohrprobierkunde. Mineraldiagnose mit Lötrohr- und Tüpfelreaktion. Von *M. Henglein*. 3., verbesserte Auflage. 91 Seiten, 11 Figuren. 1949. (*483*)

Technik

Graphische Darstellung in Wissenschaft und Technik von *M. Pirani*. 3., erweiterte Auflage bearbeitet von *J. Fischer* unter Benutzung der von *I. Runge* besorgten 2. Auflage. 216 Seiten, 104 Abbildungen. 1957. (*728/728a*)

Technische Tabellen und Formeln von *W. Müller*. 4., verbesserte und erweiterte Auflage von *E. Schulze*. 152 Seiten, 105 Figuren. 1951. (*579*)

Elektrotechnik

Grundlagen der allgemeinen Elektrotechnik von *O. Mohr*. 3 Bände.
I: Die drei Feldformen. 96 Seiten, 41 Abbildungen, 6 Tafeln. 1956. (*196*)
II: Die wichtigsten elektrischen und physikalischen Grunderscheinungen. 95 Seiten, 36 Abbildungen, 7 Tafeln. 1956. (*197*)
III: Schaltvorgänge, Widerstandsformen, Meßtechnik. 91 Seiten, 59 Abbildungen, 1 Tafel. 1956. (*198*)

Die Gleichstrommaschine von *K. Humburg*. 2 Bände. 2., durchgesehene Auflage.
I: 102 Seiten, 59 Abbildungen. 1956. (*257*)
II: 101 Seiten, 38 Abbildungen. 1956. (*881*)

Die synchrone Maschine von *K. Humburg*. Neudruck. 109 Seiten, 78 Abbildungen. 1951. (*1146*)

Induktionsmaschinen von *F. Unger*. 2., erweiterte Auflage. 142 Seiten, 49 Abbildungen. 1954. (*1140*)

Die komplexe Berechnung von Wechselstromschaltungen von *H. H. Meinke*. 2. Auflage. 180 Seiten, 120 Abbildungen. 1957. (*1156/1156a*)

Theoretische Grundlagen zur Berechnung der Schaltgeräte von *F. Kesselring*. 3. Auflage. 144 Seiten, 92 Abbildungen. 1950. (*711*)

Einführung in die Technik selbsttätiger Regelungen von *W. zur Megede*. 176 Seiten, 86 Abbildungen. 1956. (*714/714a*)

Elektromotorische Antriebe (Grundlagen für die Berechnung) von *A. Schwaiger*. 3., neubearbeitete Auflage. 96 Seiten, 34 Abbildungen. 1952. (*827*)

Überspannungen und Überspannungsschutz von *G. Frühauf*. Durchgesehener Neudruck. 122 Seiten, 98 Abbildungen. 1950. (*1132*)

Maschinenbau

Metallkunde von *H. Borchers*. 2 Bände. 4. Auflage.
I: Aufbau der Metalle und Legierungen. 120 Seiten, 90 Abbildungen, 2 Tabellen. 1959. (*432*)
II: Eigenschaften, Grundzüge der Form- und Zustandsgebung. 180 Seiten, 107 Abbildungen, 10 Tabellen. 1959. (*433/433a*)

Die Werkstoffe des Maschinenbaues von *A. Thum* † und *C. M. v. Meysenbug*. 2 Bände.
I: Einführung in die Werkstoffprüfung. 2., neubearbeitete Auflage. 100 Seiten, 7 Tabellen, 56 Abbildungen. 1956. (*476*)
II: Die Konstruktionswerkstoffe. 132 Seiten, 40 Abbildungen. 1959. (*936*)

Dynamik von *W. Müller*. 2 Bände. 2., verbesserte Auflage.
I: Dynamik des Einzelkörpers. 128 Seiten, 48 Figuren. 1952. (*902*)
II: Systeme von starren Körpern. 102 Seiten, 41 Figuren. 1952. (*903*)

Technische Schwingungslehre von *L. Zipperer*. 2 Bände. 2., neubearbeitete Auflage.
I: Allgemeine Schwingungsgleichungen, einfache Schwinger. 120 Seiten, 101 Abbildungen. 1953. (*953*)
II: Torsionsschwingungen in Maschinenanlagen. 102 Seiten, 59 Abbildungen. 1955. (*961/961a*)

Werkzeugmaschinen für Metallbearbeitung von *K. P. Matthes*. 2 Bände.
I: 100 Seiten, 27 Abbildungen, 11 Zahlentafeln, 1 Tafelanhang. 1954. (*561*)
II: Fertigungstechnische Grundlagen der neuzeitlichen Metallbearbeitung. 101 Seiten, 30 Abbildungen, 5 Tafeln. 1955. (*562*)

Transformatoren von *W. Schäfer*. 3., überarbeitete und ergänzte Auflage. 130 Seiten, 73 Abbildungen. 1957. (*952*)

Das Maschinenzeichnen mit Einführung in das Konstruieren von *W. Tochtermann*. 2 Bände. 4. Auflage.
I: Das Maschinenzeichnen. 156 Seiten, 75 Tafeln. 1950. (*589*)
II: Ausgeführte Konstruktionsbeispiele. 130 Seiten, 58 Tafeln. 1950. (*590*)

Die Maschinenelemente von *E. A. vom Ende*. 3., verbesserte Auflage. 166 Seiten, 175 Figuren, 9 Tafeln. 1956. (*3/3a*)

Die Maschinen der Eisenhüttenwerke von *L. Engel*. 156 Seiten, 95 Abbildungen. 1957. (*583/583a*)

Walzwerke von *H. Sedlaczek* † unter Mitarbeit von *F. Fischer* und *M. Buch*. 232 Seiten, 157 Abbildungen. 1958. (*580/580a*)

Getriebelehre von *P. Grodzinski* †. 2 Bände. 2., neubearbeitete Auflage.
I: Geometrische Grundlagen. 159 Seiten, 142 Figuren. 1953. (*1061*)

Gießereitechnik von *H. Jungbluth*. 2 Bände.
I: Eisengießerei. 126 Seiten, 44 Abbildungen. 1951. (*1159*)

Die Dampfkessel und Feuerungen einschließlich Hilfseinrichtungen in Theorie, Konstruktion und Berechnung von *W. Marcard* †. 2 Bände. 2. Auflage, neubearbeitet von *K. Beck*.
I: Die theoretischen Grundlagen, Wärme, Verbrennung, Wärmeübertragung. 150 Seiten, 42 Abbildungen, 16 Tabellen. 1951. (*9*)
II: Dampfkessel. 147 Seiten, 43 Abbildungen. 1952. (*521*)

Die Dampfturbinen. Ihre Wirkungsweise, Berechnung und Konstruktion von *C. Zietemann*. 3 Bände. 3., verbesserte Auflage.
I: Theorie der Dampfturbinen. 139 Seiten, 48 Abbildungen. 1955. (*274*)
II: Die Berechnung der Dampfturbinen und die Konstruktion der Einzelteile. 132 Seiten, 111 Abbildungen. 1956. (*715*)
III: Die Regelung der Dampfturbinen, die Bauarten, Turbinen für Sonderzwecke, Kondensationsanlagen. 126 Seiten, 90 Abbildungen. 1956. (*716*)

Verbrennungsmotoren von *W. Endres*. 3 Bände.
I: Überblick. Motor-Brennstoffe. Verbrennung im Motor allgemein, im Otto- und Diesel-Motor. 153 Seiten, 57 Abbildungen. 1958. (*1076/1076a*)
II: Die heutigen Typen der Verbrennungskraftmaschinen. In Vorbereitung. (*1184*)
III: Die Einzelteile des Verbrennungsmotors. In Vorbereitung. (*1185*)

Technische Thermodynamik von *W. Nußelt* †. 2 Bände.
I: Grundlagen. 4., verbesserte Auflage. 144 Seiten, 71 Abbildungen. 1956. (*1084*)
II: Theorie der Wärmekraftmaschinen. 5. Auflage. 1959. In Vorbereitung. (*1151*)

Autogenes Schweißen und Schneiden von *H. Niese*. 5. Auflage, neubearbeitet von *A. Küchler*. 136 Seiten, 71 Figuren. 1953. (*499*)

Die elektrischen Schweißverfahren von *H. Niese*. 2. Auflage, neubearbeitet von *H. Dienst*. 136 Seiten, 58 Abbildungen. 1955. (*1020*)

Die Hebezeuge. Entwurf von Winden und Kranen von *G. Tafel*. 2., verbesserte Auflage. 176 Seiten, 230 Figuren. 1954. (*414/414a*)

Wasserbau

Wasserkraftanlagen von *A. Ludin* unter Mitarbeit von *W. Borkenstein*. 2 Bände.
I: Planung, Grundlagen und Grundzüge. 124 Seiten, 60 Abb. 1955. (*665*)
II: Anordnung und Ausbildung der Hauptbauwerke. 184 Seiten, 91 Abbildungen. 1958. (*666/666a*)

Verkehrswasserbau von *H. Dehnert*. 3 Bände.
I: Entwurfsgrundlagen, Flußregelungen. 103 Seiten, 52 Abbildungen. 1950. (*585*)
II: Flußkanalisierung und Schiffahrtskanäle. 94 Seiten, 60 Abbildungen. 1950. (*597*)
III: Schleusen und Hebewerke. 98 Seiten, 70 Abbildungen. 1950. (*1152*)

Wehr- und Stauanlagen von *H. Dehnert*. 134 Seiten, 90 Abbildungen. 1952. (*965*)

Talsperren von *F. Tölke*. 122 Seiten, 70 Abbildungen. 1953. (*1044*)

Hoch- und Tiefbau

Die wichtigsten Baustoffe des Hoch- und Tiefbaus von *O. Graf* †. 4., verbesserte Auflage. 131 Seiten, 63 Abbildungen. 1953. (*984*)

Baustoffverarbeitung und Baustellenprüfung des Betons von *A. Kleinlogel*. 2., neubearbeitete und erweiterte Auflage. 126 Seiten, 35 Abbildungen. 1951. (*978*)

Festigkeitslehre. 2 Bände.
I: Elastizität, Plastizität und Festigkeit der Baustoffe und Bauteile von *W. Gebler* † und *W. Herberg*. Durchgesehener und erweiterter Neudruck. 159 Seiten, 118 Abbildungen. 1952. (*1144*)
II: Formänderung, Platten, Stabilität und Bruchhypothesen von *W. Herberg* und *N. Dimitrov*. 187 Seiten, 94 Abbildungen. 1955. (*1145/1145a*)

Grundlagen des Stahlbetonbaus von *A. Troche*. 2., neubearbeitete und erweiterte Auflage. 208 Seiten, 75 Abbildungen, 17 Bemessungstafeln, 20 Rechenbeispiele. 1953. (*1078*)

Statik der Baukonstruktionen von *A. Teichmann*. 3 Bände.
I: Grundlagen. 101 Seiten, 51 Abbildungen, 8 Formeltafeln. 1956. (*119*)
II: Statisch bestimmte Stabwerke. 107 Seiten, 52 Abbildungen, 7 Tafeln. 1957. (*120*)
III: Statisch unbestimmte Systeme. 112 Seiten, 34 Abbildungen, 7 Formeltafeln. 1958. (*122*)

Fenster, Türen, Tore aus Holz und Metall. Eine Anleitung zu ihrer guten Gestaltung, wirtschaftlichen Bemessung und handwerksgerechten Konstruktion von *W. Wickop* †. 4., überarbeitete und ergänzte Auflage. 155 Seiten, 95 Abbildungen. 1955. (*1092*)

Heizung und Lüftung von *J. Körting* † und *W. Körting*. 2 Bände. 9., durchgesehene Auflage.
I: Das Wesen und die Berechnung der Heizungs- und Lüftungsanlagen. 1959. In Vorbereitung. (*342*)
II: Die Ausführung der Heizungs- und Lüftungsanlagen. 1959. In Vorbereitung. (*343*)

Industrielle Kraft- und Wärmewirtschaft von *F. A. F. Schmidt* und *A. Beckers*. 167 Seiten, 73 Abbildungen. 1957. (*318/318a*)

Vermessungswesen

Photogrammetrie von *G. Lehmann*. 1959. In Vorbereitung. (*1188/1188a*)

Vermessungskunde von *P. Werkmeister*. 3 Bände.
I: Stückvermessung und Nivellieren. 10., völlig neubearbeitete Auflage von *W. Großmann*. 143 Seiten, 117 Figuren. 1958. (*468*)
II: Horizontalaufnahmen und ebene Rechnungen. 8., völlig neubearbeitete Auflage von *W. Grossmann*. 133 Seiten, 97 Figuren. 1949. (*469*)
III: Trigonometrische und barometrische Höhenmessung. Tachymetrie und Topographie. 6. Auflage. 147 Seiten, 64 Figuren. 1949. (*862*)

Sammlung Göschen / Bandnummernfolge

1 Langosch, Der Nibelunge Nôt
3/3a v. Ende, Die Maschinenelemente
9 Marcard-Beck, Dampfkessel I
10 Jiriczek-Wisniewski, Kudrun- und Dietrich-Epen
13 Lotze, Geologie
18 Maurer, Hartmann von Aue
19 Altheim, Römische Geschichte I
20 Hofstaetter-Spree, Dt. Sprachlehre
22 Maurer, Gottfried von Strassburg
29 Brauns-Chudoba, Allg. Mineralogie
31 Brauns-Chudoba, Spez. Mineralogie
35 Treue, Dt. Geschichte von 1648 bis 1740
37 Klemm, Anorganische Chemie
38/38a Schlenk, Organische Chemie
39 Treue, Dt. Geschichte von 1713 bis 1806
42 Behn, Vorgeschichte Europas
44 Kresze, Physikalische Methoden der organischen Chemie
47 Fischer-Rohrbach, Arithmetik
51/51a Ringleb-Bürklen, Mathematische Formelsammlung
59 Krahe, Indogerm. Sprachwissensch. I
60 Biehle, Stimmkunde
61 Biehle, Redetechnik
64 Krahe, Indogerm. Sprachwissensch. II
65/65a Grotemeyer, Analyt. Geometrie
66 Berneker-Vasmer, Russische Grammatik
71 Schulze, Allgemeine und physikalische Chemie I
76 Döring, Einführung in die theoret. Physik I
77 Döring, Einführung in die theoret. Physik II
78 Döring, Einführung in die theoret. Physik III
79 Hempel, Gotisches Elementarbuch
80 Weigert, Stilkunde I
96 Hartmann, Einf. i. d. allgem. Biologie
99 Hessenberg-Kneser, Ebene und sphär. Trigonometrie
101 v. Wiese, Soziologie
103 Dahrendorf, Industrie- und Betriebssoziologie
104/104a Hofstätter, Sozialpsychologie
111 Hoffmann-Debrunner, Gesch. der griechischen Sprache I
114 Debrunner, Gesch. der griechischen Sprache II
117 Brandenstein, Griechische Sprachwissenschaft I
118/118a Brandenstein, Griechische Sprachwissenschaft II
119 Teichmann, Statik der Baukonstruktionen I
120 Teichmann, Statik der Baukonstruktionen II
122 Teichmann, Statik der Baukonstruktionen III
125 Vossler, Ital. Literaturgeschichte
128/128a Lausberg, Romanische Sprachwissenschaft I
136 Mahler, Physikalische Formelsammlung
141 Geitler, Morphol. der Pflanzen
142 Haack, Darst. Geometrie I
143 Haack, Darst. Geometrie II
144 Haack, Darst. Geometrie III
145 Weimer, Gesch. der Pädagogik
148 Kolms, Finanzwissenschaft I
156/156a Landmann, Philosophische Anthropologie
170 Oehlmann, Musik des 19. Jahrh.
171/171a Oehlmann, Musik des 20. Jahrh.
173 Bruhns-Ramdohr, Petrographie
180 Böhm, Versicherungsmathematik I
184 Blümcke, Textilindustrie I
196 Mohr, Grundlagen der Elektrotechnik I
197 Mohr, Grundlagen der Elektrotechnik II
198 Mohr, Grundlagen der Elektrotechnik III
200/200a Gottschald, Dt. Rechtschreibungswörterbuch
210 Bruhns-Ramdohr, Kristallographie
220/220a Moser, Allg m. Musiklehre
221/221a Jander-Jahr, Maßanalyse
222 Hassak-Beutel, Warenkunde I
223 Hassak-Beutel, Warenkunde II
226 Hofmann, Geschichte d. Mathematik I
228 Vogel, Landw. Tierzucht
231/231a Ehrlich, Geschichte Israels
238 Krahe, German. Sprachwiss. I
243 Mahler, Physikal. Aufgabensammlung
247 Hoppe, Analytische Chemie I

BANDNUMMERNFOLGE

250 Lausberg, Romanisch. Sprachwissenschaft II
257 Humburg, Gleichstrommaschine I
264 Lockemann, Geschichte der Chemie I
265/265a Lockemann, Geschichte der Chemie II
270 Kirn, Einführung in die Geschichtswissenschaft
274 Zietemann, Dampfturbinen I
279 Jacob, Quellenkunde der deutschen Geschichte I
280 Jacob-Hohenleutner, Quellenkunde der deutschen Geschichte II
281 Leisegang, Einführung in die Philosophie
282 Haltenorth, Säugetiere
284 Jacob-Weden, Quellenkunde der deutschen Geschichte III
318/318a Schmidt-Beckers, Industrielle Kraft- und Wärmewirtschaft
319 Krug, Australien und Ozeanien
329 Scharrer, Agrikulturchemie I
330/330a Scharrer, Agrikulturchemie II
335 Braun-Klug, Fette und Öle
336 Braun-Klug, Seifenfabrikation
342 Körting, Heizung und Lüftung I
343 Körting, Heizung und Lüftung II
344 Moser, Musikästhetik
354/354a Valentiner-König, Vektoren und Matrizen
355 Neger-Münch, Nadelhölzer
356 Lüdemann, Fische
374 Döring, Einführung in die theoret. Physik IV
375 Preller, Geschichte Englands I
389/389a Diels-Mattick, Pflanzengeographie
391 Kolms, Finanzwissenschaft II
394/394a Schilling, Von der Renaissance bis Kant
414/414a Tafel, Hebezeuge
422 Gottschald, Deutsche Personennamen
423 Adler, Fünfstellige Logarithmen
432 Borchers, Metallkunde I
433/433a Borchers, Metallkunde II
439 Jaeckel, Würmer
440 Jaeckel, Weichtiere
441 Jaeckel, Stachelhäuter
442 Hannemann, Schwämme und Hohltiere
443 Gruner-Deckert, Krebse
444 Reichenow, Einzeller
445 Asmus, Physikal.-chem. Rechenaufgaben
447 Herter, Kriechtiere
452 Bahrdt-Scheer, Stöchiometrische Aufgabensammlung
468 Werkmeister - Grossmann, Vermessungskunde I
469 Werkmeister - Grossmann, Vermessungskunde II
476 Thum-Meysenbug, Die Werkstoffe des Maschinenbaues I
483 Henglein, Lötrohrprobierkunde
492 Stolz-Debrunner, Geschichte der lateinischen Sprache
499 Niese-Küchler, Autogenes Schweißen
500 Simmel, Hauptprobleme der Philosophie
521 Marcard-Beck, Dampfkessel II
536 Lehmann, Kant
538 Rumpf, Archäologie I
539 Rumpf, Archäologie II
561 Matthes, Werkzeugmaschinen I
562 Matthes, Werkzeugmaschinen II
564 Behn, Kultur der Urzeit I
565 Behn, Kultur der Urzeit II
566 Behn, Kultur der Urzeit III
571 Lehmann, Philosophie des 19. Jahrhunderts I
576/576a Moser, Gesangskunst
579 Müller-Schulze, Techn. Tabellen
580/580a Sedlaczek-Fischer-Buch, Walzwerke
583/583a Engel, Maschinen der Eisenhüttenwerke
585 Dehnert, Verkehrswasserbau I
589 Tochtermann, Maschinenzeichnen I
590 Tochtermann, Maschinenzeichnen II
594 v. Lengerken, Insekten
597 Dehnert, Verkehrswasserbau II
601 Mutschmann, Engl. Phonetik
619 Buchwald, Kristalloptik
665 Ludin-Borkenstein, Wasserkraftanlagen I
666/666a Ludin-Borkenstein, Wasserkraftanlagen II
668 Knopp, Funktionentheorie I
677 Altheim, Römische Geschichte II
679 Altheim, Römische Geschichte III
684 Altheim, Römische Geschichte IV
691 Fauser, Kulturtechn. Bodenverbesserungen I

692 Fauser, Kulturtechn. Bodenverbesserungen II
698/698a Schulze, Allgemeine und physikalische Chemie II
703 Knopp, Funktionentheorie II
709 Lehmann, Philosophie des 19. Jahrhunderts II
711 Kesselring, Berechnung der Schaltgeräte
714/714a zur Megede, Technik selbsttätiger Regelungen
715 Zietemann, Dampfturbinen II
716 Zietemann, Dampfturbinen III
718 Neger-Münch, Laubhölzer
728/728a Pirani-Fischer, Graph. Darstellung in Wissenschaft und Technik
735 Ekwall, Historische neuengl. Laut- und Formenlehre
746/746a Pfanzagl, Allg. Methodenlehre der Statistik I
763/763a Beer-Meyer, Hebräische Grammatik I
764/764a Beer-Meyer, Hebräische Grammatik II
768/768a Bieberbach, Einführung in die konforme Abbildung
769/769a Meyer, Hebräisches Textbuch
776 Kolms, Finanzwissenschaft III
780 Krahe, German. Sprachwiss. II
781 Weigert, Stilkunde II
782 Kolms, Finanzwissenschaft IV
786 Schulze, Molekülbau
807 Kropp, Erkenntnistheorie I
809 Moser, Harmonielehre I
826 Koch, Philosophie des Mittelalters
827 Schwaiger Elektromotorische Antriebe
831 Erismann, Allgemeine Psychologie I
832/832a Erismann, Allgemeine Psychologie II
833 Erismann, Allgemeine Psychologie III
837 Baumgartner, Gruppentheorie
845 Lehmann, Philosophie im ersten Drittel des 20. Jahrhunderts I
847 Herter, Lurche
851/851a Moede, Psychologie des Berufs- und Wirtschaftslebens
857 Capelle, Griech. Philosophie I
858 Capelle, Griech. Philosophie II
859 Capelle, Griech. Philosophie III
862 Werkmeister, Vermessungskunde III
683 Capelle, Griech. Philosophie IV
869 Freye, Vögel
875 Hofmann, Geschichte der Mathematik II
877 Knopp, Aufgabensammlung zur Funktionentheorie I
878 Knopp, Aufgabensammlung zur Funktionentheorie II
881 Humburg, Gleichstrommaschine II
882 Hofmann, Geschichte der Mathematik III
893 Treue, Dt. Geschichte von 1807 bis 1871
894 Treue, Dt. Geschichte von 1871 bis zur Gegenwart
902 Müller, Dynamik I
903 Müller, Dynamik II
910 Jaeger, Afrika I
911 Jaeger, Afrika II
915 Sperber-Fleischhauer, Geschichte der Deutschen Sprache
917/917a Böhm, Versicherungsmathematik II
920 Hoheisel, Gewöhnliche Differentialgleichungen
921 Jantzen-Kolb, W. v. Eschenbach. Parzival
929 Schirmer, Deutsche Wortkunde
930 Krull, Elementare und klassische Algebra I
931 Hasse, Höhere Algebra I
932 Hasse, Höhere Algebra II
933 Krull, Elementare und klassische Algebra II
936 Thum-Meysenbug, Werkstoffe des Maschinenbaues II
952 Schäfer, Transformatoren
953 Zipperer, Techn. Schwingungslehre I
961/961a Zipperer, Techn. Schwingungslehre II
965 Dehnert, Wehr- und Stauanlagen
970 Baldus-Löbell, Nichteuklidische Geometrie
978 Kleinlogel, Baustoffverarbeitung und Baustellenprüfung des Betons
984 Graf, Baustoffe des Hoch- und Tiefbaues
999/999a Kamke, Mengenlehre
1000 Jaspers, Geistige Situation der Zeit
1003 Hoheisel, Partielle Differentialgleichungen
1008/1008a Mellerowicz, Allgemeine Betriebswirtschaftslehre I

BANDNUMMERNFOLGE

1009 Bechert-Gerthsen, Atomphysik I
1014 Huttenlocher, Mineral- und Erzlagerstättenkunde I
1015/1015a Huttenlocher, Mineral- und Erzlagerstättenkunde II
1017 Döring, Einführung in die theoret. Physik V
1020 Niese-Dienst, Elektrische Schweißverfahren
1031/1031a Apel-Ludz, Philosophisches Wörterbuch
1033 Bechert-Gerthsen, Atomphysik II
1034 Kranefeldt-Jung, Therapeutische Psychologie
1035 Altheim, Römische Religionsgeschichte I
1039 Dovifat, Zeitungslehre I
1040 Dovifat, Zeitungslehre II
1044 Tölke, Talsperren
1045 Schubert, Technik des Klavierspiels
1051/1051a Stolberg-Wernigerode, Gesch. der Verein. Staaten von Amerika
1052 Altheim, Römische Religionsgeschichte II
1057 Roth, Thermochemie
1059 Hoheisel, Aufgabensammlung zu den gewöhnlichen und partiellen Differentialgleichungen
1061 Grodzinski, Getriebelehre I
1065 Haller-Dannenbauer, Von den Karolingern zu den Staufern
1070 Sauter, Differentialgleichungen der Physik
1076/1076a Endres, Verbrennungsmotoren I
1078 Troche, Stahlbetonbau
1082 Hasse-Klobe, Aufgabensammlung zur höheren Algebra
1084 Nußelt, Technische Thermodynamik I
1085 Lietzmann-Aland, Zeitrechnung
1086 Müller, Dt. Dichten und Denken
1088 Preller, Geschichte Englands II
1092 Wickop, Fenster, Türen, Tore
1094 Hernried, System. Modulation
1096 Viëtor, Deutsches Dichten und Denken
1099 Hoheisel, Integralgleichungen
1105 Hartung, Dt. Geschichte im Zeitalter der Reformation
1108 de Boor-Wisniewski, Mittelhochdeutsche Grammatik
1109 Knopp, Elemente der Funktionentheorie
1111 Naumann-Betz, Althochdeutsches Elementarbuch
1113/1113a Strubecker, Differentialgeometrie I
1114 Schubel, Englische Literaturgeschichte I
1115 Ranke, Altnord. Elementarbuch
1116 Schubel, Englische Literaturgeschichte II
1117 Haller-Dannenbauer, Eintritt der Germanen in die Geschichte
1121 Naumann, Dt. Dichten und Denken
1122 Feist, Sprechen und Sprachpflege
1123/1123a Bechert-Gerthsen, Atomphysik III
1124 Schubel, Englische Literaturgeschichte III
1125 Lehnert, Altengl. Elementarbuch
1127 Hartmann, Geschlecht und Geschlechtsbestimmung im Tier- und Pflanzenreich
1128 Buchner, Symbiose der Tiere mit pflanzl. Mikroorganismen
1130 Dibelius, Jesus
1131 Scholz-Schoeneberg, Einführung in die Zahlentheorie
1132 Frühauf, Überspannungen und Überspannungsschutz
1134 Kuckuck, Pflanzenzüchtung I
1135 Lehnert, Beowulf
1137 Heil, Entwicklungsgeschichte des Pflanzenreiches
1138 Hämmerling, Fortpflanzung im Tier- und Pflanzenreich
1140 Unger, Induktionsmaschinen
1141 Koller, Hormone
1142 Meissner-Lehnert, Shakespeare
1144 Gehler-Herberg, Festigkeitslehre I
1145/1145a Herberg-Dimitrov, Festigkeitslehre II
1146 Humburg, Synchrone Maschine
1147 v. Waltershausen, Kunst des Dirigierens
1148 Pepping, Der polyphone Satz I
1151 Nußelt, Technische Thermodynamik II
1152 Dehnert, Verkehrswasserbau III
1153/1153a Mellerowicz, Allgemeine Betriebswirtschaftslehre II

1154/1154a Mellerowicz, Allgemeine Betriebswirtschaftslehre III
1155 Schwartz-Müller, Mikrobiologie I
1156/1156a Meinke, Komplexe Berechn. von Wechselstromschaltungen
1158 Mayrhofer, Sanskrit-Grammatik
1159 Jungbluth, Gießereitechnik I
1160 Dibelius-Kümmel, Paulus
1161 Kaestner, Spinnentiere
1162 Seidel, Entwicklungsphysiologie der Tiere I
1163 Seidel, Entwicklungsphysiologie der Tiere II
1164/1164a Pepping, Der polyphone Satz II
1165/1165a Bechert-Gerthsen, Atomphysik IV
1169 Paulsen, Allgemeine Volkswirtschaftslehre I
1170 Paulsen, Allgemeine Volkswirtschaftslehre II
1171 Paulsen, Allgemeine Volkswirtschaftslehre III
1172 Paulsen, Allgemeine Volkswirtschaftslehre IV
1173 Hamann, Chemie der Kunststoffe
1175 Specht, Empirische Sozialforschung
1176/1176a Lorenzen, Formale Logik
1178/1178a Kuckuck, Pflanzenzüchtung II
1179/1179a Strubecker, Differentialgeometrie II
1180/1180a Strubecker, Differentialgeometrie III
1183/1183a Nicolas, Finanzmathematik
1184 Endres, Verbrennungsmotoren II
1185 Endres, Verbrennungsmotoren III
1186/1186a Mellerowicz, Allgemeine Betriebswirtschaftslehre IV
1187 Lau, Luther
1188 Lehmann, Photogrammetrie

Autorenregister

Adler 10
Aland 5
Altheim 4, 6
Apel 3
Asmus 12
Bahrdt 12
Baldus 11
Baumgartner 10
Bechert 11
Beck 17
Beckers 18
Beer 8
Behn 5
Berneker 8
Betz 7
Beutel 12
Bieberbach 11
Biehle 6
Blümcke 13
Böhm 11
de Boor 7
Borchers 16
Borkenstein 17
Brandenstein 8
Braun 13
Brauns 15
Bruhns 15
Buch 16
Buchner 13
Buchwald 15
Bürklen 10
Capelle 3
Chudoba 15
Dahrendorf 4, 9
Dannenbauer 5
Debrunner 8
Deckert 14
Dehnert 17
Dibelius 4
Diels 13
Dienst 17
Dimitrov 18
Döring 11
Dovifat 9
Ehrlich 4
Ekwall 7
Ende, vom 16
Endres 17
Engel 16
Erismann 4
Fauser 14
Feist 6
Fischer, F. 16
Fischer, J. 15
Fischer, P. B. 10
Flammersfeld 11
Fleischhauer 6
Freye 14
Frühauf 16
Gehler 18
Geitler 13
Gerthsen 11
Gottschald 6, 7
Graf 18
Grodzinski 16
Grossmann 18
Grotemeyer 11
Gruner 14
Haack 11
Hämmerling 13
Haller 5
Haltenorth 14
Hamann 12
Hannemann 14
Hartmann 13
Hartung 5
Hassak 12
Hasse 10

AUTORENREGISTER

Heil 13
Hempel 7
Henglein 15
Herberg 18
Hernried 4
Herter 14
Hessenberg 10
Hoerner 5
Hoffmann 8
Hofmann 9
Hofstätter 4
Hofstaetter 6
Hoheisel 10
Hohenleutner 6
Hoppe 12
Huber 13
Humburg 15
Huttenlocher 14
Jacob 6
Jaeckel 14
Jaeger 8
Jahr 12
Jander 12
Jantzen 7
Jaspers 3
Jiriczek 7
Jung 3
Jungbluth 17
Kaestner 14
Kamke 10
Kesselring 15
Kirn 5
Kleinlogel 18
Klemm 12
Klobe 10
Klug 13
Kneser 10
Knopp 10
Koch 3
König 11
Körting 18
Kolb 7
Koller 13
Kolms 9
Krahe 7
Kranefeldt 3
Kresze 12
Kropp 3
Krug 8
Krull 10
Kuckuck 13
Küchler 17
Kümmel 4
Kutzelnigg 12
Landmann 3
Langosch 7
Lau 4
Lausberg 8
Lehmann, G. 3
Lehmann, G. 18
Lehnert 7, 8
Leisegang 3
Lengerken, von 14
Lietzmann 5
Lockemann 12
Löbell 11
Lorenzen 3, 10
Lotze 14
Ludin 17
Ludz 3
Lüdemann 14
Mahler 12
Marcard 17
Matthes 16
Mattick 13
Maurer 7
Mayrhofer 8
Megede, zur 15
Meinke 15
Meissner 8
Mellerowicz 9
Meyer 8
Meysenbug 16
Moede 4, 9
Mohr 15
Moser 4
Müller, A. 13
Müller, G. 6
Müller, W. 15
Münch 13
Mutschmann 7
Naumann 6, 7
Neger 13
Nicolas 9, 11
Niese 17
Nußelt 17
Oehlmann 4
Paulsen 9
Pepping 4
Pfanzagl 9
Pirani 15
Preller 6
Ramdohr 15
Ranke 7
Reichenow 14
Ringleb 10
Rohrbach 10
Roth 12
Rumpf 5
Runge 15
Sauter 11
Schäfer 16
Scharrer 14
Scheer 12
Schilling 3
Schirmer 6
Schlenk 12
Schmidt 18
Schoeneberg 10
Scholz 10
Schubel 7
Schubert 5
Schulze, E. 15
Schulze, W. 12
Schwa tz 13
Schwaiger 16
Sedlaczek 16
Seidel 14
Simmel 3
Specht 4
Sperber 6
Spree 6
Stolberg-Wernigerode zu 6
Stolz 8
Strubecker 11
Tafel 17
Teichmann 18
Thum 16
Tochtermann 16
Tölke 17
Treue 5, 6
Troche 18
Unger 15
Valentiner 11
Vasmer 8
Viëtor 6
Vogel 14
Vossler 8
Waltershausen, von 5
Weden 6
Weigert 5
Weimer 3
Werkmeister 18
Wickop 18
Wiese, von 4
Wisniewski 7
Zietemann 17
Zipperer 16

200 000 60/59 Printed in Germany

FSC
www.fsc.org
MIX
Papier | Fördert
gute Waldnutzung
FSC® C083411

Kolibri 360 GmbH
Ferdinand-Jühlke-Straße 7
99095 Erfurt, Deutschland
produktsicherheit@kolibri360.de